JN204489

ミネルヴァ日本評伝選

生活に革命を

井深大

武田徹著

ミネルヴァ書房

刊行の趣意

「学問は歴史に極まり候ことに候」とは、先哲荻生徂徠のことばである。

歴史のなかにこそ人間の智恵は宿されている。人間の愚かさもそこにはあらわだ。この歴史を探り、歴史に学んでこそ、人間はようやくみずからの正体を知り、いくらかは賢くなることができる。新しい勇気を得て未来に向かうことができる。徂徠はそう言いたかったのだろう。

「ミネルヴァ日本評伝選」は、私たちの直接の先人について、この人間知を学びなおそうという試みである。日本列島の過去に生きた人々の言行を、深く、くわしく探って、そこに現代への批判を聴きとろうとする試みである。日本人ばかりではない。列島の歴史にかかわった多くの異国の人々の声にも耳を傾けよう。

先人たちの書き残した文章をそのひだにまで立ち入って読み、彼らの旅した跡をたどりなおし、彼らのなしとげた事業を広い文脈のなかで注意深く観察しなおす――そのとき、はじめて先人たちはいまの私たちのかたわらによみがえってくる。彼らのなまの声で歴史の智恵を、また人間であることのよろこびと苦しみを、私たちに伝えてくれもするだろう。

この「評伝選」のつらなりのなかから、列島の歴史はおのずからその複雑さと奥ゆきの深さをもって浮かび上がってくるはずだ。これを読むとき、私たちのなかに新たな自信と勇気が湧いてきて、その矜持と勇気をもって「グローバリゼーション」の世紀に立ち向かってゆくことができる――そのような「ミネルヴァ日本評伝選」にしたいと、私たちは願っている。

平成十五年（二〇〇三）九月

上横手雅敬
芳賀　徹

トリニトロン・ブラウン管の発明でテレビに関する優れた業績に与えられるアメリカのエミー賞を受賞（1973年）

盛田昭夫と腕相撲

戦争中に出会い，苦楽を共にして二人三脚でソニーを世界企業に成長させた。

日本初のトランジスタラジオ TR-55

“世界初”の称号は得られなかったが世界にSONYを印象づけた（1955年）。

世界初の家庭用ビデオコーダー CV-2000

「生活に革命をもたらす」製品を作る井深の夢の結晶（1965年）。

はしがき

ふたつの井深像

井深さんはもうだいぶボケられているから――。

ソニーESPER研究室（第八章）長を務めた佐古曜一郎は、社内で囁かれていた声を書き留めている。

〔それは――引用者註。以下同様〕一九八〇年代後半から社内のそこかしこで聞かれるようになった言葉である。一九八九（平成元）年九月、井深が社内に脈診研究所を設立するに至り、その声は決定的になる。もちろん、誰も大っぴらにいえる人はいない。何といっても創業者であり、「井深さんのためなら死んでもいい」という人が五十人や百人ではきかない殿上人である。陰でコソコソそういう会話が交わされていた。（佐古『井深大が見た夢』五九頁）

超自然的な現象への興味を隠そうとしなかった井深の晩年。その評価は、大きく二分される。ひとつはおかしな神秘主義に凝って常軌を逸してしまった天才的技術者という見方――。若い頃から独創性をフルに発揮し、幾つもの発明による革命的な商品作りを通じて戦後日本を高度経済成長に導く立役者となって世界に名高い「ソニー」を生み育てた大人物であるがゆえに、正面切った批判を遠慮したり、「奇妙な」仕事ぶりについてもそれまでの功績に対する敬意をもって不問とすることもあったはずだ。だが、その奇行は目に余る域に達していた。だから「井深さんのためなら死んでもい い」という人たちの目を気にしながら、密かに口の端に上ることもあったのだろう――井深は晩年にいたってボケたのだ、と。

こうした見方が多数だったのに対して、もうひとつの見方は逆に晩年の井深は天才らしく新しい境地を目指したが、彼の求める意識の革命が常識人の許容範囲を超えたので理解されなかったとするものだ。こちらは晩年の井深と共に仕事をしたごく一部の人々の範囲に留まる評価だった。

なかでも晩年の井深と最も親しく関わった一人で、冒頭にも引いた佐古の著書にはこう書かれている。「ボケが始まったと言われるようになってから、井深さんとの会議に同席するようになった僕は、しだいにそれ〔「ボケ」との見方〕が一般人と物を見る角度が違うことに起因する誤解だと気づくようになった。『井深さんはボケていない』。二人っきりの会談でそれは決定的になった。ボケているのは井深ではなくわれわれの側だったのだ、井深が、あまりに早く、シャープすぎるぐらいに先が見えるため、一般人はついてゆけないだけなのだ」（同前）。

元祖「電波系」なのか？

筆者はこうしたふたつの見方のいずれにも与しない。

まず晩年になって井深が「君子豹変」したわけではない。数十もの発明をこなし、天才発明少年と賞賛された若き日から、日本測定器での独創的な研究開発、戦時中の軍事研究への協力、終戦後に起業した東京通信研究所、東京通信工業を経て、世界企業となるソニーを率いた現役時代、そして晩年にいたるまで井深のキャラクターは余りにも一貫していると筆者は考えている。その意味で、いかにも晩節を汚したと言いたげな前者の見方には違和感があり、一貫性を見ることにおいては後者に同意する。

しかし筆者は「シャープすぎるぐらいに先が見え」ていたとまでの断定はしたくない。強いて言えば良くも悪くも「常識を超えていた」ことにおいてこそ井深は一貫していたと考える。「天才」などと称するから誤解される。失礼を承知で踏み込んだ表現をしてみれば、ある種の「逸脱」に対して使われる俗語である「電波系」という言葉を補助線として用いると、これが井深の人生にぴったりあてはまる。その補助線は井深が生涯を通じて追い求めた「製品の革命」と「意識の革命」、ふたつの革命を繋ぐ糸となる。

電波系とは目に見えない、耳に聞こえない何かが自分の脳には届いており、他の人には感知できないメッセージを「聞き取って」しまう人たちを指す俗語だ。〝特殊漫画家〟を自称し、やはり逸脱者を多く描いてきた根本敬や彼と親しい表現者たちが一時よく使用していた。

たとえば中学生になった井深は、千葉県銚子の無線局が船舶向けに時報電波を送信していることを知る。その電波を受信することができれば正確な時間がわかる。そう聞いて驚き、目の前の空間に不可視の電波が満ちており、情報を伝えていると知って大いに興奮したという。こうして電波の不思議に魅了され、その信号を手作りの機器で受信しようとして以来、電気が関わる数多くの発明をした。目に見えない電波を人間の役に立てることを彼は目指した。

しかし彼の関心は電波だけに留まらなかった。空間を隔てて何らかのメッセージや力が伝達される。そこには電気工学がいまだ明らかにしていない作用も含まれるのではないか。そう考えて晩年の井深は「気」の研究に歩みを進める。常識に留まらない広がりで、人と人、人と世界の関係性を考えようとした井深には、科学的、常識的な電波すら超えてゆく「電波系」と通じる姿勢がある。

科学のあり方へのまなざし

誤解してほしくないが、あえてきわどい言葉を使いはしたものの筆者は井深を揶揄するつもりはまったくない。晩年の井深を「電波系」と呼ぶのであれば、ソニーを起業し、大きく成長させた時期の彼も十分にその名に値しよう。それは井深が生涯を通じて典拠しようとした「科学」そのものが、実は「電波系」的な側面を宿しているからだ。

電波系を「非科学的」という意味の蔑称として使うのはおかしい。筆者はそう思う。電波系とは実は「科学的」なのだ。科学はその時々の常識を破ってゆこうとする。その時に一時代前には魔術と思われていた領域に踏み出すことがありえる。科学的であろうとしてあえて関心領域、「合理的に」説明できると信じる範囲を非科学の側に拡大しようとする、こうした動きこそ「科学的」であることと「電波系」と呼ばれるものに通底する実質だと考える。「科学」は、おそらく普通考えられているよりも遙かに「非科学」に触れている。「科学」は「非科学」から産み出された（――世界の脱魔術化 Entzauberung der Welt）と考える一種の進歩史観は単純に過ぎる。実は「科学」と「非科学」の境界は常識で思われているほど明瞭なものではない。というのも科学は常に自分たちの限界を越えようとする革新の志向だが、そこで目指される未知の領域にはまだその時点で科学の営みが届いていないので、実は「科学」も「非科学」もありえない。その時代ですでに非科学と認定されたものに通じる印象がそこにあれば非科学的と感じられることもあるだろうし、特に理由もなく科学的だと憧れられることもあろう。

たとえば近代科学の生みの親として名前があげられることが多いニュートンとデカルトを例にそうした「科学」の生態について考えてみよう。

一七三三年、ニュートンの子孫がロンドンの競売商サザビーのオークションにニュートンの膨大な手稿を売りに出した。それを目にする機会のあったケインズは驚嘆したという。そこにはニュートンがオカルト、特に錬金術に没頭していた様子がありありとうかがえたからだ。ケインズはこう書き留めた。「ニュートンは理性の時代の最初の人物だったのではない。彼は最後の魔術師だったのだ」（バーマン『デカルトからベイトソンへ』一二六頁）。

しかし、こうした錬金術研究のバックグラウンドがあったからこそ、ニュートンは万有引力の存在を主張できたという説がある。というのも当時の学術的な文脈において万有引力は非科学的な力だった。

こうしたニュートンの万有引力説を批判したのがデカルトの一派だった。デカルトとニュートンは一致団結して近代科学を生み出したわけではなかった。デカルトが打ち出した機械論的世界観は世界を機械仕掛けの時計のようなものとして見る立場であり、力は物理的接触がなければ機能しないと考えた（近接作用説）。そんな考え方の下では、地球の表面から離れているのにリンゴに作用する引力は神秘主義への逆戻りであり、遠隔作用を認めること自体が魔術を肯定する前近代的にして非科学的な見方だと考えられていたのだ。

実はデカルト派のニュートン批判は当たっている。ニュートンが万有引力を主張し続けられた事実自体が、彼がデカルトと異なる神秘主義的な旧世界の住人だったことを示すのだから――。それが科学史家のウェストフィールドやドッブズの考えだ。実際、ニュートンが万有引力を唱えるにいたった背景にはケプラーによる惑星運行の法則が控えている。ケプラーは「すべての惑星は太陽をひとつの焦点とする楕円軌道を描く」「ある惑星と太陽を結ぶ線が一定の時間の間に動く面積は一定である」「惑星の公転周期の二乗と公転半径の三乗の比はすべての惑星にわたって一定である」とした。ここまでは科学的な印象だが、ケプラーは、惑星がこうした動きをする理由として太陽を生命力の源泉とし、太陽から放出される活力によって惑星が動かされていると考える生気論的宇宙観を採用していた。ニュートンはケプラーの三法則を説明する論理として、万有引力を含む力学体系を築き上げたが、そこに古い生気論的な宇宙観の名残があった。この事実は、ニュートンの弟子であるクラークが万有引力の説明に「神のたえざる介入」を引いたことによって示される。本性を現したということだろう。それゆえにデカルト的価値観を受け継いだライプニッツはクラークを厳しく批判することになる。デカルト派の近代合理主義からすればニュートンは非合理にして非科学的な存在だった。

しかし、その論争ではニュートンに対して科学的勝利を飾ったかのようなデカルトの機械論的世界観にも死角があった。デカルトは光を波動と考え、アリストテレス同様にそれが伝わるためには「媒質」が必要だという立場を取った。近接作用説を採用する場合、そう考えざるを得ない。そこでデカルトは空間には光を伝えるエーテルという「もの」が満ちていると考え、惑星が太陽の周りを回るのは渦を巻くエーテルに牽引されているからだと説明する「渦動仮説」を唱えた。

エーテルの召喚

ここではデカルトも古い科学とつながっている。エーテルの語を初めて使ったのはアリストテレスだと言われる。彼は地球と月までのすべてのものからなる「月下界」とその彼方にある「月上界」を区別し、月下界は四元素（火、水、土、木）によって構成され、月上界は第五の元素である「アイテール」によって作られていると考えた。「自然は真空を嫌う」と考えたアリストテレスは空間にはアイテール（エーテル）が満ちていると考えた。たとえば山本義隆は次のように整理する。

「アイテール」は「それみずからの本性にしたがって円運動するように決まっているところの単純物体」であり、「軽さや重さをもたず、……不生・不滅・不増・不変である。」その意味で第五元素「アイテール」は完全な元素であり、したがって「アイテール」から成る天体は「自然運動」として終ることなき円運動を続け、「地上のあらゆるものよりも神的かつ先なるものである。」（山本『磁力と重力の発見』第一巻、四五一－四五二頁）

とはいえエーテルやアイテールの名こそ用いないが、自然現象を宇宙に充満する物質や元素の働きと考える発想はアリストテレスの専売特許ではなかった。その意味でエーテル＝アイテールには先祖がいる。ギリシャではアナクシメネスがプネウマ（気息と訳される）こそ万物の根源だと考えているし、インド哲学では「風の元素」としてのプラーナという概念がある。中国思想の「気」もそれに近いものだ。日本にニュートンやオイラーを最初に紹介した蘭学者・川本幸民もエーテルを「気」と訳していた。

デカルトは光が空間を横切って届く現象を前にして、古代の古い概念であるエーテルを召喚し、光の振動はエーテルを媒質として伝わるという仮説を立てた。そこでデカルトは科学的であろうとして非科学的なものを持ち出している（ただ、それを非科学と断定するのは、いかにも〝後知恵〟的であり、デカルトの時代にはエーテル説は十分に科学的なものだった）。ニュートンは引力の伝播に神の神秘を持ち出したが、デカルトは、ここでは神の存在こそ匂わせないが、架空の物質を想定する。それぞれに流儀が違い、依って立つパラダイムが違っていたが、どちらも今の常識的科学観から見れば科学的合理主義、実証主義を超えていたといえる。

「科学」は、かつては「科学的」であった考え方がひとたび「非科学」の側へと排斥されると、その時々の自らの正しさを証し立てることに躍起となるように「非科学」的なものを排除しようとする。ニュートンの万有引力説に対するデカルト一派の批判がそうだった。

しかし当初神秘主義的だと考えられていた万有引力説は、めぐりめぐって合理主義の枠組みの中に回収されてゆく。観測事実としてのケプラーの法則から万有引力の法則が数学的に導き出され、今度は逆にこの公式によって地上物体の落下と地球を回る月の周回が説明され、潮汐現象が定量的に解明される。こうしてニュートンは引力を厳密に数学的な法則性に従わせた。錬金術師による発見とはいえ、それで合理的に証明できる範囲が広がると、その「法則」に対する印象は異なってゆく。山本義隆はこう書いている。

魔術は機械論の意図したように解体されたのではない。魔術的な遠隔力が数学的法則に捉えられ合理化されたことにより、自然哲学〔物理学〕は検証可能なそして数学的に厳密に表現された法則を扱うものという原則が確立され、その結果として魔術固有の問題に自然学者が関心を失っていったただけのことである。近代科学の形成過程で科学は魔術から刺激を受け、特に力概念の形成においては、その中枢の遠隔力の概念を魔術と占星術から受け継いだが、ひとたび自然科学がその固有の方法を確立したあとには、もはや魔術は自然科学者の議論の対象ではなくなり、人間の自然観に重要な影響を与えなくなったのである。……

「法則」を確定することによって、魔術は科学の土俵上にのせられる。ニュートンのなしとげたことは、今からいえばこういうことである。（山本、同前）

法則が合理的に説明できる範囲が拡がると科学者は、そして人々もそれを信じるようになってゆく。

発見された理論や法則を信じるのはそこで説明可能な広がりが醸し出す納得感次第なのであり、科学はどうやら印象が何より大事なのだ。

デカルトによれば「非科学」的だった万有引力説は、こうした「科学」的な装いを持つようになった。しかし説明可能性の広がりや納得感が科学が科学たり得る根拠だというのではどこか脆弱だ。そこで弱さを補うのが仮説検証実験である。実験により、発見された理論、法則は確かさを増してゆく。実験による実証が理論や法則の納得感を増す循環も生じる。

こうして万有引力説は「近代的な」科学法則となっていったが、一方でデカルト以来のエーテル仮説は逆に排除の対象になる。一八世紀になると光も電磁波の一部として考えられるようになるが、波動である以上、伝達させる媒質であるエーテルは依然として必要とされ続けた。それを否定したのはアインシュタインの相対性理論の登場だった。エーテルの存在が否定された今では、デカルトがエーテルを持ち出して光や電気の伝達を説明しようとしたことは、なんと非科学的なことかと思われる。これは科学が科学的であろうとして、後世から見れば「非科学的」なものを召喚していたということの一例なのだ。

こうしてみると「科学」とは領域が明確に線引きされている具体的な領域ではない。その時点では「科学」的と思われたものの中に「非科学」が見出されるとそれは排除されるが、一度は排除された「非科学」が再び「科学」の中に取り込まれることもある。こうしたダイナミズムを理解すると、従来とは異なる井深像に焦点をあわせることができるのではないか。電波系という呼称もこうしたダイナミズムの中に位置づけられる。「電波系」という言葉を蔑称としているのは「非科学」を駆逐しようとする「科学」のダイナミズムが一方向的に機能した結果にすぎない。

遍在する電波を感じる

空間には電波が満ちており、電波はメッセージを伝えている。機械を使えばそうした電波の力の恩恵を被ることができる。そんな謎めいた電波の世界に惹きつけられた井深少年の心境は、電気や光が空間を伝わる不思議に魅了された頃の科学者たちと通じるものがあったのではないか。井深はさまざまな電気工学技術の利用、応用――空間に電波が満ちていることを目に見える形で示す実証実験――に没頭し、その延長上にソニーを大企業に育て上げた。しかし、その驚きや興奮を井深は一生手放さず、電波以外にも空間に満ちている「力」が実在しないか確かめようとした。そう考えれば晩年にいたって彼が東洋のエーテルである「気」に夢中になったことと、それまでの人生の間に断絶はない。

そこにもまた「科学」のダイナミズムがある。その時点の科学的知見で説明できない、その意味で超科学的な何らかの力なり物質なりの存在を想定し、その時点で「自然」と思われる現象を超える超自然現象の説明に挑戦しようとする――。科学史をひもとけばすぐにわかるように、それはエーテルの召喚を一例として、古今の科学者がしてきたことであり、井深が異端だとはいえない。その意味で井深は晩年まで一貫して紛れもなく「科学」の歴史上にいる。ボケたというのは失礼だろう。

世間の大勢は自らの科学観に従って、井深が「科学」によって「非科学」の側に追いやられた認識に夢中になっていると考え、その時代錯誤を笑った。だが、井深自身や彼のシンパたちにしてみれば、本当は自分たちこそ「科学」なのに、それを「非科学」と片付ける世間の姿勢こそが実は「非科学」的なのだ。本当に「科学」的に探求すれば世間が「非科学」呼ばわりするものの中に科学の新しい対象が現れると彼らは信じている。両者の間には「科学」と「非科学」間を行き来するリズムの波長にズレがある。

近代化に邁進した戦後日本を高度経済成長へと導いた井深に、世間はあくまでも常識的な「近代人的イメージ」を求めてきた。しかし、そんなイメージから逸脱する器の大きさが井深にはあった。井深を駆り立てていたのはその時点での常識を常に超えていこうとする、一貫した強い進取の気概だった。だからこそ実用的な創意工夫に満ちた発明品を次々に生み出し、日本の高度経済成長に大きく貢献しえた。そこでは近代社会における時代の進歩を求める波長と井深の気質の「幸福な」同調がありえた。だが、やがて井深の波長の振幅が時代の波長の振幅を超えるようになる。井深の進取の気概は一般的な感覚を超えて科学的なものを追求し始める。そうした超越について世間は「ボケた」と形容したわけだが、井深自身は何も変わっていない。彼は一貫して「科学的」だった。井深が晩年にいたってまともな「科学」の域を超えた＝ボケたとみる見方は「科学」というものを狭く見積もり過ぎている。

だが、その一方で井深が科学の「未来」を先取りしていたと諸手を挙げて肯定するのも別の意味で危うい。過去に呈示された超科学指向の言説のほとんどは結局、「科学」の名に値しない、厳しい言い方をすれば月並みな妄想の域、非科学の内に留まっていたことが後に明らかになる。新しい知見がそこから生まれ育つ確率は少なく、ひとつの例外をもって九九の妄想を肯定することはやはりできない。井深の夢も同じだ。井深の人生を語る場合にも、時代の拘束を超えて科学的と評価されるものと、やはり妄想といわざるをえない空想的な理論の間に正しく線引きをする必要があるだろう。

こうして超越と逸脱を一身において体現していた井深という魅力的な人物を科学史の中に位置づけて過不足なく評価し、一方で井深が身をもって生きた「科学」のあり方を、井深の人生をたどることで確認する。そんな目的意識をもって本書は書かれた。

本書では井深自身の筆によるものであったり、語り起こしではあろうが本人の言葉を記録しているとみなされる『自由闊達にして愉快なる——私の履歴書』『幼稚園では遅すぎる』などの著作を基礎資料とし、田口憲一『S社の秘密』、島谷康彦『人間・井深大』、中川靖造『創造の人生　井深大』、山崎武敏『井深大』、小林峻一『ソニーを創った男　井深大』といった先行する評伝を総合して井深の生き様の再現を試みた。しかし、いざ参考にしようと読んでゆくと細かいところで記述に差異がある。その場合、できるだけ自伝の表記を重視した。しかし自伝と言っても記憶違いもあるだろうし、あえて記述をぼかしたところもあろう。そうしたチェックを兼ねて先行する評伝をひもとき、こちらも差異があるので原則として刊行が新しい書籍を主として踏まえた。特に小林の評伝は先行する自伝や各評伝の記述の異同を丁寧に検証しており参考になった。軍事研究をも含めて日本の電機産業関係の詳細な調査を行った中川靖造の一連の著作やテレビ番組制作の派生作品である相田洋の『電子立国日本の自叙伝』も重要な先行研究として参照させてもらった。また井深と関係の深かった人たち、たとえば盛田昭夫や木原信敏の書いたものの中で井深が登場する箇所にも目を通した。

こうして井深の人生を縦の座標軸として「科学」と「非科学」のゆらぎを描き出そうとした。科学哲学、科学史、電気学、電磁気学関係の引用文献は本文中にできるだけ出典を記し、上述の自伝、評伝や、書名を本文中に示せなかった文献も含めて巻末の参考文献リストにまとめている。

井深　大——生活に革命を

目次

目　次

目　次

図版一覧

第一章　発明家誕生前夜

1　少年時代

千里眼事件

一九一〇年（明治四三）九月、東京帝国大学元総長の物理学者・山川健次郎ら名だたる学者十数名の前で実験が行われていた。

被験者は御船千鶴子。熊本に住む女性だ。石川幹人『超心理学』によれば、一八八六年に生まれ、陸軍軍人と結婚したが、離婚し、実家に戻っていた。彼女は右耳が難聴であったが、信心深く、強い集中力を持っていたという。

そんな千鶴子を相手に義兄の清原猛雄が催眠術をかけ、千里眼が出来ると暗示をかけた。その状態で清原は千鶴子に第6師団の兵士はどこにいるかと尋ねてみた。日露戦争で常陸丸の遭難が世間で話題になっていたのだ。

すると千鶴子は「第6師団の兵士はいったん長崎を出発したが、途中故障があって長崎に引き返したので、常陸丸には乗っていない」と答えた。三日後に千鶴子の「千里眼」が正しいことがわかったという。

そうした千鶴子の特異能力を熊本県の中学校校長が、東京帝国大学の助教授で、日本で最初に心理学の博士号を取得した福来友吉《ふくらいともきち》に伝える。興味をもった福来は初めに郵便を使った予備実験をしてみた。手元にあった多くの名刺から一九枚を任意に集め、名刺の全部または一部に錫箔を貼り付けて文字が見えないようにし、袋に収めて割印を押したうえで熊本の中学校校長に送って千鶴子に透視をしてもらうよう依頼した。

しばらくたって返送されてきた透視結果を錫箔を剝がしつつ確かめると七枚中三枚が完全的中、四枚が部分的に的中していた。

この結果に驚いた福来は一九一〇年四月に熊本まで千鶴子を訪ね、箱の中に入れたサイコロの目を当てさせるなど透視実験をしている。このとき三九回実施した実験のうち二二回を的中させた結果をみて、福来は千鶴子を「国宝」とまで賞賛している。ついで福来は今度は京都帝国大学の今村新吉博士をともなってやはり熊本で五日間の実験を行った。このときの透視は失敗。それを福来は千鶴子が透視物を手に持つという従来行ってきた方法をあえてさせなかったことと、彼女が緊張したのが原因だと考えた。

そこで福来は山川博士らと共に彼女が透視対象を手にし、なお「いかさま」が紛れ込む余地のない実験方法を考案する。厚さ五ミリの鉛の管の中に三文字の漢字を書いた紙を折りたたんで入れ、両端をハンダ付けして閉じてしまう。この鉛管を千鶴子に持たせて実験を行おうとした。鉛管の中に入れる紙には山川博士が字を書いた。

ところが実験を始めると千鶴子は精神集中が出来ないと言って、福来博士だけを残して他の者を部屋の外に退出させた。その六分後、彼女は文字を「盗丸射」だと透視する。実際に鉛管をノコギリで切って中の紙を出すとその通りの文字があった。

しかしそこで山川博士が異議を唱える。それは自分が書いた字ではないというのだ。千鶴子が持っていたのは福来が見本として作っておいた鉛管で、千鶴子が慣れるようにとあらかじめ持たせていたものだった。同じ鉛管なのでどちらを透視してもいいだろうと考えた。そう千鶴子は弁明したが、不信感を払拭することは出来なかった。

結局、この実験では透視力の確認はできず、結果に失望した千鶴子はひどくふさぎ込むようになり、一年半後に服毒自殺をしてしまう。福来も帝大を追われた。『通史日本の心理学』にはこの千里眼実験について一章が割かれ、掉尾に次のように書かれている。

> 福来の失脚と《ママ》を契機に、公正な手続きによって客観性を確保でき、かつ「近代科学的」な方法で説明可能である（さらに加えれば、周囲からの承認が得られるような条件に合致する）、そういうテーマだけが、心理学の対象として生き残るようなベクトルが、形成されていくのである。（石川『超心理

学』一七〇頁より再引用）

この千里眼事件は、当時の科学状況を示す象徴的なものだろう。事件だけに注目すると山川博士が透視を認める福来の矛盾をつき、その非科学性を明らかにしたように見える。山川はお雇い外国人物理学者ヴィーダーの後を継いで東京大学の物理学専攻を樹立した人物であり、X線実験を日本で初めて行うなどで名高い。

しかし山川は実は自らも千里眼実験を行っていた。御船千鶴子と同じ時期に四国の丸亀にも長尾郁子という透視力で話題となった女性が出現すると聞いて山川は当時、総裁を務めていた九州戸畑の明治専門学校に赴く道すがら丸亀に立ち寄り、長尾を相手に透視実験を自ら実施している。

山川はシェフィールド科学校に留学していた若き日に、異常な透視力を発揮する学生の透視実験を目撃し、興味を覚えたことがあった。彼にとって透視力は頭ごなしに否定しきれないものだった。そんなわけで福来の実験にも山川は大いに期待して臨んでいた。結果は彼の望むものではなかったが、山川も透視の可能性自体を否定していたわけではない。山川だけでなく、当時のアカデミズムが超自然現象を非科学的と頭ごなしに排斥していない。

だが福来の実験で潮目が変わった。客観性を確保し、近代科学で説明可能な対象以外を大学では扱うべきではないという風潮が醸成され、福来は大学を追われた。こうして科学と非科学が少なくとも表面上は袂を分かったかのように見える時代——、そこに井深大は生まれた。

日光に生まれる

栃木県の民謡として知られる「和楽踊り」に「日光よいとこ　お宮と滝の　なかは和楽の　精銅所」とある。お宮とは東照宮、滝は華厳の滝と日光の観光名所を歌った後に登場する精銅所とは古河鉱業日光電気精銅所だ。井深はその社宅で一九〇八年（明治四一）四月一一日に生まれている。父・井深甫《たすく》、母・さわ。二人にとって二番目の子であったが、大の前に生まれた長女は早産で出生間も無く死亡している。井深自身が記した『創造への旅　わが青春譜』によれば大《まさる》は「仁智にまさる人となれ」という意味で命名されたという。

家族三人を写した一枚の写真が残っている。大は生後九ヶ月で、母に抱かれている。正月五日の記念撮影と伝えられ、甫と大は紋付き羽織袴の正装、さわも和服に帯を締めたよそいきの正装だ。これは小学生の頃に大がアルバムを持ち出しては眺めていた写真であり、晩年になっても大は大切に手元に置いていた。というのも大が満二歳を迎える前に父・甫は死んでいる。生前の父の記憶がほとんど無い大にとって、八の字髭をたくわえて写真に写った父の姿は貴重だった。

生後9ヶ月の大と両親
早世した父とともに写った写真は貴重。

甫は一八八〇年（明治一三）に北海道で生まれ、旧制札幌中学（現・札幌南高校）を卒業して上京し、蔵前高等工業高校（現・東京工業大学）

の電気化学科に進んだ。卒業後、古河鉱業に就職。当時の古河鉱業は足尾銅山の払い下げを受け、国内の銅産出において独占的な地位を占めていた。古河鉱業は足尾銅山で採れる粗銅の精錬設備を周辺に展開しており、日光電気精銅所もそのひとつであった。シーリス法（直列分銅方式）という最新の電気精銅法を導入しており、甫が勤めていた当時の所長は後に古河財閥から転出して東芝社長となる山口喜三郎であった。山口は学生時代にアメリカに留学し、ジョンズホプキンス大学で博士号を取得している。留学先のボルチモアにシーリス法で成果を上げている分銅工場があり、山口はその技術を日光精銅所に持ち込んだ。

母さわは苫小牧で郵便局長をしていた古田財一の娘である。古田家は、苫小牧に王子製紙が進出し、町から購入を押し付けられた海辺の土地が高騰したために財をなしたという。地元の名士の娘さわは上京し、日本女子大学校（現・日本女子大学）家政学部に学んでいる。

甫とさわがどのように出会ったかについての定説はないようだ。ただ、二人が共通に私淑していたのが新渡戸稲造であった。さわは日本女子大学校を卒業後、新渡戸に可愛がられたというし、甫も札幌での中学時代に熱心なキリスト教徒だった姉の影響を受けて新渡戸のもとに出入りしていたという。

近代都市札幌の成立初期に札幌農学校を出て学者・キリスト者となった新渡戸の影響力は大きい。島谷康彦は『人間 井深大』で札幌時代に二人がロマンスを育んだように想像しているが、たしかに新渡戸、そしてキリスト教が二人を結んだ可能性はあるだろう。

二人が暮らした清滝は日光市の中心から西に進み、いろは坂の起点、馬返しに向かう国道沿いにある。星野理一郎『精銅所五十年』によれば一時は日光全人口の半分を集めて賑わったという清滝地区には現在でも古河グループの工場が多く建ち並ぶ。和楽踊りは当初、古河鉱業の事業所の中で歌われたものだったという。

父との別れ

島谷『人間　井深大』は甫が働いていた当時のことについて、古河電工社史『創業100年』から引いている。

> 直列分銅工場の操業は前例のないことであったから、創業当初の係員の苦労は並大抵のものではなかった。
> とくに問題となったのは、電解槽の漏液であった。（中略）明治四一年の増設に際して改修が加えられてもなお、完全に防止することはできなかった。奥村〔亀太郎〕に次ぐ直列分銅の功労者、井深甫が過労から病に倒れ、死去したのもこのころのことであった。（二七頁）

他の箇所では直列分銅工場の建設主任を務めていた奥村が、新しい製法を採用した操業で辛酸を嘗めさせられ、電解槽のふちにたたずんでいるうちに、思わず液槽に飛び込もうと思ったことすらあったという話を引いてもいる。そこまで精錬工程の開発は困難だったのだ。奥村の直属の部下であった甫の心境も推して知るべしだろう。

甫は、内風呂がなかった社宅で共同浴場に向かおうとして、途中で凍結した地面に足を滑らせて転倒。その日を境に床に伏せるようになる。北海道育ちで寒さには自信があった甫だったが、体調は回復せず、「暖かい土地に移って養生したほうが治りも早いのではないか」という周囲の勧めもあって一家をあげて、愛知県挙母《ころも》に住む父・基《もとい》のところで療養することになった。

父のもとに身を寄せた甫は、挙母には病院がなかったので岡崎の病院へ入退院を繰り返したが、結局、一九一〇年（明治四三）六月一日に亡くなってしまう。三二歳の若さであった。

この甫の死亡について井深は自伝『創造への旅』などで結核性のカリエスを死因として挙げているが、他の記録では「呼吸器を害した」と曖昧に書かれているものもあり、どうもはっきりしない。そのことを小林峻一は『ソニーを創った男　井深大』で足尾鉱毒事件と関係があったのではないかと推理している。

実際、現地に赴いてみるとあらためて理解できることがある。

井深甫の働いていた清滝から足尾までは意外に近い。今であれば国道一二二号線を一山越えれば向こうは足尾なのだ。実際、明治二十年代に古河は両地区の間を結ぶ牛車軌道を作っている。日光では銅は採れないので、古河鉱業は足尾鉱山で採掘した銅鉱を足尾だけでなく、下流の清滝を加えた二ヶ所で精錬していたのだろう。その意味で足尾と清滝は実は一体の生産工場であった。

足尾銅山は一六一〇年（慶長一五）に二人の農民が鉱床を発見し、幕府直轄の鉱山として本格的に採掘が開始されたと伝えられる。江戸時代のピーク時には年間一二〇〇トンもの銅を産出、足尾の町は「足尾千軒」と言われるような発展を見せ、当時の代表的な通貨である寛永通宝がその銅を用いて鋳造されたこともある。

しかし江戸末には採掘量が減少し、明治時代初期にはほぼ閉山状態となっていた。そんななか、一八七七年（明治一〇）に古河市兵衛が足尾銅山の経営に着手、一八八一年（明治一四）に幸運にも新鉱脈を発見。その後、探鉱技術の進歩もあって次々と有望な鉱脈が発見された。古河市兵衛の死後、一九〇五年（明治三八）三月に会社としての古河鉱業の経営となり、日本の銅産出量の四〇％もの生産を上げる大銅山に成長してゆく。

この鉱山開発と精錬事業の発展の裏で、足尾山地の樹木が坑木・燃料のために伐採された。鉱山の排出する亜硫酸ガスは山林を枯らした。一九〇八年（明治四一）に新聞連載された夏目漱石の『坑夫』は足尾銅山で働いた人物の実体験をもとにするが、銅山周辺の風景について「見えるものは山ばかりである。しかも草も木も至って乏しい。潤いのない山である。これが夏の日に照りつけられたら、山の奥でもさぞ暑かろうと思われるほど赤く禿げてぐるりと自分を取り捲いている」と書いている。木のない山は保水効果を失い、渡良瀬川は洪水を頻発させるようになる。また大増産とともに粉鉱、鉱滓などが渡良瀬川に大量に廃棄され、川からは昆虫や魚が消え始め、八五年には鮎の姿が一切消えた。鉱毒は農作物や家畜にも被害を発生させ、九七年に被害者約八〇〇名が上京して政府に問題解決を直接請願するにいたる。これがいわゆる足尾鉱毒事件で、一九〇七年に特に汚染の酷かった谷中村一帯を渡良瀬川の遊水地として水没させることで「最終解決」が図られる。

鉱毒事件と井深親子

甫が古河鉱業に就職したのは社会活動家・田中正造が天皇に鉱毒被害を直訴した年だった。甫の働いていた日光精銅所は近くに銅鉱山を持っていないが、精銅工程は鉱山と同じように薬品を多く用い、そのなかには毒性の高いものも含まれていた。当時の知識では被害の予測や予防ができず、犠牲者が出ている。足尾鉱山は被害が大規模だったので鉱毒事件として広く知られることになったが、小規模の被害は他の場所でも多く発生していたことは推測に難くない。

甫もまた中毒などで体調を悪化させていたのではないか。しかし鉱毒事件も起きていてそれを表沙汰にできない事情があったのではないか――。小林峻一によるこの推理はあながち荒唐無稽とは言い難い（『ソニーを創った男　井深大』）。少なくとも甫の人生に、鉱毒問題が影を落としていたことは時代を思えば間違いない。転地療法の甲斐もなく甫が死んだとき、大はまだ二歳であり、父の記憶はほとんどなかっただろうが、鉱毒事件の渦中の死のことについては、長じてからも繰り返し家族のなかで語られたはずであり、大の世界観・科学観にも父子の繋がりを通じて影響を及ぼしていたのではないだろうか。

『創造への旅』の中で井深自身の言葉が引かれている。

私は肌のぬくもりや生身の父を知らない。幼い時に父と一緒に遊んだことはあったのかも知れないが、父は、いつも写真の向こうから私を見つめるばかりの存在であった。

それでは、父のことはなにもかもまったく知らないかというとそうではない。母は、事あるごとに生前の父のことについて話してくれた。そして、私は幼心に〝偉大な父〟の姿をふくらませていったのである。

2　岡崎で暮らす

祖父との暮らし

甫の死後もさわと大の母子は基の家で暮らし続ける。

地元の名士となっていた当時の基だが、その人生には紆余曲折がある。小林峻一『ソニーを創った男　井深大』によれば、かつて井深家は会津松平家の重臣で、「会津の門閥」に数えられており、基はその八代目にあたる。一八四八年（嘉永元）に生まれ、長じては英才と称された。火砲の製作で藩から表彰され、江戸湾で黒船襲来の警備に当たってもいる。

戊辰戦争で基の父・数馬は会津市街戦を戦い、討ち死にしている。戊辰戦争に敗れた松平家では当主の容保《かたもり》が江戸送りとなり、後を継いだまだ幼い容大《かたはる》は陸奥国斗南《となみ》藩に移封された。斗南藩は現在の下北半島の付け根あたりに位置する。それより北には北斗星しかないという意味でその名が付けられたといわれ、当時としてはまさに最北端の最果ての地であり、農耕に適さない荒れ地が広がっていた。〝逆臣〟会津への仕打ちはそこまで冷血を極めたのだ。井深家の生き残り（基、母、妻、妹）も松平容大に随伴し、餓死との戦いを強いられる過酷な生活を送った。

廃藩置県が布告され、移動の自由がある程度認められるようになると基は斗南を離れ、北海道に渡る。北海道は当時、斗南よりさらに北の新天地として開発されつつあり、基は希望を求めた。まず北海道開拓使函館支庁の巡査に採用され、その後、一般職員に転じて働き始める。役人時代の仕事として目立つのはロシアとの間で結ばれた千島樺太交換条約で日本に帰属することになった千島の調査に支庁から派遣されたこと。千島諸島の最東端である占守島で撮影された一枚には調査に同行した東京大学のお雇い外国人鉱山学者ジョン・ミルンと基がアイヌの人たちと共に写っている。

北海道時代の基は元薩摩藩士の時任為基《ときとうためもと》に仕えていた。時任は維新後、早くから北海道開拓使で働き、函館県令、函館支庁長と要職を務めていた。薩摩と会津では犬猿の仲が懸念されるが、時任は基を厚く信頼し、重用した。北海道を離れ、宮崎県などの知事を歴任してから一八九二年（明治二五）に愛知県知事となったとき、時任はかつての部下だった基を北海道から呼び寄せ、県庁で働くように求めている。

井深大が身を寄せたときの基は西加茂郡の郡長として働いていた。郡長時代の基の功績に、水不足に陥っていた西加茂の水田を潤すべく従来の用水に加える補助用水として私財まで投じて開削した「駒場用水」が残っている。

基は甫を亡くした大に対して父代わりを務めた。そして大はこの基の家で電気の光を経験する。大の回想を引いておこう。

電気のついた日は、私と母は父を亡くし、愛知県の郡長であった祖父の官舎が出来るまで大きな米屋の屋敷を借りていたころであった。高い天井から下がるほのかなランプの明かり、石油のちょっと鼻につく、しかしなんともいえない魅力ある匂い、若い女性のお手伝いさんが一心にランプのほやを磨いている――このようないつもの見慣れた光景が、その日を境に消え失せた。文明の象徴である電気が引けるという日、大人も子供たちも胸を躍らせて工事風景を見守っていた。ハッピを着た工夫のなんといなせに見えたことか。彼らは天井にバリバリと黒い二本の被覆線を白い碍子でパッパッと手際よく止めていった。

今晩から電気が来る、電灯が点る、そう思っただけで夜になるのが待ち遠しかった。もうつくか、もうつくか。一生懸命待っていた記憶だけはあるのだが、待ちくたびれたのか、電気がパッとついた瞬間のことは覚えていない。だが、当時、電気というものは郡長さんの家とそのほか数軒だけについたもので、私には誇らしくも、うれしくもあった。電気が引けた後、私は毎晩のように祖父母や母が雑談する居間に行っては、下から煌々と光り輝く電球を見上げ、〈なんとあかるいんだろう。どうやって電気は出来るのだろうか……〉と、思いにふけったものだ。（『創造への旅』一二一―一二三頁）

白熱灯の生みの親エジソン

小林は豊田市郷土資料館が編纂した『挙母　資料にみる明治大正昭和のあゆみ』をひもとき、挙母町内に岡崎電気が電灯線を配線し始めたのが一九一一年（明治四四）、そして翌年正月から電灯が灯ったと指摘している。基の家の中でも同じ時期に電灯がついたとすれば大はそのとき、三歳から四歳になる頃だ。

大が初めて目にした電灯はもちろん白熱灯であっただろう。電気が身近になってゆく過程で白熱電球の発明者であるエジソンが果たした役割は大きい。井深は多くの発明をこなしたので日本のエジソンと称されることもあるが、二人の類似はただ多くの発明をなしただけではない。そこでエジソンについて少し回り道をし、本書の関心に沿う形で記しておく。

トーマス・アルバ・エジソンは一八四七年にオハイオ州ミランで生まれた。父はオランダ移民の末裔で貧しい材木商と穀物商を営んでいた。エジソンは学校での成績は悪かったが、見よう見まねで電気や化学の実験に熱中、モールス信号の腕前を周囲に自慢するまでになり、一六歳で電信オペレータになる。

エジソンは二〇歳になった頃から特許の取得に夢中になる。アメリカではリンカーンが特許制度を整備し、発明に権利を認めるプロパテント時代に入っていた。六九年にはニューヨークに定住し、発明に専心するようになる。電信オペレータから発明家への転身は当時の電気技術者の典型であった。七六年にはニュージャージー州のメンローパークに研究所を設立している。そこで七九年に炭素フィラメントの白熱電球を発明する。

一八八一年のパリ万国博では五〇〇個の白熱電灯を灯すパフォーマンスで話題を呼んだ。実はこのときのエジソンは焦っていた。ハンガリーからアメリカに渡ってきたニコラ・テスラがエジソンの直流方式とは異なる交流方式で彼に挑戦状を叩きつけてきたのだ。エジソンは自分の実力を誇示する必要に迫られていた。

直流と交流のいずれを電気の標準にするか。その争いは、テスラが篤志家の協力を得てニューヨークに自分の研究所を設立した一八八七年に一段と熾烈なものになる。研究所を構えるやいなやテスラは猛烈な勢いで発電機、モーター、変圧器を作り出し、交流発送電システムを完成させる。そんなテスラの「交流革命」に興味を持ったのはウェスティングハウス電気会社を率いるジョージ・ウェスティングハウスだった。ウェスティングハウスは自分でも交流送電を実用化していたが、単相交流を使用していたために長距離の送電が出来ずにいた。そこでテスラの多相交流システムに期待をかけたのだ。

こうしてテスラとウェスティングハウスがタッグを組むことで交流陣営は勢力を拡大する。しかしエジソンも負けていられなかった。実は直流には欠点があり、電圧を高くしないと送電損失が大きくなってしまう。欠点があったとはいえ、テスラが研究所を開いた一八八七年にエジソン系の直流発電所は五七ヶ所に増え、全米で数十万個の電灯が灯されており、もはや後に引くことは出来ない。

テスラとウェスティングハウスの攻勢を受けたエジソンは交流にダメージを与えようと奇策を繰り出すようにもなる。新聞記者を集め、眼前で交流電流を用いて動物を殺す実験をしてみせた。殺されたなかにはサーカスの巨象まで含まれていたという。エジソンは、一八九〇年にニューヨーク州で死刑に電気椅子が用いられるようになると、そこではテスラの推進する交流電気の採用を政府に働きかけた。敵に塩を送ったわけではなく、むしろ、世界最初の電気椅子による死刑執行が交流電気によって実施されたことを交流＝危険のイメージ作りに利用している。

こうした容赦のないネガティブ・キャンペーンに対してテスラも対抗する。一〇〇万ボルトの交流を体内に通して照明を灯す公開実験を科学者の前で披露した。高電圧に昇圧されている分、電流は低かったので感電しない。こうしてテスラは交流が死刑執行に使えるような危険なものではないことを示してみせた。壮絶に光る電気火花のなかで平然と微笑むテスラの写真をどこかで見たことがあるかもしれない。

ニコラ・テスラ
エジソンとの直流交流戦争に挑んだニコラ・テスラの実験の様子

この争いは、しかし、一八九三年に終焉する。シカゴ万国博覧会の電気設備契約をテスラが勝ち取った。それは交流送電の優位が決定したことを意味した。同年に実施されたナイアガラ瀑布の発電設備の競争入札ではエジソン電気会社の後身であるゼネラル・エレクトリック社もまた交流システムを提案してきた。

電気と魔術

こうした「直流・交流戦争」でエジソンは「メンローパークの魔術師」と呼ばれ、テスラは「ニューヨークの魔術師」と呼ばれた。当時の社会において電気の力は想像を超えており、それを操る発明家は魔術師とみなされたのだ。説明のできない現象を前にしたとき、人々はそれを説明するための概念を持ち出す。デカルトがエーテルを持ち出したのもそうだったが、電気を前にした人々は魔術を持ち出した。社会学者のマックス・ウェーバーは近代化のプロセスを「脱魔術化」と規定したが（すでに見たように実際にはデカルトやニュートンも近代科学以前の世界にへその緒がつながっていたが）、電気は再びそれを魔術化しかねない怪しい魅力を備えて登場した。魔術と科学技術は、あたかもあざなえる縄のような関係にあった。

こうした電磁気現象に対する大衆の魔術的な関心は、電話や白熱電球が発明され、電気の存在がより身近になった後にも持続している。

『エレクトリカルレビュー』誌は一八八六年に凝視するだけで周りのものに火をつける能力を持った少年がカルフォルニアで登場したと報じている。不審火が続いたので少年は学校から登校を禁止されたが、調査によって並外れて神経質であるために体内に過剰に電気が蓄電されていたことが原因だと説明された。暗闇の中では彼の身体から火花が飛ぶのがみえたという。

日本も例外ではない。明治維新を遡ること約一世紀、一七七六年に博物学者平賀源内が長崎通詞の所有していた摩擦起電機を使って火花を発生させる日本初の電気からくりを製造、「エレキテル」として公開している。日本でも電気はまず見世物として人々に受容された。源内はエレキテルを人間の身体から火をとって病気を治す道具と宣伝したらしいので民間医療的なものでもあった。源内の後、エレキテルの見世物は大阪の盛り場に頻繁に登場し、多くの記録図版が残っている（吉見『「声」の資本主義』）。

そんな日本で初めて街灯の試験点灯が行われたのは一八八二年（明治一五）一一月一日、銀座の大蔵組本社前だったという。アーク灯の明るさは「あたかも白昼のごとし」と評され、錦絵にも好んで描かれた。

しかし電灯に熱狂する人もいれば、それを忌避しようとする人もいた。電気が、今にしてみれば「非科学的」なさまざまな言説を呼んだのは日本も同じだった。

一八九四年に仙台市内に電気の供給を始めた宮城紡績電灯会社が、契約が順調に増えたので発電所を増設し、さらなる契約を獲得しようとしたときに迷信めいた抵抗にあったという。電気を水力発電によって得ていると説明すると「水から火を出すのでは応じることができない」と断られることが多かったという（伊藤『電狸翁夜話』）。水とは火を消すものであり、両者は対立するのが自然の摂理＝秩序だと考えられており、そうした秩序を侵犯するものは受け入れられないと反発されたのだ。

また雷が電気だという知識も電気に対する恐怖心に繋がった。電圧がなかなか安定しなかった当時、電灯が明るさを増したり暗くなったりを繰り返すことを「雷様の深呼吸」と呼び、特に子どもたちはそれを恐れたという。一八九一年（明治二四）一月二九日未明に帝国議事堂が火事となる。火元は不明であったが電線が近くを通っている所から火の手が上がったので電気原因説が取り沙汰され、電気への不信感を育んだ。東京電灯はこの一件の後それまでの灯火契約数の四分の一以上を失ったという（田中『電気は誰のものか』）。電気による火災は火が回るのが速く、大火災になりやすいとも言われた。

ところが帝国議事堂はその年の一一月二七日夜にもう一度燃えた。今度の火元ははっきりしており、暖炉からの出火だった。これが電灯への信頼を回復させる。大阪でも一八九〇年（明治二三）に石油ランプの不始末で西区の新町一体を焼く大火があったが、これも石油を使わない電灯への期待を募らせた。それから約二〇年、電灯が灯るのを今か今かと井深が待っていた頃になると電気忌避説はほぼ消えており、文明の明るさを印象づけた。明るく光る電灯は井深の子ども心には魔法のように感じられていたのではないか。

3　上京――母との暮らし

メカノとの出会い

こうして電気との出会いを用意した挙母暮らしは長く続かず、井深は母さわと共に東京に移る。井深は後に母の思いをこう推測している。「安城〔岡崎〕での生活は母にとって決して住みよいところではなかったようだ。祖父はなにくれとなく母と私のめんどうをみたが、そのころ日本女子大学を出て、進んだ考えを持っていた若い母は、しゅうとの下で暮らす田舎の生活に耐えられなかったのだろう」（井深『自由闊達にして愉快なる』一四頁）。

基が二度目に結婚して迎えた妻はさわの父である古田財一の妹であり、さわにとっては実の叔母に当たる女性だった。まったくの赤の他人より気心が通じる面があったかもしれないが、窮屈に感じることも多々あったようだと井深は後に推測している。

日本女子大出身のさわは、母校に近い目白に家を借りて住んだ。日本女子大付属の豊明幼稚園に一九一四年の一月からさわは勤め始め、大も母と一緒にそこに通うようになる。

日本女子大は、幼稚園児から大学生まで全員そろって卒業式を行うのである。私が覚えているかぎりでは、卒業式の式典に大隈重信侯が来られて「……であるんである」という口調で演説をぶった。その話し方が幼心に面白く、いまでも脳裏に焼き付いている。また当時、いまでは想像もできないことだが、目白からは早稲田大学の建物が見え、その頃から早稲田大学には親しみを感じていた。（井深『創造への旅』一二八頁）

この目白暮らしで大きいのは早稲田大学理工学部の山本忠興教授と知り合ったことだろう。山本の長男が幼稚園の同級生だったよしみで井深は山本の家によく遊びに行っていたのだ。電気の啓蒙家を自任していた山本は子ども向けに『子供電気学』を書いている。井深少年にも電気の魅力や可能性を語ったのではないか。

当時、設備に金のかかる理系の学部は国公立大学にしか設置不可能と言われていた。その中で早稲田大学は私学の先陣を切って理工科を設立。それも理科でも工科でもなく理工科としたのは、理学と工学が車の両輪としてあるべきという考えによっていた。

それは山本の考えでもあった。山本は東京帝国大学工学部の電気工学科を出て、ドイツ、アメリカに留学した後、一九一二年（大正元）に設置間もない早稲田大学理工学部で教え始めている。以後、三〇年の間に、電気工学科主任、やがて理工学部長を務めている。生涯に得た特許権が五〇を超える発明家であった山本が井深のロールモデルとなったことは想像に難くない。

東京暮らしは井深に工作の面白さを味わう経験もさせてくれた。日光精銅所時代の甫の部下だった坂田真太郎が、さわと井深の面倒を何かとみてくれていたが、坂田は一度、洋行した折に「メカノ」というおもちゃを買ってきた。メカノは金属製の組み立て玩具で、欧米ではポピュラーでいまでも愛玩者団体があるという。坂田の息子はまだ小さく、せっかくの土産のメカノが作れずにほったらかしにしていたので、井深がボルトやナットと格闘して組み上げ、ケーブルカーや風車をこしらえた。うまく出来た褒美に坂田はメカノを井深にプレゼントしてくれた。これは井深をメカ好きにする大きなきっかけとなった。井深が後に発明少年として名をなすうえで、工作の技術は必須であった。理論に通じていてもそれを実装した装置を作り出せなければ発明はありえないのだ。

目白、苫小牧、安城

この目白時代には、やはり後の井深の人生に大きく影響を与える野村胡堂とも知り合っている。野村は一八八二年、岩手県の生まれ。後に『銭形平次』を書いて一世を風靡するが、この時期にはまだ報知新聞の記者で、「人類館」という人物評論を『報知新聞』に連載し始め、胡堂というペンネームを使うようになった頃だった。

さわと大の母子が住んだ家の近くに野村夫婦が住んでおり、さわと野村夫人のハナとは女学校時代の友人だったので親しく行き来する関係となった。「父のない私には野村さんは父のようにみえたこともあり、特に親しみを持っている」と井深は書いている（井深『自由闊達にして愉快なる』一四頁）。

もうひとつ、井深はこの東京暮らしの間に東京大正博覧会を見に行っている。同博覧会は一九一四年（大正三）三月二〇日から四ヶ月間開催され、約七四〇万人の人出を集めた。多くの展示館が出されていたがなかでも井深母子の関心を引いたのは鉱山館であった。そこには父の勤めていた古河鉱業の足尾鉱山から掘り出された鉱石が展示されていたのだ。

電化の普及に従って、日光精銅所は次第に電気工業用銅の生産の比重を高めていた（一九二〇年には古河電気工業株式会社として新たに発足している）。伝導率の高い銅は電気工業に必須の素材であった。死んだ父が携わった精銅の仕事がこれから始まる電気の時代を支える。そう知って井深はますます電気に惹かれた。ちなみに無線電話の実験も逓信省陳列館で行われていたという。

翌一五年、井深は日本女子大付属豊明小学校に進学するものの、一年の二学期途中で祖父の家に戻り安城尋常小学校に転校している。一九一六年（大正五）に祖父・基は碧海郡長を退職し、余生を安城で送っていた。

しかし親子二人は安城に落ち着くことなくすぐ北海道に再び移る。苫小牧に住む母方の祖父・古田財一が病で寝込み、さわが看病しなくてはならなくなったのだ。親子が苫小牧に着くと、財一は室蘭の病院に入院しており、大を苫小牧の家に残し、さわは室蘭で付き添い看護することになる。

大は地元の苫小牧尋常小学校に転入し、お手伝いさんにビール瓶でこしらえてもらったそりに乗って通学した。苫小牧では約半年を過ごし、看病の必要性がなくなると小学校二年の秋には再び安城に戻っている。

4　神戸へ――新しい父と

安城に戻ってまもないある夜、井深は祖父に呼ばれた。母さわが再婚し、神戸に移ることになったというのだ。やがて母は一人で家を出て、暫くの間、井深だけが安城に残って祖父母と暮らしていた。父を早く亡くした井深にとって、他の子ども以上に母親は大事な存在であった。日光の社宅から挙母の祖父の家へ、東京暮らしを経て苫小牧にも行き、再び安城の祖父の家に戻る。生活の場はめまぐるしく次々に変わったが一〇年間一人息子として母を独占して育ってきた。そんな井深にとって母と別れて暮らす生活はやはり寂しいものだった。

母のいない暮らし

祖父は、あくまでも私のおじいさんであって、父親や母親にはなり得ず、祖母も同様であった。昼間は学校に行き、友だちとの遊びや川や田圃の自然の楽しさのなかで母のいない寂しさを忘れてはいたが、遠くの山々を紅く夕陽が染める夕方の家に戻るころになると、なんともいえない虚しさが胸をよぎった。（井深『創造への旅』四七頁）

母も息子の気持ちを遠く離れても察していたのか、しばしば神戸から井深に手紙を書いてくれた。達筆すぎるくずし字が井深には読めなかったが、女性らしい筆致に母のぬくもりを感じていた。

母が居ない家で時間をもてあますと祖父母の書棚から本をそっと取り出してきて読んだ。ただ好奇心に駆られて、というだけではなかった。碧海郡長を定年退官して家にいた基も親とわかれた井深の寂しさを察して、学校でのこと、興味のある玩具のことなど、よく井深に尋ねて話をしようとしてくれた。しかし祖父はやはり祖父でしかなかった。「祖父は既に碧海郡長などを歴任して、地方官としての要職から離れ、隠居の身であり気も弱くなっていたのだろう。新聞を読んで感動的な記事を目にしようものなら、すぐに泣いてしまうというような涙もろい老人になっていた。そのような涙をみたくないという気持ちがあったからかもしれないが、私は自分の世界に閉じ込もった」（同前、五〇頁）。

このように逃避としての読書であったが、菊池幽芳『己が罪』、小杉天外『魔封恋愛』、徳冨蘆花『思ひ出の記』などを読んだという。母のことが気になったせいか、ロマンスを好む少年だったのか、恋愛物を読み耽っている。井深は一時作家を志望したこともあったという。

しかし、科学を忘れたわけではない。安城小学校では図書館で『理化少年』を読み、理科実験室に入り浸っている。メカノで遊んで目覚めた組み立て玩具への関心は安城でも維持継続されており、通信販売で自作出来る科学玩具を取り寄せていたと井深は回顧する。

この通信販売で一番印象があるのは、ひとつの組み立て玩具だ。これは簡単な金属や木片を使って、子供でも製作できるようなモーターの原理、構造を有しており、こしらえてみて電気を通じさせるとガタガタと回転を始めるのである。この時、完成した喜びは、一生忘れられるものではなく、

新しくものをつくる道を歩ませる原動力となった。(井深『創造への旅』五一頁)

小学二年生のある日、町の中心部に出かけた井深は本屋のショーウィンドウに電鈴(ベル)を見つけ欲しくてたまらなくなる。祖父にねだりにねだってベルと針金、乾電池など一式を買ってもらって自作し、さっそく実験を繰り返した。

針金を伸ばすと電池の電流が弱くなってベルが鳴らなくなることを経験的に学んだ。井深の興味は目白時代の機械いじりから電気に移っていた。やがて電鈴は解体され、友人宅との間で交信を行う電信機に改造された。モールス信号はわからなかったので自己流でルールを作って簡単な連絡をしあった。白熱灯が灯ったときの感動は受け身だったが、このときは自分の手作りの装置で電気の力を実体験した。

他にも自転車についていたアセチレンランプをいじっていたら爆発して、あわや大怪我をしかけたエピソードも井深は残している。

新しい父

一九一九年(大正八)、小学校五年となって井深も母の再婚先である神戸に移る。中学受験を考えたことと、祖父母もだいぶ年老いて弱ってきており、孫の世話を焼くのが難儀になっていたことが理由だった。実際、井深が中学二年のときに基は亡くなっている。母の家は神戸の諏訪山温泉の近くにあったので、学校は諏訪山尋常小学校に転校した。

ヨーロッパ航路の「やさか丸」の船長をした後、山下汽船で海務課長を務めていた新しい父・鎌田

神戸一中時代の井深大
無線機作りに熱中した。

虎彦について井深はあまりよく書いていない。年齢を思えば母の再婚相手に複雑な感情を抱いても仕方がないところだろう。『創造への旅』によれば「父をもつことに憧れていた私であったが、鎌田の親父にはすこしばかりがっかりした。私の目の前で、母親に非常に辛く当たったりするからだ。直接手を上げたりすることこそなかったが、それほど厳しくいわなくてもいいのに、と子供心に反発し、悲しくなったこともある。私としては期待はずれの父であった」。「晩になると時間のことなど一切かまわずにいつまでもお酒を飲む人で、これには閉口した。お酒が入ると、いつもの説教の口調にますます熱を帯びてくるので、私は面倒くさくなり、早めに自室に引き上げてしまった。いわば父は典型的な威張りたがり屋、昔の男によくあるタイプの人であった」(同前、五六頁)。

この新しい父からは井深も厳しくしつけられた。運動と精神鍛錬のために市の紋章の碑が山頂にある市章山から隣の碇山までの山頂登攀を日課として井深に課し、それをこなさずに朝食にありつくことを許さなかった。井深は毎朝、早起きして一時間かけて山頂まで往復した。気乗りはしなかったが、一度決めたことに井深は全力を尽くす。台風や大雨の日以外は毎日かかさず山頂に登った。おかげで体力がつき、身長体重も大きく伸びた。そんな毎朝の日課をこなしつつも諏訪山尋常小学校へ井深はいつも誰よりも早く登校していたという。

進学先は名門神戸一中を選んだ。諏訪山尋常小学校では神戸一中に進学を希望する生徒だけが残って受ける補習授業があったが、井深もそれに出席している。受験科目は国語と数学。クラスの四分の一が受験して合格するのは五〜六人という狭き門であったが、無事に突破し、井深は神戸一中生になる。当時の校長は新渡戸稲造や内村鑑三と札幌農学校で同期の鶴崎久米一だった。神戸一中も神戸大学へ多くが進む進学校であったが、野球とサッカーも強い文武両道の校風で、「質実剛健」「自重自治」がスクールモットーとされていた。

第二章　発明家の誕生

1　空間には電波が満ちている

時報電波

ようやく受験を終えた井深だったが、中学に入ると向学心が燃え尽きてしまったかのように勉強は手つかずになった。一～二年のときにはテニスが面白くてコートが暗闇に包まれるまでボールを追い回した。結果的に成績は後ろから数えた方が早くなっていった。そして四年に進級するときには一度留年をしている。留年にはいくつか要因があった。まず三年生のときに肋膜を病んで休んだこと。そして漢文の試験で落第したこと。井深は白文にレ点や返り点をつけて漢文を読む方法が気に食わず、英語を読むように冒頭から白文を読んでゆくべきだと主張し、漢文の先生と長くやりあっていた。この議論は折り合いがつかず、どうにも腹の虫がおさまらなかった井深は試験を白紙で提出したのだ。

しかし成績が落ちた本当の理由は実は他にあった。無線に夢中になったからだった。

あるとき、井深は「時報電波」の存在を知る。千葉県銚子の無線局が船舶向けに毎晩九時から一分おきに時報電波を送信している。船舶はそれを受信して船の時計を標準時に合わせるのだ。

それを知って井深は安城で共に暮らした祖父のことを思い出していた。祖父は毎日、安城の駅まで出かけて正午に鳴るベルを聞き、自分の時計をそれに合わせることを日課にしていたのだ。正午三〇秒前から「ジー」とベルが鳴り出し、それが止まったときが正午となる。東京・大阪では大砲の音で正午を知らせていたが、安城でそれは望めず、駅まで出かけてベルを聞くのが唯一の時計合わせのチャンスだった。

毎日駅に通う祖父を見ていた井深は、もっと簡単な方法で時刻合わせができるはずだと考えていた。そんな夢が電気の力で実現できることを井深は知る。何もないように思える空間の中に電波が満ちている、それを知ることは、今までとは世界が変わって見えるような驚きを井深に与えたのではないか。

空間に満ちている電波の中から「時報電波」を選び出してキャッチすることができれば――。そう思いついた井深は自分でも無線受信機をつくろうと思い立つ。とはいえ当時はまだ無線関係産業は確立されていなかった。つまりラジオ屋や電気屋が町中にどこでもあったわけではないのだ。

その点で井深は恵まれていた。神戸には入港する船舶向けに無線装置を提供する日本無線の営業所があったし、船舶関係の仕事をしていた父の顔がその日本無線に効いたからだ。

少し回り道をしたい。そもそも電波、電磁波とはどのように発見されたのか。

琥珀をこすると離れて置かれている羽根などの軽いものを引きつける「遠隔作用」が発生することはギリシャ時代から知られていた。一六世紀イギリスの物理学者ギルバートは琥珀だけでなく、ガラスや硫黄なども摩擦されると琥珀と同じように物を引き寄せる力を発揮することを発見している。そしてこうした遠隔的に作用する引力作用をエレクトロンと呼んだ。それはギリシャ語で琥珀を意味する言葉であった。

電気と磁気の歴史

このエレクトロン＝電気と磁気の間の関係を発見したのはオランダの物理学者エルステッドである。エルステッドは針金に電気を通す実験をしているときに、針金の周辺で磁気コンパスの針が振れることを発見した。このエルステッドの実験結果を踏まえてファラデーは磁気の変化によって電流が流れるいわゆる電磁誘導と呼ばれる現象を発見する。この発見は有線電信技術を実用化させる鍵となり、有線電信は、一八三七年に画家であり彫刻家でもあったサミュエル・モールスによって実用特許が取得され、事業として展開されるようになる。

電気と磁気を統一的に説明する理論は一八六四年にスコットランドの物理学者ジェームズ・マックスウェルによって編み出される。このマックスウェルの理論を実際に実現すべく、電気を流して電波を発信し、電波を受信して電気信号に変える実験にオリバー・ロッジ、アレクサンダー・ポポフなど多くの科学者が挑戦した。

そうした実験段階を経て本格的な電波利用に向けて踏み出したのはグリエルモ・マルコーニだった。

イタリアのボローニヤに生まれたマルコーニはロッジやポポフといった先達たちと違って専門的な科学者ではない。一八九四年の夏をアルプスで過ごしたときに読んだ電気雑誌に紹介されていたヘルツの研究内容に興味を持ち、電波を使った通信が実用レベルでできないかと考えた。

最初は試行錯誤の連続だったが、送信機の一端を大地に繋いでアースを取り、もう一方を空中に掲げたブリキ缶に接続する。信号検知側にはロッジの作った「コヒーラ」と呼ばれる検波機を改良して使うことで実験に成功する。

やがてマルコーニはアンテナの大きさと高さが電波の到達距離を伸ばす鍵であることを発見し、一八九五年一二月に高い木にアンテナをぶら下げることで二・四キロメートル離れた地点間の信号受信に成功する。

無線技術に鉱脈が眠っていることを確信したマルコーニはこの成果をさらに発展させるべくイタリア政府と掛け合ったが埒が明かず、一念発起し、もともとアイルランド出身だった母と共に無線研究が盛んだったイギリスに渡ることを決意。ロンドンで英国郵便庁技師長のブリースと会い、自分のアイディアを話して協力を約束させた。資金の裏付けを得たマルコーニは九九年には英仏海峡横断通信に、一九〇一年には大西洋横断通信に成功した。

こうした実験を行うなかで一八九六年の夏には無線電信回路および機器に関する特許を取得していたマルコーニは、九七年にはマルコーニ無線電信会社を発足させている。マルコーニは科学者というよりも事業家だった。彼の才能が遺憾なく発揮されたのは、無線通信技術そのものの開発よりもそれをいかに魅力的に見せるかの演出術だった。

マルコーニは有線回線が使えない船上からの通信こそ無線通信の本命になると見抜き、早くからヨットレースの中継を試みている。九八年にはキングスタウンレガッタをダブリン・デイリー・エクスプレス社のために中継しているし、九九年には二艘の蒸気船に無線機を積み込んでアメリカズカップのヨットレースの様子を刻々とニューヨークのヘラルド社に送信させた。米西戦争の凱旋パレードが行われた直後の、アメリカ国民が戦勝気分に浮かれるタイミングのなかで行われたヨット中継は熱狂的な関心をもって迎えられた。

こうした助走を経て実現された大西洋横断通信はマルコーニ無線電信会社の力量を遺憾なく示し、大西洋沿岸地区で独占的な地位を築くようになってゆく。

2　日本の無線通信

では極東の日本ではどうだったか。

黒船と電信

有線電信という方法を日本にもたらしたのは、黒船に乗って開国を迫ったペリーだった。ペリーは幕府を圧倒するためには西欧の技術力を見せるのが一番と考え、ふたつの献上品を幕府に進呈した。ひとつは現物の四分の一サイズの蒸気機関車と客車の模型。模型といいながら実際に蒸気の力でレールの上を走ることができた。アメリカ人の機関士が石炭を積んだ貨車の上に座って機関車を操作し、幕府とペリー一行が会談した横浜の会議室の庭を走ったという。

そして、ペリーのもうひとつの持参品が電信機だった。一八五四年三月二〇日に九町（約一キロメートル）離れた弁天前吉左衛門宅まで針金を敷き、「江戸 JEDO」の文字をモールス信号で送ってみせた。集まった幕府側の面々は「バテレンの妖術」と大騒ぎになったという（中野『サムライ、ITに遭う』）。

電信技術の存在を知った幕府はオランダの協力を得て電信機を入手し、五五年には勝麟太郎（海舟）が芝の浜御殿で「天地和合」「鶴亀」などの文言を送信する電信デモンストレーションを成功させている。装置こそオランダ製だったが、日本人が早くも電信の操作技術を身につけていたことは注目に値しよう。

同じく一八五五年には蕃書調所の市川斎宮が京都滞在中の徳川慶喜の前で実演を行い、慶喜自身も電信機を操作したエピソードも残っている。上機嫌の慶喜に市川は京都～大阪の長距離電信線敷設を提案したが、こちらはかなわなかった。江戸時代が終わってしまったからだ。

元号が明治に変わり、一八六九年には東京と横浜を結ぶ電信線が開通。そこで使われたのはフランスのルイ・クレメント・ブレゲの指字電信機で、幕府が契約したものを明治政府が引き継いだ。ブレゲは時計職人として働きつつ電信に仕事の手を広げた技術者であり、後にメゾンブレゲ社を設立、ヨーロッパを代表する通信機器メーカーに育てている。七三年には東京・長崎間が電信回線で繋がり、翌年には東京・青森、その翌年には青森・函館が繋がったので、明治維新後六～七年で早くも九州から北海道までの電信網ができあがっていた。

こうして有線電信の普及が進んでいた時期にマルコーニの華々しい無線実験活動が日本にも伝えられた。一八九七年（明治三〇）の夏、逓信省電気試験所長・浅野應輔を航路標識所長の石橋絢彦が訪ねたのは新着の外国雑誌をみてマルコーニの実験に関する記事を発見した石橋が、無線技術を灯台間の通信に使えないかと浅野に相談するためだった。

石橋の話を聞いた浅野は電信係主任の松代松之助に調査を命じる。松代は当時の官庁が採用していた夏季の半日勤務制度を利用し、空いた午後を使って基礎実験を始める。このように当初は牧歌的な体制であったが、一〇月には縦一・八、横三・六メートルのアンテナを用いた本格的実験を実施できるところまでにいたった。やがて陸上では作業場所に限界があるので新橋の海岸沿いに通信機を設置し、そこから送信した無線電信をお台場近くに浮かべた船に積んだ受信機で受信する実験に着手、一哩一四丁（約五・五キロメートル）の距離の通信に成功したという（福島『にっぽん無線通信史』。ただし浅野と石橋の面会は一八九六年という説もある）。

以後、有線で回線を敷くことができない海上を走る船舶との連絡から無線が活躍し始めたのは日本も同じだった。一九〇〇年には海軍無線通信調査会が作られ、東大理学部物理学科出身の海軍技師・木村駿吉を中心に実験を始めている。開国と同時に通信技術を知った近代日本は無線の実験ではマルコーニに追いつきつつあった。日露戦争で日本の連合艦隊は木村の開発した無線装置を装備することになる。

井深が神戸に住んでいたのは幸運だった。先に日本無線の営業所があったと記したが、港町・神戸は無線の先進地だったのだ。

真空管に照らし出される世界

受信機の部品を買う資金は母が助けてくれた。井深の実父の遺産から出していたものと思われる。母は何十円という高価な無線用の機器であっても息子が欲しがれば買い与えた。こうして井深は手作りの無線機を完成させた。苦労して手に入れた電気部品を壊してしまうことを警戒して、配線ミスがないことを確認したあと、スイッチをいれる。

当時の真空管はまるで電球のように部屋が明るくなった。フィラメントをともして調整すると雑音が聞こえてくる。コンデンサーをゆっくり回しているとやがて無線が「ツーツー」とはいってきた。このときの感激はいまでもわすれることができない。（井深『自由闊達にして愉快なる』二五頁）

この最初の自作無線機で井深が夢みていた銚子の時報電波の受信が実現できたかどうかはわからない。小林峻一が井深の評伝を記す際に行った聞き取り調査によれば、神戸時代の井深の最も親しい友人で無線仲間でもあった谷川譲は「そこまでは無理だったのではないか」と述べたという。

当時、鉱材の輸入商をしていた谷川家と鎌田家は父親同士の仕事での繋がりもあって家族ぐるみの付き合いをしていた。中学に入ると谷川は井深の家の二階の和室に入り浸り、二人で無線の機械を作った。屋根に登ってこっそりアンテナをたてたりもした。そんな谷川の証言は信頼できる。銚子の電波受信は無理だったようだが、神戸の海洋気象台が午後三時と九時に流していた気象通報は間違いなく受信できていたはずだという。

井深の無線機が電源としていたバッテリーは七〜八時間でカラになってしまう。すると谷川と二人で両脇についていた金具を持ってバッテリーを釣り上げて、諏訪山のふもとの家から坂道を降りて波止場の近くにあった日本無線の出張所にまで運び、充電してもらう。このときについでに電気関係の部品を見るのが楽しかった。

井深が無線に手を染めて半年ほど経ったころ、関東大震災が起きる。神戸に第一報を伝えたのは新聞の号外だった。井深によれば「号外を撒く時は、じゃんじゃんと腰につけた鈴を鳴らして走るんです。東京、横浜が全滅したと、神戸新聞も朝日も毎日も伝えている。情報源となったのは横浜沖に停泊していた『これあ丸』という貨物船で、この船が発信した無線を神戸港にいた船が受信して新聞の号外になったというわけです」(同前)。

井深手製の受信機には「これあ丸」の無線を受信する能力はなかったが、関東大震災に際して無線通信で得た情報で作られた号外が、井深に無線の実力をあらためて実感させた。

こうして井深はさらに無線にのめり込んでゆくことになる。


目で見、耳で聞く今日のテレビや映画と異なり、当時の無線やラジオは耳からだけ入ってくる平面的なものであり、話題や事件などの状況設定は聴く人それぞれが多少なりともできるのだが、現場の詳細なことや立体的に情況を設定するには、自らが無線を聴き、空想したり想像する以外になかった。直接視覚のなかに飛び込んでこないだけに、思ったり考えたりする世界が広がる。そこにまた楽しみがあるのであり、私の一貫しての創造する歩みは、いまになって考えれば、書物を読んで空間をさまようのと同様に、無線が原点としてそこにあったのである。（井深『創造への旅』六六頁）

翌年の一月、谷川は井深に誘われる。

「家に実験放送を聞きにこないか」。実験放送とは大阪朝日新聞社が行っていた公開無線実験のことだった。無線と名乗っているが、それまでのトン・ツーの電信ではなかった。音を符号化することなく、そのまま電波に乗せる。日本でも放送の時代の到来は目前となっていた。

3　声を電波に乗せる

放送の夢

マルコーニとその追随者たちが成し遂げたのは有線電信の無線化、つまりトン・ツーの信号を無線で送受信することだった。そうではなく音声そのものを電波に乗せられないか。そうした方向での新境地を開いたのはフェッセンデンであった。

無線電信用の電波発生には火花式送信機が使用されていたが、音声そのものを電波に乗せるには連続波が必要。そこで、送信機交流発電機を発電だけでなく発信器そのものとして使うというアイディアで、フェッセンデンは一九〇六年に音声を電波に乗せて一〇マイルの伝送に成功する。同年のクリスマスイブには彼の研究所のあったブラントロックから大西洋に向けて蓄音機の音楽や、バイオリンの演奏、歌などを送信した。大西洋を航行中の船舶の通信士たちは今までモールス信号しか受信しなかった無線機から突然、音楽が奏でられるのに驚く。

フェッセンデンが大西洋に向けて送信した「音楽」は、結果的に不特定多数に聞かれることで「放送」となったが、フェッセンデン自身が考えていたのはあくまでも音声を相手に伝える無線「通信」＝電話だった。

それに対してド・フォレストは「放送」の夢を見た。マルコーニに刺激されて無線通信会社を起こしたド・フォレストは三極真空管の発明など、その後の技術史の発展に大きく寄与する仕事を成し遂げていたが事業に失敗。傷心を慰めようとオペラハウスに通ったが最低料金の立ち見席券すら買えなかった。それでも帰路につく気になれず劇場の周辺にたむろする。劇場後方の扉から微かに漏れる音楽を聞いていた彼は、オペラハウスに来ることが出来ないけれど、音楽を聞きたい人は膨大な数にのぼるだろうと気づいた。そして「通信」のために無線を使うのではなく、多くのリスナーに向けて無線に乗せて音楽を届ける「放送」を実現させようとする。無線通信は送信者と受信者の間のコミュニケーションだったが、無線電波は受信者以外にも届く。そうした電波ならではの性質を使えば特定少数間の通信ではなく、不特定多数を相手にする「放送」ができるはずなのだ。

以後、一九〇七年にはニューヨークでテルハルモニウムと呼ばれる巨大な電気仕掛けの楽器による演奏を電波に乗せて送出する事業を手がけたが、四ヶ月で撤退。妻とともにパリに渡ってエッフェル塔から放送を行う実験をし、送信された音楽は五五〇マイル離れたマルセイユでも聞けた。

こうしたド・フォレストの活動は大いに耳目を集めたが、事業化するにはまだ時期尚早であり、マルコーニと違ってド・フォレストは企業家として成功はしていない。だが彼の存在が無線技術の魅力を大きく広めたことは間違いなかった。

無線機用の部品の生産が進み、入手が徐々に容易になるなか、世界中でアマチュア無線家が活動を始める。たとえばアメリカでは一九〇六年頃から鉱石検波器の開発によって安価な無線通信機の作成が可能になったという。彼らは廃品を集め、さまざまな工夫を凝らして屋根裏部屋や自室で自前の無線局を開設してゆく。一九一〇年頃にはボストンの電器店では毎月三〇台を超える無線装置が売れていくようになっていたし、一九一一年の時点でニューヨーク・タイムズ紙はアメリカ全土でのアマチュア無線家は数十万人と見積もっていた（吉見俊哉『「声」の資本主義』）。

コンラッドのKDKA

第一次世界大戦が始まると彼らのなかにはその腕前を生かして軍で活躍する者も現れた。フランク・コンラッドもその一人であった。一六歳からウェスティングハウス社で働き始めたコンラッドは一九一二年一〇月二八日、アメリカ海軍アーリントン局（NAA）の時報無線の試験送信が始まると自分の時計を合わせるためにさっそく受信機を組み立ててみた。井深と同じくコンラッドの無線との関わりも時報通信が始まりだった。

これがきっかけとなり一九一五年頃にはすっかり無線の魅力に取り憑かれたコンラッドは、ウェスティングハウスの無線部門の責任者となってアメリカ軍の送信機ＳＣＲ-69と受信機ＳＣＲ-70を開発している。これらは欧州戦線で使用され、その性能の優秀さが高く評価された。戦後、ウェスティングハウス社は無線市場の将来性をみかぎって研究開発を中止してしまう。スイッチ部門に異動させられたコンラッドは仕事を終えた後に、一人で自宅のガレージでの無線実験をつづけていた。戦争での利用を通じて一層磨きのかかった無線技術を活かすことで彼の無線局８ＸＫは一二〇〇キロヘルツの中波を用いて高音質の通信を行い、徐々に認知度を高めてゆく。その内容は、ラジオ無線技術に興味のない一般の人が聞いても楽しめる水準に達していた。

そこに目をつけたのがデパートで、地元新聞に８ＸＫ局の送信内容を紹介し、わずか一〇ドルの受信機を買えばこれが聴けると宣伝する。

エアコンサート、ラジオで「受信」される

無線電話を通して、大気のなかで奏でられるビクトローラ〔ビクターの蓄音機〕の音楽が、最近、このあたりで無線実験に興味を持つ支援者たちの手で据え付けられた、無線受信局の聴取者たちによって「受信」されています。コンサートは、火曜日の夜一〇時ぐらいに、二〇分間聴くことができます。プログラムは、管弦楽二曲とソプラノの独唱――大気のなかをひときわ高らかに、済んだ音色で響き渡るのです――、そして若者向きの「おしゃべり」からなっています。

音楽は、ウィルキンスバーグのペン・アンド・ピープルス街にある、フランク・コンラッド氏の自宅の無線電話の送信機に近付けられたビクトローラからのものです。コンラッド氏は、無線マニアで、無線機を持つ近隣の人々の楽しみのために、定期的に無線コンサートを「上演」しています。ただいま当店で売りだしているアマチュア無線機は、メーカーであらかじめ組み立てられており、一〇ドルからの値段で販売されています。（水越『メディアの生成』六二頁）

この宣伝がさらに、ウェスティングハウス社勤務時代のコンラッドの上司でその頃は副社長となっていたデービスの目に止まる。デービスはデパートがラジオ無線機の販売広告を行って採算が取れると判断するくらい無線放送の受信を望む需要が育っているのであれば、定時放送サービスは十分に商売になると考えた。まずウェスティングハウス社製の受信機が売れる。そして放送にデパートの広告を流し、そこでも収益を出せばいい。デービスは関係者を集めて会議を催し、コンラッドに出資してより強力な電波を発信する本格的な無線局を作らせることに決めた。

ウェスティングハウス社はコンラッドに五〇ワットの真空管六本を提供、波長三六〇メートル（八三三キロヘルツ）のＡＭ放送を始めさせる。これが一九二〇年一一月二日にアメリカ・ペンシルベニア州ピッツバーグで放送開始されたＫＤＫＡ局で、定期的な番組を流した最初の放送局と言われる。

ＫＤＫＡ局が放送した最初のニュースは大統領選挙の情報で、地元紙『ピッツバーグポスト』に入る速報を夜の八時から真夜中まで読み上げ、最終的にハーディング候補の大統領選当選を伝えた。選挙放送はド・フォレストが一九一六年に実験的に手がけた例があって世界最初ではなかったが、ＫＤ

KA局は到達範囲でそれを圧倒した。この実況中継は各地の新聞、雑誌に取り上げられ、全国的な宣伝効果をもたらした。こうしてアマチュアによる無線通信が、プロによる無線放送に変わってゆくプロセスが踏まれてゆくことになる。

一九二二年にはイギリス放送会社（現在のBBCの前身）が放送を始め、ドイツ、ソ連、フランスなどもこれに続いた。

短波帯を使った放送に関しても先陣を切ったのはコンラッドだった。コンラッドは一九二一年一月二日より教会の日曜礼拝をKDKAで中継放送する「教会サービス」を始めていたが、これは教会からスタジオまで有線で結んで中継していた。一九二二年三月に短波（二・〇〜三・〇メガヘルツ）帯を放送業務に分配することが認められるとコンラッドは教会からの有線中継を短波の無線中継にしてみた。

一九二二年六月、ウェスティングハウス社は短波中継の研究に正式に着手し、翌年一一月二二日、ヘイスティングスで開局した系列ラジオ局KFKXへの電離層反射を使った短波による番組中継を開始した。さらに翌年にはイギリスBBCの系列局に向けた短波中継放送を成功させ、同年の大晦日から元旦に掛けての「新春特別番組」を米英両国で同時放送している。

日本の無線放送実験

日本でも世界の潮流に遅れまいと放送の利用を急ぐ動きがあった。後に日本最初のラジオ放送局となる東京放送局創設の経緯は一九二八年に刊行された『東京放送局沿革』のなかでこう書かれていた。

世界戦争の終結を告ぐるや滔々たる勢を以て無線は米国に勃興した。太平洋を隔てて隣する我国がその波及を受けたのも洵に自然と謂わねばならぬ。（中略）米国に於ける放送開始は各地の企業熱を一斉に刺激すると共に一転して我国の無線放送の機運を促進しラヂオは愈々民衆化して来た。このラヂオの民衆化は民間の製造工業界に新しき目標としてのラヂオ時代を実現せしめ、東京放送局創設の機運は端しなくも、ここに醸成された。（竹山『ラジオの時代』一一二頁）

しかし、日本のラジオ熱はそのまままっすぐに東京放送局開設に繋がったのではない。ラジオの持つ速報性・同時性に最も強く惹かれていたのは新聞各社であった。一九二二年（大正一一）六月には東京朝日新聞が「無線電話実況公開」と銘打って、京橋の朝日新聞社屋上に設置した送信機からレコードによる音楽演奏を送信、上野公園で開催されていた平和記念東京博覧会会場の電機工業館に設置した安中電機製造の受信機で受信し、来訪者に聞かせた。

東京日日新聞も御茶ノ水高等師範学校講堂に設置した受信機に向けて朗読、演説を送る通信実験を行っている。この様子を同紙は「日本にもいいよ無線電話の時代」との見出しで同年九月一六日に報じた。そこでは一般の受信が許可された暁には「我社もブロードキャスティングステーションとして読者の自宅へニュースは勿論音楽、講和等を送話する計画である」と書き、新聞社として不特定多数向けの無線電話すなわち放送事業への進出の意欲を示している。

関東大震災の発生は、こうしてラジオへの関心が社会的に高まっていた時期に重なっていた。そのとき、ラジオの力を思い知ったのは井深だけではなかった。東京、神奈川を中心に一四万人を超える死者を出した災害は、同時に朝鮮人が暴動を画策しているというデマを発生・流布させ、無実の朝鮮人が殺害される悲惨な事件も起きた。この一件が人々に「ラジオさえあれば流言飛語による人心の動揺を防げたであろう」との思いを喚起し、社会的なラジオ熱にいっそう油が注がれる結果となる。

井深が谷川を誘って聞こうとした大阪朝日新聞の公開実験放送もそうした状況のなかで実施されたものだった。中之島の本社屋上の放送室から電波を送信、大阪長堀の高島屋呉服店で開催していた「無線電話展覧会」会場で受信するという趣向であったが、発信機と受信機の間を伝わる「通信」の電波は、想定された一対の送信機＝受信機の枠を超えて不特定多数が受信可能だった。井深もその一人として電波を受信しようとしたのだ。

実は谷川も自分で鉱石ラジオを作って、この実験放送を聞こうとしていたが、井深の家に出かけて驚いた。高価な真空管を三本もつかった贅沢な回路設計の受信機を井深は作っていたのだ。高価な部品の購入については母さわの理解と協力が大きかったが、井深自身の創意工夫も際立っていた。特に目を引いたのはスピーカーを代用する発想で、大きなドンブリを横向きに立ててその中に受信機を入れて音をドンブリに反響させせて増幅させようとしていた。

空中から音を取り出す、その装置は、原理を知らない人がみたら魔法のように見えただろう。身近なドンブリを使って新しい科学技術を目に見える形で示す。それは発明少年・井深の真骨頂だった。

発明家は理論と手段を選ばない。中学生の井深が無線理論を極めていたとは思えない。しかし何度も何度も回路を作り直しているうちに無線機の何たるかを体得してしまう。そして音を出したいと思えばドンブリだって利用する。そうした創意工夫が通用する技術の時代にこそ発明家は生き生きと活躍できる。

大阪毎日新聞社の実験放送は第一五回衆議院選挙の開票速報を伝えていた。当時は新聞販売店が開票の途中経過を軒先に貼りだしていたが、井深は放送を通じて先に開票結果を聞いている。販売店に出かけて「この途中経過はもう逆転したんだよ」と言うと、販売店では「電話で新聞社が直接知らせてきた経過報告だから間違いがない」と聞く耳を持たない。

押し問答をしているうちに販売店に井深が先取りした通りの経過報告が電話連絡で入ってくる。販売店の店主や、開票速報を見に来ていた近所の人も目を丸くして驚いた。普通の人には見えないものに目を凝らし、聞こえないものに耳を傾けて、井深は育った。

無線マニアになった井深は友達にことかかなった。実際に教室や近所で顔を合わせるクラスメイトだけでなく、谷川譲の勧めをうけてアマチュア通信を始めていたからだ。アメリカのラジオブームは日本にも伝わり、一九二二年ぐらいからアマチュア無線家が増えている。民間で無線部品が製造されるようになり、二四年五月に雑誌『無線と実験』が創刊された。創刊者の伊藤賢治は医療器具商社に勤務してX線部主任となり、後に東京医学電気株式会社を興す人物で、放送局開局の意欲も持っていたという。

そんな時代に早稲田大学の学生だった安藤博は自宅の六畳間からニューヨーク、シカゴ、ロンドンとの交信に成功し、「東洋のマルコーニ」と呼ばれた。中学生の井深にそこまではまだ無理だったが、遠い関東にも知り合いを増やした。当時のアマチュア無線界は関西勢と関東勢に分かれていたが、この関東の愛好家との交わりが、後に井深の人生に大きな影響を与えることになる。たとえば日本の無線通信産業の草分けであり、ソニーを大きく育てることになる交流バイアス特許の共同所有者だった安立電気社長の磯英治や、早稲田高等学院在学中に親友となり、生涯を共にした島茂雄もこの時期に無線電波を通じて、――後の用語を先取りして用いれば――「ヴァーチャルに」知り合った面々だった。

4 早稲田の杜へ

早稲田高等学院

神戸一中は名門進学校であり、多くの同級生が四年から飛び級で高等学校に進んでいった。無線三昧で落第したあとも勉学では低空飛行を続けていた井深にそれは無理だったのでそのまま五年に進級、さすがに尻に火がつき、大好きだった無線をいったんやめて受験勉強に励んだ。

進学候補として選んだのは浦和高校、北海道大学予科、そして早稲田第一高等学院であった。しかし浦高、北大予科ともに不合格だった（後年に文部省の関係者に調べてもらったところ、色弱のせいで官立学校に入れなかったことがわかったと本人は『創造への旅』七〇頁で書いている）。

浦高はともかく北大予科には未練があったかもしれない。そう考える理由は後で記すが、残ったのは早稲田だけだったので選ぶ余地はなかった。

消去法のようだが、考え方を変えればそれは悪くない選択だった。高等学院からは早稲田大学に進む権利が手に入る。早大理工学部では井深が日本女子大付属豊明幼稚園に通っていた頃に知り合った山本忠興が教えているのだ。

山本は井深が最初の東京暮らしを終えた後の一九二二年に「電気の家」と呼ばれた最先端の電化住宅を自宅として目白に建てている。玄関はボタンを押すと開く自動ドア、応接間には電気湯沸かし器、扇風機にシガーライター、裁縫室には電気ミシン、食堂にはコーヒーメーカーやトースターがあったという。

山本は大枚をはたいて「電気の家」を完成させ、維持費として当時の女中の給料と等しい月々一五円の電気代を負担しながら、電化生活の素晴らしさを啓蒙するモデルハウスとしてこの自宅を広く公開し、多くの人を招待しては、電気釜で炊いた米やその他の食事を提供した。山本は、女中を使う家で育つと子どもに妙な特権意識が芽生え、大人を真似て女中を使うようになりかねない。その点、電気が女中代わりに働いてくれる家であれば、人に頼らない独立心を育めて教育上も望ましいと述べていたという。

この電気の家に山本は三二年まで住んでいたので、早稲田高等学院に進学し、山本と再会した井深はぎりぎり訪問できていたのかもしれない。だが、もし印象に深く残れば井深はそのことを自伝等で書くはずだがそうはしていない。実は電気の家は山本が保有していた特許権をある会社に譲渡する約束をしたときに支払われた保証金で建てられており、早稲田大学教授の俸給に見合うものではなかった。そして後に山本は関係していた金属加工工場の倒産で借金を背負うことにもなり、電気の家を維持することができなくなった。井深が進学のために東京に戻ったのは山本が電気の家を所有していた最後の時期にあたっており、往年のように電化啓蒙の役目を果たせなくなっていたのかもしれない。

高等学院の入学式でのエピソードがひとつある。高等学院二年生だった島茂雄は入学者名簿をみていて井深という名前を発見する。アマチュア無線の愛好家だった島はその名前が記憶にあった。そこで一計を案じ、新入生の教室の黒板にチョークでハム式のメッセージを残した。「3BB de 1SH 学友会科学部の部室で会おう」。3BBは井深の、1SHは島のコールサインだった。案の定、部室に現れたのは神戸に住んでいたハム仲間、井深だった。一年上級の島は自分が所属している科学部に井深を誘った。

共に大の電気好き、工作好きの島と井深はすっかり意気投合し、学校の講義はそっちのけで科学部の部室に入り浸り、二人でいろいろなものを作った。

実践を通じて腕前を上げてゆく井深と島の器用さは学内でも評判で、同じく工作を愛した山本から大いに可愛がられる。そして早大では野球部や競走部の部長を、アムステルダムオリンピックの日本選手団では総監督を務めるなどアマチュアスポーツ界の重鎮でもあった山本に依頼され、明治神宮外苑競技場の拡声装置の制作を請け負っている。『創造への旅』から引こう。

大きな真空管などないから、普通のサイズの真空管を十六本ほど並べ、特大のパワー増幅装置を作った。トランスなどは全部手づくりであった。しかし、適当なスピーカーがない。いまのダイナミックスピーカーは当時からあったのでそれを使い、切り口二メートルはあると思われる巨大な木製ラッパを作り上げ、メインスタンドの屋根に、中央、左右と三つのスピーカーを設置した。

さて、明治神宮にも夕暮れが迫るころ、音楽を流す。暮れゆく空に流れる、軽快な音楽の響きがなんと快かったことか！

もっともこれには前哨戦があり、神戸一中時代、スピーカーが買えない時に借りた小さな器具を、ドンブリにいれて音をアップしたというのが基礎になっている。これはスピーカーの音がドンブリにぶつかって反射し、音が大きく聞こえるという簡単な理論だが、私は神宮競技場でいい音を響かせ、神戸一中時代よりも数段進歩したことに嬉しさを感じていた。（八〇 - 八一頁）

クリスチャン活動

山本から井深が受けた影響は電気工学に留まらない。先に山本が子ども向けの啓蒙書『子供電気学』を書いていることに触れたが、その冒頭には「この激しい雷鳴と、自分達の家庭に天使のように仕えて、諸般の用を便ずる電気が、同じであるとはどうも解しがたい」と述べて父親が子どもたちに電気について説き始めるシーンがある。

電気を語るときに「天使」のイメージを引いた山本は熱心なクリスチャンだった。洗礼を受けたのは東大生時代で、富士見町教会の牧師をしていた植村正久からであった。以来、出張などで東京を離れるとき以外の日曜日は、ほとんど休まずに五〇年間を通じて富士見町教会での礼拝に出席し続けたという。ちなみに山本は日本日曜学校協会の理事長も務め、『日本日曜学校史』という著書も出している。

山本の影響を受けた井深も高等学校三年のときに富士見町教会で受洗する。井深は自伝には中学時代から教会に通っていたと書いているが、キリスト教の信仰を確かに持つまでにはいたっていなかったようだ。しかし、この時期からは日曜ごとに教会へ通いはじめる。

早稲田高等学院を受験する際には野村胡堂の家に泊めてもらい、入学後には東長崎で下宿暮らしを始めているが、まもなくそこを引き払ってキリスト教系の早稲田奉仕園が運営管理する学生寮「友愛学舎」（スコットホール）に移っている。当時の早稲田奉仕園では初代理事長の安部磯雄が国会議員となって辞職し、井深が入寮する一年前に山本忠興に代わっていた。

無線通信とキリスト教には縁がある。

たとえばKDKAによる放送が緒についた頃のアメリカでは、音を出す受信機が神秘的なイメージで受け取られていたという。

多くのアメリカ人にとって、ラジオ無線は、十分に神秘的だった。すでに述べたとおり、マックスウェルが予言し、ヘルツが実証した電磁波を媒介とする音声送受信技術は、中世以来のロマン主義、キリスト教的思想のなかではぐくまれた神秘的、宗教的イメージのなかでとらえられた。人々は、肉体を離れて聴こえてくる声を、エーテルを伝わる神の声のようなものと受けとっていたのだ。人々の意識状況は、第一次大戦前のド・フォレストやフェセンデンの実験のころと変わりがない。むしろ、放送を通じてラジオ無線技術が大衆化したことによって、エーテルをめぐるイメージは、より一般化していた。(水越『メディアの生成』七四頁)

たとえば同じような時期にソ連ではペテログラード物理工科大学に勤務していたレフ・テルミンがコンデンサと高周波発振器をふたつずつ内蔵する奇妙な「楽器」を作り上げていた。演奏者が手をその楽器にかざすと、演奏者とアンテナとの間に蓄えられる静電容量が変化する。その変化を増幅してスピーカーで再生することで演奏ができた。

この「楽器」は発明者の名前を取って「テルミン」と呼ばれ、世界最初の電子楽器とも称されるが、演奏者は何にも触れることなく、手をかざしたり、上下に動かしたりするだけで音楽(のようなもの)が奏でられる。その不思議な光景を見て、当時の人はテルミンをエーテルの音を聞かせる楽器と考え、テルミンによるコンサートはエーテル音楽と呼ばれたという(竹内『テルミン――エーテル音楽と20世紀ロシアに生きた男』)。

エーテル自体はギリシャの自然哲学に由来するが、ローマ時代以降のキリスト教スコラ学に受け継がれ、中世のキリスト教的宇宙観においても、天界を構成する物質とされていた。そうしたキリスト教的認識はソ連にも引き継がれていたようだ。ちなみにエーテルの存在を否定するアインシュタインの相対性理論はすでに発表されているが人口に膾炙するにはまだいたっていない。

日本に無線技術が入り、普及する過程にもキリスト教の関わりがある。一九一八年に日本初の無線業界紙『無線之日本』を創刊し、後に日本無線電信機製造会社を設立する加島斌はギリシャ正教の伝道者でもあった。『無線タイムズ』発行人・岩間正雄の弟の大竹忠もギリシャ正教系神学校の出身者だった（高橋『ラジオの歴史』）。無線もキリスト教も外来の新奇さという点において共通しており、両方に関心を持つ人が多かったということか。

クリスチャンになった井深は毎週日曜に日曜学校の教師を務め、小学生たちに聖書の講義をしたり、賛美歌を教えたりしていた。このときの教え子のなかには後年『バラが咲いた』などのヒット曲を手がける作曲家の浜口庫之助が含まれている。

友愛学舎は一九二〇年にJ・E・スコット夫人の寄付で作られた早稲田奉仕園の象徴ともいえるレンガ作りの建物。東京都の景観保存事業の対象にも選ばれている。

友愛学舎で共に生活した仲間としては後に日本測定器を一緒に立ち上げる小林恵吾がいた。井深は友愛学舎の個室に電気工作用の道具を持ち込み、電蓄を作り、レコードをかけた。この部屋には真空管やトランスが所狭しと並べられ、まるで電気屋の作業スペースのような風景だった。

しかし散らかった部屋とは裏腹にクリスチャンとしての井深は過度に潔癖だった。それが摩擦を起こす。友愛学舎の一日は朝六時に始まり、礼拝を済ませた後、朝食となる。神戸時代に山登り鍛錬を終えて朝食という生活をしていた井深はこうした友愛学舎の寮生活に何の苦労も感じなかったが、寮

友愛学舎の自室で
部品や工具を持ち込み電蓄などを工作。

生の中には礼拝をサボるものがいる。

また寮内は禁酒禁煙のはずなのに、別棟には吸い殻入れの盆が置いてある。これらに腹をたてた井深は奉仕園の創設者であったアメリカ人宣教師ハリー・バクスター・ベニンホフに「友愛学舎は退廃の極にある。師は、キリスト教徒として姿勢を正せ」と要求を突きつけたが、いっこうに改善の兆しは見られない。

友愛学舎の敷地内に建つベニンホフの住まいは垣根を巡らせ、「立入禁止」の立て札まである。それも気に食わない。キリスト教の教えは「汝の隣人を愛せよ」ではなかったのか。井深と仲間たちはベニンホフの住まいの前に植えられていた大木を引き倒し、「立入禁止」の立て札を燃やしてしまった。大騒ぎになり、結局、井深は友愛学舎を去ることになった。

奉仕者、井深八重

井深だけでなく、彼の親戚縁者にはキリスト教との関わりが深い人物が多い。

井深家は会津九家と称された藩内の名門で、日新館の武講頭取であった井深数馬の長男が井深基であることはすでに記した。

次男・虎之助は石山家の養子となり、白虎隊士として自刃。三男・宅右衛門の子が井深梶之助、井深彦三郎である。梶之助は白虎隊年少組の斥候として会津戦争に加わった少年時代を経て牧師となり、明治学院の二代目総理を務めている。

彦三郎は二歳のときに会津藩が斗南に移されたため貧困の内に幼少期を過ごし、後に上京し築地の学校にて英語を学び、一八八六年には中国に渡った。以後は語学の能力を活かし日清戦争では第一軍司令部通訳官、日露戦争でも軍務に従事し、戦後は清政府に顧問として迎えられ満州開発に従事した。一九一二年（明治四五年）五月一五日に、福島県郡部から第一一回衆議院議員総選挙に出馬して衆議院議員に当選している。一九一六年（大正五）四月四日、北京にて五一歳で死去。

その彦三郎の娘が八重だ。八重が七歳のときに両親が離婚、母は八重を井深家に置いて去り、父も多忙なため伯父の梶之助に預けられ育った。中学より同志社女学校で学び、一九一八年に同志社を卒業。長崎県立長崎高等女学校の英語教師となったが、一九一九年にハンセン病と診断されて御殿場の神山復生病院に隔離入院している。

三年後の一九二二年になって誤診だったと判明するが、彼女はハンセン病患者を献身的に看護する院長ドルワール・ド・レゼー神父の姿に感銘を受け病院に留まることを決意。洗礼を受けてクリスチャンになり、看護婦学校で学び直して資格を所得、病院初の看護婦となっている（星『井深八重』）。遠藤周作『わたしが・棄てた・女』のモデルになった女性でもある。

こうしてキリスト教の救済思想の実践に人生を捧げた親戚の存在もまた少なからず井深の精神に影響を与え、後に障害者福祉に関わる遠因になったのではないか。

走るネオン

大学時代のケルセル研究を応用した"走るネオン"は1933年のパリ万博で金賞受賞。

光電話、走るネオン

大学進学の時期が近づくと井深は「強電」部門を扱う理工学部の第一分科と、通信など「弱電」分野の第二分科の間で進路の選択に迷う。当時、発電所や電力会社に就職できる第一分科が理工学部の主流だった。重厚長大産業こそ国家の根幹をなすと考えられており、人数的にも第一分科に六二名が進むのに対して、第二分科は二六名の進学者数だった。結局、井深は好きな道をゆこうとして第二分科を選んだ。就職に困ったら電蓄屋になればいいと思っていた。

早稲田大学理工学部電気工学科第二分科で井深は山本の後を継いで理工学部電気工学科主任になった堤秀夫を指導教官としてケルセルの研究に取り組んでいる。ケルセルは音声などを変換した高周波の電圧を外部から加えることによって、通過する光の周波数を変える装置である。

これはもともとは山本が開発していたテレビ受像機に組み込まれていたものだった。当時、テレビの開発に挑戦していたのは浜松高等工業学校の高柳健次郎助教授と早大の山本で、高柳はブラウン管を使った電気式受像機を、山本はケルセルと大きな鏡を組み合わせて使う機械式の受像機を開発していた。

当初は山本の方に一日の長があるとされ、一九三一年（昭和六）には戸塚球場で野球の試合を撮影し、約二〇〇メートル離れた早稲田大理工学部の高圧実験室に送る屋外実況中継実験にも成功している。しかしアメリカで撮像管アイコノスコープが開発され、機械式で映像を送っていた送信側が電気化されると電気式の受像機と組み合わせる方式が一般的となり、山本が開発していた早大式テレビの役目は終わる。

井深が早稲田大学理工学部で学んだのは、このように電気式テレビ受像機が優位になってゆく時期でもあった。卒業実験で井深はテレビではなく、ケルセルに高周波と音声電圧をかけて光を変調させて通信する「光電話」に挑戦した。早稲田大学から牛込矢来町の新潮社屋上まで約二八〇〇メートルの距離を隔てて光で音を運ぶ実験は成功。当時のマスコミをあっといわせた。卒論は「変調器としてのケルセル　附光線電話」と題された。

同じ頃に井深は、一八七〇年代にウィリアム・クルックスが発明したネオン管（ガラス管のなかの空気を抜いて希薄にしたうえで両端に電極を繋いで真空放電によって管を光らせ、「クルックス管」と呼ばれた）に高周波をかけて管内のネオンを動かす技術を開発。「走るネオン」と命名し、特許を取っている。

5　実業の世界へ

大学を終えるにあたって井深が就職先としてまず試験を受けたのは東京電気（後の東芝）だった。当時の社長の山口喜三郎は日光精銅所で父の上司だった。しかし落とされた。井深本人は「学校時代にかたよった勉強をした結果が現れたというほかない」と分析している（井深『自由闊達にして愉快なる』三三頁）。

PCLへ就職

さてどうしたものかと考えていたところ、「走るネオン」で特許を取ったときに世話になった特許庁審議官が「君のような人材を欲しがっている会社がある」と写真化学研究所（PCL＝フォトケミカルラボラトリー）を紹介してくれた。PCLは映画の撮影と録音を請け負う新興の映画会社だった。

面接に出向くと所長の植村泰二に「君のケルセルの研究は面白いね。好きなことを何でもやらせてあげるからうちにいらっしゃい」と言葉をかけられ、入社を決めた。当時、映画は弁士が音声をライブで担当する無声映画から音付きのトーキーに変わりつつあった。この頃のPCLは映画各社からトーキー録音の下請けをしながら、アメリカRCA社の特許を使わずに済ませられる新技術の開発を目指していた。ドイツのウーファーはすでにケルセルを使ったトーキー技術を開発しており、PCLもその後に続きたいと植村は考え、技術開発のために井深の力に期待した。井深にとっても大学で修めた音と光を変換する技術を自由に発展させられることは魅力だった。

第一志望の東芝に入社できないとすれば、自分の才能を思う存分いかして活躍できるところの方がいいと思ってPCLに入ることに踏み切ったのであった。

ＰＣＬの仕事は私には確かにうってつけであった。光を音に変え、あるいは音を光に変え、それをまた音に変えるという録音技術に興味を持っていたからである。（同前、三三頁）

こうして二五歳の井深は社会人になった。

払われなかった給料

井深に入社してもらう条件として植村は帝大出身者並みの月給六〇円を提示していた。この給料についてはエピソードがある。

四月の末に生まれて初めての月給をもらった。自分が一ヶ月間働いて得た汗の結晶であると思うとうれしかった。

だがはずむ心で給料袋の封を切ってみて、がっかりした。植村所長があれだけ堅い約束をしてくれたにもかかわらず、中身は五〇円だったからである。私は多少むかっ腹が立ったので、翌朝早く植村所長の私宅をたずねて「約束が違うじゃありませんか。給料袋には五〇円しかはいっていませんん」と言って給料明細書を所長に見せた。植村氏は少しもあわてず落ち着いた口調で「そんな小さなことでこせこせするな」と軽く受け流した。（同前、三四頁）

この給料に関するすれ違いの話について、電気通信史に多少の知識のある人であれば連想するものがあるのではないか。直流電気を普及させようとしていたエジソンの前にライバルとして立ちはだかって交流電気の普及を実現させたニコラ・テスラのエピソードだ。テスラとエジソンは最初から敵対関係にあったわけではない。エジソンがヨーロッパを訪れたときに、パリ在住だったテスラは面会に行っている。故郷を離れてアメリカ大陸に上陸したテスラを最初に迎え入れたのもエジソンの会社だった。

それは、エジソンがてんてこまいのときであった。最新の蒸気船に積んだエジソンの会社の直流発電機が二台とも故障し、設計上、取り外しができないので、船上で修理するしかなかった。スタッフの手配がつかず、猫の手も借りたかったときにやってきた電気工学に造詣が深いテスラはまさに渡りに船。即座に雇用される。調査を命じられたテスラは、たちまち故障の原因をつきとめ、徹夜で修理に当たった。その仕事ぶりにエジソンは感心し、機械の設計をテスラに任せるようになる。テスラは仕事に熱中し、休日返上で一日一八時間も働いたという。そのとき、エジソンの直流発電機の欠陥に気づいたテスラは改良計画を進言。エジソンはその価値を認めて完成のあかつきには五万ドルのボーナスを払うと約束をした。

数ヶ月の時間をかけて改良に成功したテスラがそれをエジソンに報告し、五万ドルを要求するとエジソンはこう言った。「テスラ、君はアメリカ流のジョークがわからないようだな」(新戸『知られざる天才ニコラ・テスラ』五一頁)。

テスラとエジソンが本格的に袂を分かったのは、使うべき電気は交流か直流かという考え方の相違だったが、給料をめぐるこのすれ違いも後にテスラがエジソンのことを蛇蝎のごとく嫌う遠因になる。井深の場合もテスラとよく似たエピソードを残して植村と袂を分かつ可能性があった。しかし植村はエジソンのように部下を使い捨てても自分が名声を得られればいいと考えるような人物ではなかった。井深の翌月分の給料袋にはちゃんと本給六〇円が入っていたし、その後、給料は毎月五円刻みで上がり、三年目には月給一五〇円に達している。

こうしたエピソード自体はたわいないものだ。ただ発明家をめぐっては金銭の話題がしばしば出て、関心を持たれやすい。それは発明がサクセス・ストーリーとして語られるときに、その偉大さを計る尺度が発明によって得られる対価であったからだろう。発明の価値が直接わからなくても、そこに金銭の話が付け加われば感情移入がしやすくなる。

井深に関しては少年時代の発明や学生時代の研究は金銭に還元されにくい。この給与のエピソードは、彼の創造の才能への評価が初めて金銭を以って計られたということになる。テスラの場合、過重労働の手当は結局払われなかったので天才の人生に最初の悲劇の影がさす。給与額の手違いが正され、きちんとした評価を得た井深は、翳るところのない国民的な発明家的企業家となってゆく。

そのサラリーを元手に井深は好奇心の赴くままに当時最先端の機器を次々に購入している。まずドイツ製カメラのライカを手に入れた。仕事柄、簡単に手に入る映画フィルムの切れ端が装塡できたので写真をよく撮った。そして赤く塗られたアメリカ製オートバイ「インディアン」にまたがり、颯爽

自動車の前で
カメラ，オートバイ，自動車……。メカが大好きなモダンボーイだった。

とツーリングを楽しんだ。当時としては贅沢を極めたこの二つに飽きると、それを売りに出した資金を元手に、中古ではあったが国産乗用車のダットサンを五五〇円で買ってもいる。

技術力が高く評価され、入社した年の暮れには最高技術会議のメンバーに抜擢されて、自由に研究を進めることができたし、この時期の井深は公私ともに実に充実した生活を送っている。

パリ万博へ出品

当時の井深が着手していた研究テーマのひとつに、大学時代に手がけ、特許もとっていた「走るネオン」を応用する技術開発があった。「走るネオン」ではネオンが管内を移動するだけだったが、電圧のかけかたを工夫すると光が伸び縮みするようになった。これは面白いということでネオン業者と組んでネオンサインとして商品化した。朝日新聞社の旭日マークを下から動かしながら表示するネオンサインを作ったりしていたという。満州事変後の時世ゆえに、やがてネオンサインは華美だと禁止されてしまったため、研究も頓挫を余儀なくされたが、「走るネオン」は一九三三年にパリ万博に出品され、優秀発明品として金賞を受賞している。

井深には「発明家」の形容が似合う。特許法では「発明」を「自然法則を利用した技術的思想の創作のうち高度のものをいう」と定義している。「創作」という言葉が「発見」と「発明」を隔てている。発明は具体的に何かを新しく作ることであり、たとえば学界で共有されている知識のうえに新しい理論を導出する作業は「発見」であって「発明」ではない。このあたりが「発明」をめぐる一般的な用語法といえようか。

理論の発見とは別なので、高度の科学的知識がなくても「発明」は可能だ。エジソンは正規の科学教育を受けず独学で次々に「発明」を生み出したし、井深も、無線通信理論には通じていなかったはずの中学時代からドンブリをスピーカー代わりに拡声装置に使う「発明」をしている。

先に特許法を引いたが、発明家たちの後盾になったのは「特許」という考え方だった。「発明」に対しては「特許」が与えられ、独占的な商品開発が特別に許される。そうであるからこそ発明家は財をなすことが出来た。近代的な特許の起源は一四世紀初頭にイギリスのエドワード三世が発行した特許状だといわれる。制度的に整備されたのは一五世紀初頭のベネチアで、ガリレオが一五九四年に「螺旋回転型ポンプ」の発明で二〇年間有効の特許を与えられている。この特許制度は一六世紀のイギリスで育てられ、産業革命を生み出すうえで大きく貢献した。

しかし特許制度を最も有効に活用したのは一九世紀末以降のアメリカであった。エジソン、ベル、テスラといった発明の巨人たちは、アメリカの特許重視（プロパテント）政策を背景に活躍した。だが、やがて発明の力を思い知るようになった企業人たちは、企業のなかに発明家を囲い込むようになってゆく。ゼネラル・エレクトリック社は社内にスケネクタディ研究所を設置し、基礎研究と生産を連動させる組織的なR＆D（研究開発）システムを作り上げた。日本ではまだ発明の囲い込みという発想は一般的ではなく、井深はPCLのなかで自由に働けていた。

だが、やがて会社は井深の望みとは異なる方向に進み始める。映画に音声を乗せるトーキーの下請けだけでは経営が苦しかったPCLは映画製作自体に踏み出す。

PCL自身が製作に関わった最初のトーキー映画作品は滝沢修、蒲田研二主演の『河向こうの青春』だった。会社の軌道修正と共に当時人気の俳優や歌手が会社に出入りするようになる。井深も映画が嫌いというわけではなく、官庁や民間企業から受注した宣伝記録映画の撮影現場で録音を手伝うことがあったという。井深が長く交遊関係を持った藤山一郎とはこの時期に出会っている。二人ともカーマニアで意気投合したらしい。

PCLは東京宝塚劇場と共に東宝を立ち上げ、映画製作から劇場公開までを一貫して扱うようになった。こうして映画会社として急成長を遂げてゆく一方で植村は宣伝映画撮影用に軍が用いる一六ミリフィルムカメラの製造にあたる日本光音工業という別会社を作る。技術者として映画作りよりも映画に使われる音響や光学技術への興味が勝っていた井深は、PCLに三年勤めて二八歳になっていた一九三六年（昭和一一）の暮れにこの日本光音工業に移籍している。社長はPCLと同じく植村が務めており、PCL時代と同じく自由な研究が許されていた。植村はカメラよりも電気技術に関心を持つ井深のために日本光音工業の中に無線部を作り、井深はそこでオシロスコープの研究開発に当たっている。

最初の結婚

井深が前田多聞の次女・勢喜子と結婚したのはこの日本光音工業に移籍した年だった。後藤新平の右腕として働き、当時、朝日新聞の論説委員をしていた前田との間を取り持ったのは日本女子大付属豊明小学校時代に家族ぐるみでつきあっていた野村胡堂だった。

探偵小説家としてめきめきと売り出していた胡堂は東大法科の学生時代に前田の後輩だった。共に新渡戸稲造に私淑する仲間として学生時代から親しく交わり、親交は互いに家族を持つようになっても続いた。

野村の長男の一彦と前田の長男・陽一も親友となった。一彦の健康がすぐれないことを気に病んだ野村は軽井沢に別荘を購入して静養させようとした。そのときに前田も隣に別荘を構えれば子ども同士が夏の間心おきなく顔を合わせられるだろうと考えて前田を誘う。前田も野村のアイディアに乗った。この別荘は完成したものの、そこに出向く前に一彦は夭逝し、陽一もフランスに留学してしまったために、計画通りに子どもたちが別荘で遊ぶ日は来なかったが、両家の関係はその後も続いた。

前田夫妻には二男三女がいた。陽一はフランスから帰国し、仏文学研究者として東大教授に就任した。長女の美恵子は精神科医でのちに津田塾大教授にもなる神谷美恵子。井深八重と同じく彼女もハンセン病医療に献身的に関わり『生きがいについて』などの著作で広く知られる。

そして次女が井深の妻となる勢喜子であった。胡堂に連れられて井深が初めて見合いのために前田家を訪ねると、まだ女子美術学校在学中で二〇歳そこそこの勢喜子が浴衣姿で現れた。「こんな子どもと結婚できるのか」と思ったと井深は後に述べている。こうして初めて会ったのが一九三五年、それから一年数ヶ月の交際を経て結婚する。

私は勢喜子よりも父の前田多聞が好きになり、勢喜子の母は本人より一生懸命になって盛んに結婚するように動いた。前田の両親が勢喜子と私を結びつけるように押し付けた格好で、とにかく結婚することになってしまった。私と妻は昭和11年12月に結婚した。（井深『自由闊達にして愉快なる』三九頁）

結婚した翌年の五月、井深は母さわの危篤を知らされる。すぐに神戸に向かったがすでに遅く、母は息を引き取っていた。享年五三歳。井深夫妻は一九三七年には長女の志津子を授かっているが、僅かな時間差で孫の顔を見せることは出来なかった。以後、四〇年には二女の多恵子、四五年には長男の亮が生まれ、井深は三人の子の父になった。

第三章　発明精神を企業に

1　軍需に応える

日本測定器を起業

日本光音工業無線部は軍需で仕事が増える一方となり、本体のトーキー部門を追い越さんばかりの勢いとなっていた。そこで一九四〇年（昭和一五）、井深は軍需部門の受け皿であった無線部を分社化し、新たに日本測定器を創業する。分社化を提案した井深に植村も賛同し、新会社に出資しただけでなく、社長を引き受けてもくれた。プロパガンダのために重宝されたので映画産業が戦争で商売上がったりになる恐れはなかったが、植村にしてみれば本格的な軍需産業にも関わっておけばより盤石だと考えたのだろう。

この起業時に相棒として誘ったのが、友愛学舎時代の親友で同じ早稲田大学理工学部電気工学科に進学し、卒業後は横河電機で航空機用計器を作っていた小林恵吾だった。無線機や電蓄作りに夢中になるのに始まり、幾つも新しい装置を作って特許を取ってきた井深だが、メカいじりでは自分よりも小林の方が才能が秀でていることを学生時代より認めており、小林と組めば電気と機械を組み合わせたメカトロニクス商品を提供する会社が作れると考えた。

ここで私たちは測定器などいままで世の中になかったものをいろいろ開発したが、私たちは仕事のうえで一つのイデオロギーを持っていた。

そのころ電気屋と機械屋がはっきり遊離していて電気屋はなんでも電気的に、機械屋はなんでも機械で解決しがちだったのを、その中間をうまく縫って両方の特徴を生かした仕事をしようというのが根本の考え方だった。

陸海軍の技術研究所などで私たちのやり方にたいへん賛同してくれて、つぎからつぎへと仕事ができて困らなかったが、だんだん自分たちの考える方へ誘導して仕事をやりやすくした。（井深『自由闊達にして愉快なる』四三頁）

植村社長の下、専務に小林、常務に井深という布陣で、井深は三二歳にして初めて経営者となる。後にソニーの本拠地ともなる東京五反田の駅近くに小さな工場を構え、日本光音工業からの移籍組を含めて社員三〇人でスタートを切った。日本光音工業無線部時代と変わらず、日本測定器の最大の顧客も陸海軍であった。

日本測定器の真空管電圧計は超短波の三〇メガサイクルまで計測可能であったために軍で重宝され、軍の研究所ではどこでも導入されていたという。井深が開発に情熱を傾けたのは周波数選択継電器で、周波数を選択して回線を繋ぐ。まさに井深の得意とする電磁気学的分野と小林の機械工学的手腕が発揮される機器だった。また音叉発振器も日本測定器の目玉商品だった。音叉の機械的振動を電気信号に変えて真空管増幅装置で増幅するもので、そこにも機械技術と電気技術の合体があり、小林を招いた井深のアイディアは冴えていた。

軍需に支えられ、日本測定器の社員数は創業一年目にして一〇倍に膨らみ、会社は五反田から月島へ移転している。軍需工場だったので勤労動員された学生も働いていたが、そのなかに上野音楽学校の女生徒が含まれていた。井深はこれ幸いと彼女たちに機器の周波数調整の仕事を任せている。音感の優れた女性たちは測定器を用いずに音叉一本で周波数調整をこなした。彼女たちを誘って仕事の合間に音楽会が開催されることもあった。音楽学校生たちの伴奏に合わせて従業員たちが歌声を響かせる。小林も得意のピアノの腕前を披露した。

陸軍の電波兵器

一九四一年に太平洋戦争が勃発すると、軍関係の仕事はさらに増えた。井深は陸軍兵器本部、造兵廠、陸軍航空研究所、海軍航空研究所などの嘱託となり、兵器の研究開発に明け暮れるようになる。

日中戦争、第二次世界大戦中の日本の新兵器開発については、これまでは秘密のヴェールに覆われていたが、最近になって有名な原爆や風船爆弾の開発計画以外にもかなり調査が進んできた。たとえば神奈川県生田に一九三七年に作られた陸軍の登戸研究所は当初は主に電波兵器の研究開発を秘密裏に進める施設だった。一九三九年に第一科、第二科、第三科と内部組織が拡充され、電波兵器以外の研究も行われるようになった。こうした開発研究は、秘密を守るために独特の符号で呼ばれていた。たとえば無線操縦装置は㋰号装置、ロケット研究は㋺号、有名な風船爆弾は㋫号装置という具合である。そのなかで電波研究は八木アンテナの開発で知られる電波物理学者・八木秀次を嘱託に迎えて続けられ、㋗号兵器（怪力《くわいりき》光線。強力な超短波を発射して対象物を破壊する兵器）、㋠号兵器（超短波レーダー。米英の用いた短波レーダーよりも高い周波数の利用を目指した）、㋤号兵器（熱線利用射撃管制装置。赤外線を感知して照準を自動的に合わせる装置）、㋑号兵器（有線遠隔操縦装置。無人戦車を有線を通じて運転する装置）などが開発されていた。

井深自身がこの登戸研究所に出入りしていたことを裏付ける資料は見つけられなかったが、赤外線探知機の開発に深く関わっていたことは知られている。通信技術に通じていた井深は周波数選択継電器を応用し、赤外線を感知する照準装置の開発に当たった。これは先の符号でいえば㋤号装置と呼ばれるもので、熱線の頭文字を取っている。熱線とは内燃機関が発する赤外線のことで、赤外線を探知する自動追尾装置を開発できないかというのが㋤号装置開発の目的であった。井深が関わったのは対艦船用の装置で、目標艦船の上空で投下する爆弾に搭載され、目標を把握して爆弾に取り付けられた十字型の翼の角度を制御し、降下する軌道を変えながら正確に目標に命中することを目指した。

陸軍がこの研究に着手したのは四四年五月頃。大きな期待が寄せられ、陸軍最大規模の予算が投入され、㋴号からさらに独立分派して㋘（決戦兵器のケだったといわれる）と呼ばれる大プロジェクトとなった。七月には陸軍兵器行政本部に㋘特別研究班が設置されており、井深が開発に関わったのもこの時期だったと考えられている。

熱線探知機の開発中に青森まででかけて、桟橋から船出する青函連絡船をどこまで追いかけられるかという実験を行っていたが、その最中に空襲に遭遇している。


終戦も近づいたある日のことである。青森の桟橋で船の熱線を探る研究をしていたとき、艦載機の襲撃にあい機銃掃射を受けた。バリバリと激しい音を立てて迫って来る光景にはふるえ上がった。敵機の影が遠のくまでほんの一〇分か二〇分であったが、その間の時間がなんと長く感じられたことか。

私は広場に掘られたタコつぼの中で熱線探知機のことも忘れてただふるえたまま動けなくなり、くぎ付けにされた人形のように大地にしがみついていた。やっと空襲が終わり、外にはい出したら目の前で連絡船が7隻もズブズブ沈むのを見て目を疑った。もうだめだと思った。研究が日の目を見ず終わるのがくやしかった。（同前、四七頁）

二日続きの空襲で青函連絡船は全滅した。アメリカ軍の圧倒的な攻撃力を目の当たりにし、井深は敗戦が近づいていることを悟った。自分の関わった熱線探知技術は何とか完成しつつあったが、爆弾の軌跡を制御する本体の方はまだまだ開発途上であり、これは敗戦までに完成しないだろう。そんな井深の予感は的中し、㋘は結局、陽の目をみることはなかった。

2　盛田昭夫との出会い

陸海軍の敷居を超えて

このように結果を出せなかった戦争中の兵器開発だったが、井深にしてみればそれに余りある収穫があった。敗戦も間近い頃、井深は陸海軍と民間の技術者を集めた「戦時研究会」（盛田は科学技術研究会と書いているが、小林峻一は同じものを指すとしている）に出席、海軍の技術中尉だった盛田昭夫と出会うのだ。

盛田は愛知県知多半島の小鈴谷村（現・常滑市）で「子乃日松」という銘柄の酒を筆頭として味噌や醬油も造る、三〇〇年続く名門造り酒屋の長男として一九二一年（大正一〇）に生まれた。敷地内にテニスコートがあるという裕福な家庭で育ち、母親がクラシック音楽を愛し、盛田も音楽に関心を持つようになる。音楽の趣味が高じて盛田家は名古屋で一番最初に電気蓄音機を買っている。自動車が一台一五〇〇円の時代に六〇〇〇円の大枚を払う買い物だった。

最初はその奏でる音色に夢中になっていた盛田だが、やがてその機構に興味を持つようになる。その頃、親戚の中に電蓄を自分で作ってしまった猛者がおり、見物にいった盛田は自分も電気工学を修めようと決意。関係書を買い込み、独学で電蓄とラジオを作りあげた。井深が友愛学舎で電蓄を作っていた時期からわずかに遅れて盛田も同じことをしていたのだ。

中学時代の井深同様、工作に入れ込んだため学校の成績は惨憺たるものだったが第八高等学校（現在の名古屋大学教養課程）の理科を受験する。最初の年は失敗したが一年浪人した後に志望を叶えている。

その後、大学は大阪帝国大学に進み、物理学を学んだ。浅田常三郎の下で実験に明け暮れた大学生活を送るうちに海軍技術士官になる道を志すようになり、海軍から手当を受けながら研究が続けられる委託学生試験を受けて合格する。井深は外部の協力業者として主に陸軍と関わったようだが、盛田は委託学生の身分とはいえ自ら海軍入りしている。

海軍の電波兵器開発

日本の電機産業史に関する著作が多い中川靖造は戦争中の軍事研究についても『ドキュメント海軍技術研究所』を著している。それによれば海軍で電波関係の研究を主に担っていたのは海軍技術研究所の伊藤庸二技術大佐だった。伊藤は東京帝国大学一年のときに盛田と同じように海軍委託学生となり、東京帝国大学工学部電気科を卒業した一九二四年（大正一三）に海軍中尉となっている。ドイツ留学が決まり、留学先を八木秀次と相談した伊藤はドレスデン工科大学で教鞭を執っていた弱電工学の権威バルクハウゼンの指導を受けることを決める。

三年間の留学を終え、博士号を取得して帰国した伊藤は海軍技術研究所の技術官となり、電波伝播とマグネトロン（磁電管）の研究を始めた。留学中に知り合った渡辺寧東北帝国大学教授と永井健三助教授（当時）との共同研究を進め、センチ波を発生する「橘型」と称される出力一〇ワットのマグネトロンや、波長六センチで出力三〇ワットの「菊型」マグネトロンを作り上げている。さらに外部の業者との研究協力体制を育み、日本無線と組んで波長五五～一〇〇センチ、出力一〇ワットという他に類のない高出力の発振管を完成させてもいる。

戦局が悪化するにつれ、伊藤は形勢逆転のためには米英を凌ぐ前代未聞の兵器を開発しなければならないとの思いを深め、マグネトロンを用いて強力な電波を発生させる熱線装置を開発しようとする。その研究開発のために静岡県島田に七万坪の土地を入手し、実験場を作ることを決めた。高出力のマイクロ波を出すには大量の電力を消費するため、電源開発が進んでいた大井川流域が選ばれたのだ。島田実験場は東北帝国大学の渡辺教授が運営にあたり、開発プロジェクトには後にノーベル賞を受賞する朝永振一郎や日本の原爆開発に関わっていた仁科芳雄も加わっていた。電波熱線兵器は五メートルぐらいの距離にあるウサギを焼き殺せるところまでは達したが、飛行機撃墜の目標までは程遠く、島田実験場に建造した直径一五メートルの巨大なパラボラ反射鏡にも出番がなかった。

盛田は大学三年になると横須賀にある海軍航空技術廠支廠に動員された。そこでは研究に携わることができず悶々とするが、理化学研究所に通う許可を取り付けて、その図書館で学術書を読み耽る生活を続ける。

四四年に大学を繰り上げ卒業した盛田は、浜名海兵団で軍事訓練を受け、四五年の二月には海軍技術中尉となって横浜の海軍航空技術廠の工学部に配属となった。しかしわずかのうちに組織変更となり、海軍第二技術廠に転属となって光熱兵器部に所属することになる。そこは熱線誘導兵器と暗視照準装置を開発する部署で研究所を逗子においていた。熱線を検知して誘導される兵器は陸軍でいうところの㋘であり、盛田と井深は期せずして戦争中に同じ技術開発に陸軍と海軍に分かれて携わっていたのだ。

そんな二人の運命の糸が重なる日がついに来る。それが陸海軍の研究成果を統合するために開かれた「戦時研究会」だった。すでに終戦も目前の一九四五年三月、沖縄戦が始まる直前だった。井深と盛田は初めから気があった。井深はこう記している。


私と盛田君とは歳こそ一〇年もの違いがあるが、二人はそのころからよくウマが合った。盛田君は阪大理学部出身の優れた技術将校だったが、そうした彼の教養に私の心を動かすものがあり、熱線爆弾の研究を通して心と心の結びつきを深めていった。(井深『自由闊達にして愉快なる』四六頁)

井深には盛田が人に対する話し方を心得た洗練された男だと感じられた。意気投合した二人は機会をみつけては会って語り合うようになる。井深は盛田を逗子の研究所に訪ねているし、盛田も四四年に長野県須坂に疎開していた日本測定器の工場を訪問していた。月島時代の経験をもとに、磁気探知装置の制御に使う小さな部品のチェックに雇い入れていた上野音楽学校の勤労学生の優れた音感を活用し、正確に毎秒一〇〇〇サイクルであることを確かめさせる。その奇抜にして巧妙なアイディアに感心した盛田は「私は彼のこの思考の新鮮さと独創性に非常な感銘を受け、ぜひこの人と一緒に仕事をしたいと思うようになった」という。

こうして後のソニー創業への布石は戦争中に着々と打たれていた。ちなみにソニーに入社した海軍関係者は盛田だけではない。三代目社長となる岩間和夫も海軍技術大尉だったし、磁気テープ開発に苦労した戸沢計三郎はゼロ戦の改造を手がけた技術大尉だった。トランジスタ製造に大きく貢献した塚本哲男も盛田と同じ大阪帝国大学理学部を出て技術中尉となっている。ソニー技術研究所所長として井深が迎えようとした渡辺寧や、渡辺が静岡大学学長となったためにかわりに所長となった鳩山道夫も海軍で電波兵器開発に関わっている。ソニーは戦後の会社というイメージが強いが、少なくとも初期の主要なメンバーは戦争に深く関わり、戦時中に軍事技術の開発に腕前を振るった面々であった。中川が電機産業史研究の延長に軍事研究にも調査の射程を延ばしたのはこうした連続性があったからだった。

3 終戦後の混乱のなかで

東京通信研究所開設

一九四五年八月一五日、井深は須坂工場で玉音放送を聞いた。密かに所持していたアメリカ製ラジオで受信が禁止されていた海外の短波放送を戦争中も聞いていた井深は、玉音放送も雑音の少ない鮮明な音声で聞くことができた。井深三七歳の夏に長く続いた戦争が終わった。

須坂には月島工場の工員の大部分を連れて来ており、地元の採用者を加えて八〇〇人もの大所帯になっていた。日本測定器は軍需工場だったので解散を余儀なくされることは自明で、問題はその後どうするかだ。

小林恵吾は須坂に会社を残留させることを望んだ。工場の周囲にはりんご園が広がり、そこで自給自足の生活をしながら様子をみればいい。従業員のなかにも上陸してくる占領軍を恐れて家族を田舎に疎開させたいと思うものが多くいた。家族も一緒に長野の暮らしを続ければいいというのが小林の考えだった。

井深は違った。戦後の日本は急速に国を再建しなければならない。世の中のすべてがめまぐるしく変わる。そのときに地方にいたのでは、情報収集に遅れをとる。何が何でも東京に戻って企業の再建、存続の機会を狙わなければならない。

小林との議論は決裂。井深は意見を同じくする社員たちを集めて帰京を決意する。先行して東京に太刀川正三郎を派遣し、情勢を確認させる。太刀川は父・甫のいとこにあたり、大学時代に井深の学費を助けてくれた太刀川善吉の三男である。

太刀川の報告をまって井深は樋口晃、安田順一、河野仁、中津留要、黒髪定、正東喜義をともなって八月二〇日頃には早くも上京を敢行。一〇月には日本橋白木屋デパートの一室に事務所を構えた。当時、白木屋デパートは鮎川義介の率いる日産コンツェルンが管理していた。満州投資証券社長であり、日産コンツェルンで鮎川の対外秘書役を務めていた三保幹太郎は神戸一中で井深の先輩にあたり、日本測定器が須坂に疎開するときにも資金援助をしていた。今回も井深は満州投資証券から一万円の運転資金の提供を受け、白木屋の一室を貸してもらう。

焼け残ったとはいっても壁のコンクリートはヒビが入り、部屋は窓ガラスもない吹きっさらしだった。井深たちが使っていた部屋は狭い配電盤室だったが、そこに機材を持ち込み、新しく「東京通信研究所」の看板を掲げた。須坂からの仲間に加え、総勢二〇名の社員の給料は井深がポケットマネーでまかなった。

井深には戦時中から温めてきたプランがあった。

この戦争が終わり、もし生き残って新しい仕事が始められるなら、その時こそ一般の大勢の人々を相手にしたコンシューマー・プロダクトをやろう、民生用の仕事をやろうということでした。(中略)多くの人が楽しんだり、喜んだりして、しかも、需要は一番多く広い。そういう部分をやりたいと……。(井深「インタビュー:小島」『井深大の世界』一一一-一一三頁)

まず作ったのが電気炊飯器だった。戦争が終わって軍需工場が一斉に操業をやめたので一時的に電力が余剰になっており、余った電気を何かに使えないかと考えて思いついた。といっても米を入れる木製の櫃の底にアルミの電極をつけただけの代物だった。百数十個の櫃を買い込んで製品開発に当たっていたが、性能を実証するために米を炊く必要が常にあり、太刀川が闇米集めに奔走した。炊飯器は井深の言う通り民生品ではあったが、当時は電圧が不安定で使い物にならず、一〇〇櫃近い在庫を残して商品化は見送られた。親方日の丸が買い取ってくれる軍需用電気機器とは勝手が違う。試験用に炊いた米が、芯こそあれども社員の空腹を満たしてくれたのが唯一の救いだった。

次に作ったのは電熱マットだ。二枚の美濃紙の間に挟んで糊づけしたニクロム線を布で包んだだけのもので、たしかに冬場には暖がとれる。しかしこれも不安定な電圧のせいで毛布が焦げるなどのクレームが寄せられた。さすがに東京通信研究所の名前をつけるのは気が引けて、東京ネッスル（熱する）商会なる奇怪な会社名をでっちあげて販売した。

思いつくままに商品化してきたなかで唯一、ものになりそうだったのが真空管式電圧計であった。オリジナルは安田が日本測定器時代に開発した軍需用品であったが、電気製品の修理などにも使えるので民間需要もあると見込んだ。しかし技術的には確かなものだったが、終戦直後ゆえに真空管の調達に苦労し、一台作るたびに進駐軍の払い下げ品を扱う焼け跡の闇市を駆けずり回ってあらたに部品を探さなければならなかった。

ラジオはやらない

戦後のスタートに当たって井深は奇妙な自己規制をしている。ラジオはやらない、というのだ。本人が後に「ラジオだけはやるまい、と私の下に集まってきた人たちにも厳重に言い渡したのです。ラジオをやらせないなら辞めると言って、辞めていった人も二、三人はいました」（小林『ソニーを創った男　井深大』二六〇頁）というのだから冗談ではない。これについてはいずれ大企業が大量生産に乗り出してくるだろうと考えて控えたという説明もされている。実際、ラジオ生産がピークに達した一九四七年にはラジオのセット、部品メーカーが新旧合わせて八六社にも及んだが、過当競争で倒産が続出、三年後には一八社にまで減っている。その意味では井深には先見の明があったともいえる。

しかし実際の井深は言行不一致も甚だしく、東京通信研究所を支えてくれたのはラジオの修理改造だった。直すだけで作ってはいないということでは「ラジオだけはやるまい」の言葉を守っているともいえるが……。

戦時中、空襲警報を聞く必要もあり、ほとんどの家にラジオが備わっていた。ただ戦争中に壊れてしまったものも多かったし、敵国情報が聞けないように短波受信用の配線が切られているラジオも少なくなかった。これを修理し、短波受信用のコンバータをつけ、すべての放送が聴けるオールウェーブ受信機に改造する。四六年の九月八日に逓信省がオールウェーブ受信機の使用を解禁していたし、人々の情報収集熱は高まっており、こうした修理改造の仕事は限りなくあった。

そんな井深の仕事ぶりを朝日新聞が紹介してくれたことがあった。

▼一般家庭に現在ある受信機でも一寸手を加へれば簡単に短波放送を受信出来るといふこれは耳よりな話▼前田文相の女婿に当る元早《ママ》大理工科講師〔井深は昭和一六年から二三年まで専門部の講師または臨時講師として電気工学を教えている〕井深大氏はこの程日本橋白木屋の三階に東京通信研究所の看板を掲げ、商売気を離れて一般受信機の改造、または附加装置により短波受信機を普及させようと乗出した、少し高級な超へテロダイン受信機ならば簡単な改造のみで立派な短波受信機となり、高周波一段以上のセットであれば附加装置で短波が受信出来るやうになる▼今後民間放送が許可されて私設の放送局により数ヶ所から送信されるやうになると、従来の受信機ではどうしても混線して

聴き取り難くなるが、改造或は附加装置によつてこれも聴き分けられるやうになるといふ▼井深氏はこれまで兵器会社を経営してゐたものだが今度は得意の技術が少しでも役に立てばといふので街の学者として新に出発するわけ、一般受信機の修理についてもどんなことでも御相談に応じますとの話

『朝日新聞』一九四五年（昭和二〇）一〇月六日付「青鉛筆」のコーナーであった。記者は前田多聞の友人だった論説委員の嘉治隆一。義父を通じて以前より面識があったが、たまたま町中で出会って近況を立ち話したらそれを書いてくれたのだ。この記事は反響が大きく白木屋の事務所前には改造希望者の行列が出来たという。

そして、その記事は意外なところまで届いた。

盛田との再会

盛田は終戦を故郷の小鈴谷で迎えた。名古屋に公務出張した際に一日の休暇を取って家族を訪ねていたのだ。玉音放送は海軍の軍服に正装して直立不動で聞いたという。すぐ汽車に乗って逗子の研究所に戻った盛田は機密書類を焼却し、あとはやることもなく、研究所にあった望遠鏡で、降伏調印式のために続々と相模湾に入ってくるアメリカの艦隊を見て過ごした。

降伏調印と相前後して帰省の許可が降りたので小鈴谷に戻る。二週間ほど経った頃に東工大教授になっていた八高時代の恩師から手紙をもらった。そこには、学業半ばにして出征して復員した学生たちを教える講師をしないかという誘いが書かれていた。

誘いを頼りに上京した盛田は、先の「青鉛筆」の記事を見つける。「あの井深さんが」と懐かしさがこみあげた。そして盛田は「一度、東京で会いたい、できれば事業を手伝いたい」と手紙にしたためた。手紙を受け取った井深も、ポケットマネーで会社を経営せざるをえない愚痴も含めて生き生きと近況を報告する返信を書き、終戦後初めて二人が再会することになる。盛田はその時のことを後に次のように書いている。

内部の焼け落ちたデパートの一室に新設されたその会社は、見るも哀れなものだった。しかし井深氏の顔は生き生きとしていた。だれもがこの先どうなるのかと不安な日々を過ごしている中で、少なくとも打ち込む仕事があるだけでありがたいと、彼も従業員も喜んでいた。（小林『ソニーを創った男　井深大』二五一頁）

井深が給料の支払いにも困っていると聞いていたので盛田は東工大で働いて給料をもらい、東京通信研究所では無給で働く二足のわらじを履くことになる。

4　東京通信工業

幸い、短波受信用コンバータは大量発注を受け続け、事業は順風満帆だった。そこで個人商店に過ぎない東京通信研究所を東京通信工業として株式会社へと法人化することを井深は考える。まず手がけたのが新会社の設立趣意書の作成で、設立四ヶ月前に仕上げている。理念から入るのが井深のスタイルだった。

自由闊達ニシテ愉快ナル

趣意書の文面を注解してみよう。井深は技術者たちが「大イナル意義ト興味ヲ有スル技術的主題ニ対シテ驚クベキ情熱ト能力ヲ発揮スル」ことを日本測定器での経験で実感している。そこで彼らを「真ニ人格的ニ結合シ、堅キ協同精神ヲモッテ思フ存分技術能力ヲ発揮出来ル」ような状態に置くことを望んだ。そして「真面目ナル技術者ノ技能ヲ、最高度ニ発揮セシムベキ自由闊達ニシテ愉快ナル理想工場ノ建設」を目

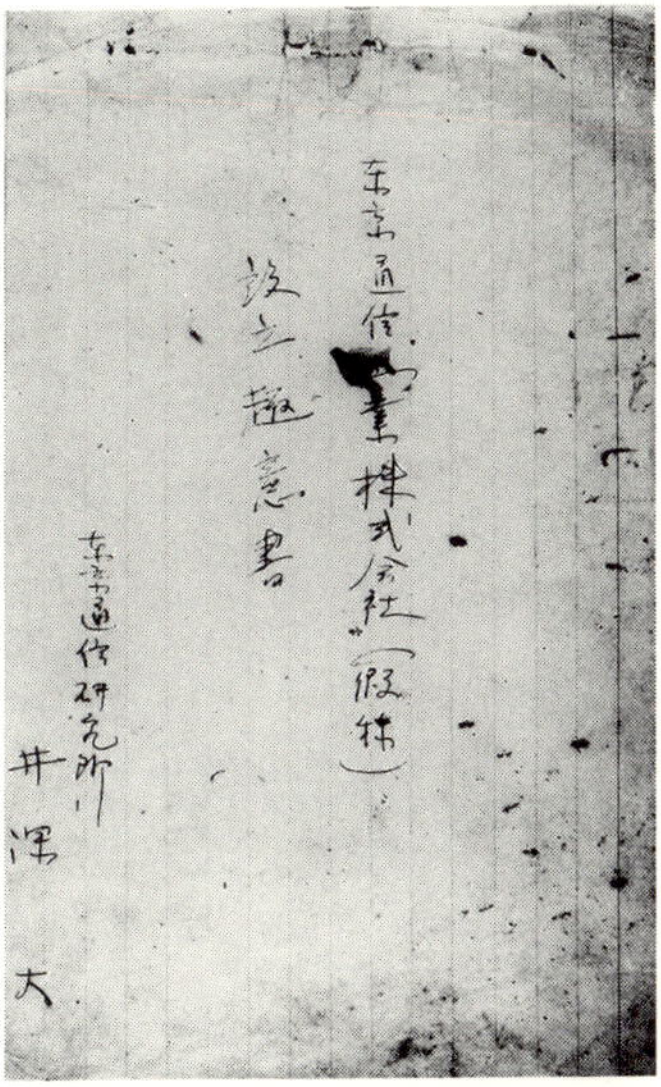
東京通信工業株式会社（假称）
設立趣意書
東京通信研究所
井深大

東京通信工業株式会社設立趣意書
「自由闊達にして愉快なる理想工場の建設」を謳った。

指す。その工場では「技術上ノ困難ハ寧ロ之ヲ歓迎、量ノ多少ニ関セズ最モ社会的ニ利用度ノ高イ高級技術製品」を作り、「単ニ電気、機械等ノ形式的分類ハ避ケ、其ノ両者ヲ統合セルガ如キ他社ノ追随ヲ絶対許サザル」「独自ナル製品」を社会に送り出すことを謳った。

「他社ノ追随ヲ絶対許サ」ない「独自ナル製品」作りという部分は井深が後に繰り返す「人の真似をするな」「他人がやらないことをやれ」という言葉を先取りしている。これこそ後に「ソニースピリット」と称されるものでもある。

この趣意書は「経営部門」についても言及しているが、興味深いのはラジオ受信機の修理事業の好調が経営を支えていることを認めつつ、それは昭和二一年六月までと事業終了の期限をはっきりと切っていること、「以後ハ全波受信機ノ市場出廻リ状況如何ニ依リ態度ヲ決スル予定デアル」と書いていたことだ。背に腹は変えられず、日銭稼ぎにラジオ関係の事業を手掛けるしかなかったが、短波も受信可能な全波受信機の生産が増えつつあり、それが普及してしまえば稼ぎ頭の短波受信コンバータは不要になる。それを見込んで生産期限を区切り、以後は状況を見て考えるとした。

その一方で「数ハ少ナキモ絶対他社ノ追随ヲ許サザル最高水準ヲ行ク高級受信機ノ製造」はすると宣言している。終戦間もない頃に一度は「ラジオはやらない」と述べたのも、すでに技術的に完成しているラジオ製造を手がけることに技術的挑戦を感じられなかった、それで糊口を凌ぐことをよしとしなかったというのが実情だったのかもしれない。

もうひとつ「経営部門」で注目すべきは測定器の品質に対する思い入れの強さだ。「日本測定器株式会社ノ主要製品ノ一ツタル超短波用ノ真空管電圧計ハ我々ノ十年近イ年月ト血ノ滲ム様ナ努力ノ結晶」であり「一般ニ於ケル絶大ナ定評ハ云ワズモガナ正ニ我ガ国ノ世界ニ誇リ得ル測定器ノ一ツ」だとする。こちらはラジオと違って作り続けることに迷いはない。独創的技術だと自信があったからだろうが、日本測定器の事業が軍需に支えられて伸びたという事実について一切触れていないのは気になる。少なくともこの文面において技術を通じて戦争遂行を支えたことへの反省はうかがえない。実際、自伝『井深大の世界』によれば、戦争中に官需の仕事ばかりしていたことの問題点は創造性を発揮できなかったことだと語られている。

戦争中はＮＨＫとか逓信省の仕事であるとか、役所関係の仕事ばかりで、市販商品は手掛けたことがなかった。その時にもいろいろやったが、こっちが考えたものでも、全部仕様書通りに仕事をするのです。自分なりに工夫して性能を良くするといった自由は全くなかった。厳しい仕様書が出て、その通りのものをこしらえていれば買ってくれる。しかし、創意工夫してせっかくいいものを作っても、官需の場合はそれに替えてもらえない。（一二頁）

官需、軍需から民生品に大きく舵を切ったが、戦争に技術者として協力したことに対する言及がない。これは技術のみを追いかける技術者らしいといって済ませられることだろうか。

それどころか、ＧＨＱが行う戦争責任者の追及は新しい会社を作ろうとしていた井深に追い風となる。戦争中に新潟県知事と北陸地方行政協議会会長を務めたことに伴い自動的に大政翼賛会の地方支部長にもなっていた前田多聞がＧＨＱによる公職追放を受けた。後任に安倍能成を推薦して文部大臣を辞任、浪人の身となった前田を井深は東京通信工業の社長に迎えることになった。

そのアイディアは最初、後に宮内庁長官になる田島道治から出たものだという。田島は東大での前田の一年後輩で、二人とも新渡戸稲造門下であったことから前田は何かあると気のおけない田島に相談する。このときも、金のない一技術者である娘婿が会社を設立しようと苦労している話をしたら、「あなたが社長になればいい」と勧められたという。井深も前田を尊敬しており、前田が社長になってくれるのは願ったり叶ったりだった。

盛田を社員に迎える

そしてもう一人、公職追放がきっかけになって東京通信工業に迎えられた人物がいる。東工大で働きながら東京通信研究所でも働くという二重生活をしていた盛田昭夫だ。盛田も職業軍人であったために東工大から追放されることは明らかだった。もっとも盛田の場合、二足のわらじを履いていた間に井深との新会社設立の方に本腰を入れたく思うようになっており、公職追放はもっけの幸いだった。結局、追放の決定を待つことなく、一九四六年春には東工大に辞表を提出している。

しかし盛田の場合、もうひとつ難問があった。彼が歴史ある造り酒屋の跡取り息子だったことだ。井深は前田に同道を依頼し、共に小鈴谷の盛田家を訪ね、盛田の父を前に井深と前田が新会社にかける夢を語り、盛田がいかに必要な人物であるかを訴えている。すると盛田の父は「息子が自己を磨くため、あるいは自分の能力を活用するために他のことをしたいと言うのなら、そうするべきだと思う」（小林『ソニーを創った男　井深大』二七六頁）と案外とあっさり許可をだしてくれたという。次弟が後を継ぐことを了承してくれたのも井深に追い風となっていた。

小鈴谷から東京に戻ってまもなくの五月七日、東京通信研究所は組織を株式会社に改め、資本金一九万円の東京通信工業（以下、東通工と略す）としてスタートを切った。坊主頭に国民服姿という戦時色がいまだ抜けきっていない三〇名が創立式に集まった。前田、井深、盛田のトライアングルに加えて後に宮内庁長官になる田島道治や、戦時中に三井銀行と第一銀行の合併で誕生した帝国銀行の頭取を務め、全国銀行協会連合会の会長だった万代順四郎、さらに盛田の父の盛田久左エ門も役員に名を連ねている。それぞれにゆえあって東通工に集まった面々だが、実は田島が愛知銀行に勤務していたときから盛田家を知っていたこと、万代が盛田家とは三代に渡って昵懇であったという奇遇も働いていた。

やがて白木屋の売り場拡張のために銀座の事務所を引き払い吉祥寺に工場を持つことになる。その後、一九四七年（昭和二二）に、品川御殿山にあった日本気化器の工場を借りて移転。以来、そこが東通工の本拠地となった。

この御殿山移転の経費は新円発行の時期とも重なって会社経営を圧迫した。資金繰りに困った井深と盛田が訪ねたのは井深が幼い頃から家族ぐるみで交際していた野村胡堂だった。しかし高井戸の野村邸を訪ねてもなかなか借金を切り出せない。気を利かせた野村夫人が井深を廊下に呼んで「お金がいるんでしょう?」と尋ねる。井深が恥ずかしそうにうなづくと「それなら素直におじさんにおっしゃい」と背中を押してくれた。

五万円が必要だったのだが、井深はこの期に及んで見栄をはって「三万円貸してください」と言ってしまう。盛田が慌てて訂正するが、それも「四万円お願いします」。胡堂は気前よく用立ててくれたので最敬礼して帰ろうとするが、どうしてもあと一万円要る。そこで観念してもう一度玄関のベルを押したという（小林『ソニーを創った男　井深大』二八〇頁）。

第四章　時を超える装置

1　機械仕掛けの天使

磁気録音に賭ける

東通工が初めて本格的に生産した民生用製品はテープレコーダーだった。

録音機器の歴史をたどると、円筒に音形を物理的に記録する方式については一八五七年にフランスのレオン・スコットが発明したとされている。これを改良したエジソンが円筒にすず箔を巻く方法として特許を申請し、認められている。

最初に蓄音機に触れた人々はここでも中に小さな天使が入っているに違いないと思ったという。普通であれば目の前で発せられ、その場で消えてゆく声が、時間をおいて響くことは当時の人々を圧倒し、不安に陥れた。天使でも持ち出して説明しなければその不安は鎮まらなかったのだ。合理的説明が不可能な場合、宗教的なモチーフが説明のために持ち出される。それが電気工学応用の初期に天使が頻出する理由だ。ここにも科学が非科学的なものを召喚する例が見られる。

後にすず箔の代わりに蠟が用いられるようになった。エジソンは蓄音機を事務所の口述記録器として使うアイディアを持っていたが実際には娯楽用として普及した。

磁力を使って音を録音する磁性記録装置のルーツを遡ると一八八八年にアメリカのオベリン・スミスが雑誌『エレクトリカル・ワールド』に発表した「電磁誘導作用によって帯状の磁性体に音声信号を記録し、其の記録から音声信号を再生する装置」に行き着く。中川靖造『ドキュメント日本の磁気記録開発』によれば、スミスは物理的に音声を記録するのではなく、音を電気に、電気を磁気に変え、磁性体を用いて記録する方法を思いつき、その技術が実用化された暁の光景を未来予測調の文章で書いていたという。

聖書の一節ぐらいは数フィートの録音線に書き込めてしまうでしょう。若い女性が恋人から小さなリールに巻いた録音線を送られたとき、それが保証付きの二〇〇ヤードもある長いラブレターであることを知らなかったら、彼女は、〝ナーニ？　これ〟と無視してしまうかもしれません。（中略）エジソンの蓄音機はその場でしか吹き込めません。しかし、この録音機を使えば、若い女性は、恋人の熱烈なプロポーズの声を受話器で聞きながら録音しておいて、将来、もし婚約の不履行がおこった場合の訴訟のために用意しておくことができるでしょう。（七－八頁）

それから一〇年後の一八九八年、デンマークの電信電話会社の技師ポールセンが、世界最初の磁気録音機を発明している。まだ真空管も増幅器もなかった時代だけに性能は劣っていたが、テレグラホンと名付けられた彼の発明品は一九〇〇年のパリ万博に出品されて大きな反響を呼び、グランプリを獲得している。ちなみにこの同じパリ万博には盛田昭夫の実家である盛田酒造が酒や醬油を出品し、同じグランプリを獲得していた。

ポールセンはその後も研究を続け、一九〇七年に「直流バイアス法」を発案している。直流電圧をかけた状態で録音をし、再生時に直流電圧分を引くことで録音の感度は向上し、雑音が減り、音のひずみはずいぶんと軽減された。次いでド・フォレストの三極真空管の発明は録音機の性能を飛躍的に改善させた。一九三〇年代にはドイツのテレフンケン社の鋼線式、イギリスのマルコーニ社の鋼帯式——これはベルリン五輪に派遣された日本放送協会技術職員によって購入され、戦前に日本へと持ち込まれ、海外放送向けのアナウンスや相撲中継のハイライト箇所で使われていた——などさまざまな方式の録音機が開発されている。

平行して記録媒体の開発も進められた。アメリカのオニールは一九二六年に紙テープの上に鉄粉を塗って現在の磁気テープの原型を作った。二八年にドイツのプフロイマーが鉄またはプラスチックベースの上に磁性材料を塗布する製法を編み出している。

実際に実用化に踏み出したのはドイツのファーベン社だった。ファーベン社製のテープを使うAEG社製の「マグネトホン」が世界初のテープレコーダーとなる。

こうして実用化の緒についたテープレコーダーは演説好きのヒットラーの声を録音し、兵士たちに届けた。ナチスドイツの軍需大臣を務めていたアルベルト・シュペーアは敗戦後、ニュルンベルク裁判の法廷に立って「電話、印刷電信機といったコミュニケーションの道具があったおかげで最高位から最下位まで命令を直接下すことができ、指令を無批判に受け入れる人間が育った」と証言している。連合国側は敗戦国ドイツの高い科学技術を入手することができたが、そのなかにはファシズムの声を国民の隅々まで行き渡らせたテープレコーダーも含まれていた。アメリカ、イギリス、フランスの各国はそれぞれ六台ずつのテープレコーダーを持ち帰って分解・研究に明け暮れたという。なかでもアメリカは戦後、ドイツ製テープレコーダーを手本として機械部分をアンペックスに、テープを３Ｍに開発させていた。そのテープレコーダーが日本にも持ち込まれ、井深たちを魅了しようとしていた。

東北大学の永井健三

日本にも早い時期から磁気記録装置に着目していた研究者がいる。東北大学工学部の永井健三助教授は音響信号を電気回路のなかで遅延する技術の研究にあたっている。その過程でエンドレスのワイヤーに磁気記録をする方法を思いついた永井は、一九三一年（昭和六）に市販のピアノ線を三〇種類以上買い集め、一本ずつ録音特性を確かめた。磁性材料の研究も進み、東北大の金属材料研究所で鉄四〇％、ニッケル四〇％、銅二〇％の合金が録音特性に優れているとわかった。

こうした録音技術を用いて永井は一九三六年（昭和一一）に仙台中央放送局から録音を用いた実験放送をしている。子ども番組内で録音を実験してみせるという趣向であったが、早送りの機構がなかったので一〇分録音したものを巻き戻すのに一〇分かかった。巻き戻す間にも再生音を停止できなかったので逆回しの音が聞こえてしまい、それが面白いということで話題になった。ビートルズが多用する手法の先取りであった。

しかし雑音の多さは如何ともしがたく、永井はその解決に取り組むことになる。そして試行錯誤を繰り返しているうちに高周波の交流を同時に録音するとポールセンの「直流バイアス方式」以上に雑音が減ることに気づいた。この着眼を生かし、安立電気に就職していたかつての教え子である五十嵐悌二と共に実験を繰り返して練り上げられたのが「交流バイアス法」で、永井と安立電気の連名で特許をとっている。

井深は若い頃に永井と会ったことがあった。日本光音工業の主任研究員時代の井深のところを永井が訪ねてきたのだ。年齢は永井の方が上で、すでに東北大の教授になっていたが、「走るネオン」の発明家として有名だった井深に頼み事をしたいとわざわざ上京してきた。依頼内容は永井の親戚が関わる技術専門学校で講師をしてくれないかということで、井深はそれを引き受け、無線技術の講義を会社勤務とは別に週に二、三回していた。自家用車で通勤したので羨望の的になったという。永井と井深はそれ以外の話題でも話し込み、すっかり意気投合している。

後年、八四歳になった井深が「人生の師は誰か」とアメリカの雑誌のインタビューで尋ねられたときに、早稲田の山本忠興とならんで永井の名を挙げている。それはこのときに永井との人脈を得たことが後で生きてくることになるからだった。

戦後、東通工は内幸町にあった日本放送協会の放送会館の改修業務を請け負っていた。GHQの命令で放送会館の大半をCIE（民間情報教育局）とCCD（民間検閲局）に空け渡すことになっていたのだ。放送会館に入ったCIEは短波放送局用の録音スタジオを作って東京、大阪、名古屋の三都市から占領軍放送を始めようとしていた。

NHK側の担当は技術局改良課の島茂雄だった。「テーブルを作ってください」。東通工の職員を前に島は最初そう告げたという。東通工の職員は「うちは家具屋じゃないのに」と不審に思いつつ、会社に戻って井深にその話をするとテーブルとは調整卓＝ミキシングコンソールのことだとわかった。進駐軍はアメリカ国内同様にキャスターがスタジオで進行を仕切る番組を放送しようとしていた。

島はかつてのハム仲間であり、早稲田高等学院、大学時代の親友だった井深が経営する東通工にその改修業務を任せようとしたのだが、GHQのスタッフが島の紹介で東通工の工場を視察にきてみると、天井に穴が空いていて雨が降ると室内でも傘をさして作業している。「なんであんなオンボロ会社に注文を出すんだ」と島は叱られたが、東通工は見事に調整卓を作って納入してみせる。その技量の高さでGHQとの信頼関係が築かれたという。

このGHQ＝NHKからの発注が東通工に飛躍の足がかりを与えてくれた。社員の給料を払うだけでも大変だったが、会社を何とか維持しつつ、本来の民生品作りに進むことが出来たのだ。

当初、井深は東通工でワイヤーレコーダーの製品化を狙っていた。ラジオと違ってワイヤーレコーダーの量産化には誰も手を付けていなかったからだ。盛田もそれには賛成である。実は盛田は中学三年生の頃にワイヤーレコーダーを作ろうとしたことがあった。雑誌『無線と実験』で磁気録音の記事を読んだ盛田は、自分の家にある再生専用の電蓄と違って何度も録音再生ができる優れた技術の存在を知った。そして同じ頃、東北大学の永井が鋼線式録音機を完成させたことも知る。盛田は自分の声が録音できたら面白いと考えて自分でも鋼線式録音機を自作してみようとした。ピアノ線を買ってきてあれこれ悪戦苦闘したが一年間かけてものにならず結局そのままになってしまった。

2 メカトロニクスの追求

天才エンジニア
木原信敏

東通工がワイヤーレコーダーの開発に実際に着手したのは一九四八年。日本電気の多田正信（のちにソニー取締役）が持ち込んだ軍用録音機を目撃したのがきっかけだったといわれている。井深は東通工でそれを民生品として作ろうと考え、入社してまもない木原信敏を呼んだ。

木原は早稲田大学専門部工科機械科在学中に、臨時講師だった井深の講義を三度ほど聞いていた。中学生の頃から鉄道模型作りでトランスやモーターを自作したり、高周波ラジオを作ったり、早稲田に進んでからは短波無線受信機なら回路図を見ずとも作れるほどの腕前になっていた木原だったが、在学中に父をなくし、母ひとり子ひとりの生活を助ける必要が生じた。そこで学資の足しにするために自分で電気製品を手作りして売っていた。部品を探し回っているときに東通工のラジオを見てその

木原信敏
井深のアイディアを次々にかたちにし，
商品化した天才エンジニア木原信敏。

作りの良さに感心したことがあった。

卒業、就職を間近に控えた頃、大学の廊下に張り出された求人票を見て東通工がかつて講義を聞いた井深によって経営されていることを知る。「井深先生の仕事だったのか」。木原は東通工の採用試験を受けてみようと決め、一九二七年（昭和二二）に新卒採用の第一号社員となる。

井深は少年時代から数々の発明をものにしたが、製品作りが高度になると手先が追いつかなかったという。そこまで器用ではなかったのだ。日本測定器を設立したときにも手先の器用な旧友の小林とコンビを組んでいる。

独創的なアイディアは尽きずに湧き出る。アイディアを形にして欲しい。井深はそう願った。その点、木原は圧倒的な工作力を持っていた。頼んだ仕事をすぐに仕上げてみせ、「次は何でしょう」と涼しい顔で言ってくる。入社してすぐにその実力の片鱗を示した木原に井深も「新入社員にしてはよくやるなあ」と驚き入社三ヶ月目にして大きな仕事をまかせる。ドイツで開発されたヘルシュライバーの組み立てと調整だった。ヘルシュライバーとは文字をドット単位に分解して送信し、相手側の受信機で再現する装置で、通信社が市況情報などを流すために使っていた。井深が入手した設計図を見て、木原が「これならできますね」とこぼしたのが抜擢のきっかけとなった。

木原は送信機側を、受信機側は須坂引き上げ組の先輩社員・中津留要が担当した。ヘルシュライバーの送信機は鍵盤と文字ドラム、接点部品の複雑な組み合わせで、部品をひとつずつ削り出しているとてもではないが手間がかかってたまらない。そこで木原は足踏み式の剪断機に自作の回転工具を取り付けて製造を効率化し、二ヶ月後には試作機を完成させていた。

その作業をしながら木原は考えた。これを電信代わりに使っているのであれば、通信社の使っている無線ヘルシュライバー通信は電波の届く範囲であればどこでも受信できるのではないか。そう思いついて無線受信機を作ってみた。送信機を作って作動の仕組みがわかった木原はヘルシュライバーの無線信号がどのようなものか想像できたので、チューニングを少しずつ変えながらその電波を探ってゆき、「これだろう」と思う周波数にチューニングを合わせて受信。中津留の作っていた受信側のヘルシュライバーに繋ぐとアルファベットの文字が印字された。あまりにあっけなく、井深も「受けちゃったねえ」と拍子抜けするほどだった（木原『井深さんの夢を叶えてあげた』三三頁）。

ワイヤーレコーダー

そんな木原に井深はつづいて「君、この録音機を研究してみてくれないか」と命じた。こうして国産でいち早く製造に成功していた日本電気製のワイヤーレコーダーが木原の研究対象になり、次にそれは盛田がアメリカの友人を介して入手したウェブスター・シカゴ社製のワイヤーレコーダーに代わった。後者はワイヤーを駆動するメカ部品のみで、それ以外の電気部品は自作して組み合わせないと録音機として機能しないキット品だった。

木原はひとつずつ問題点をつぶしながらウェブスター・シカゴ社のワイヤーレコーダーキットを四

九年二月に完成させている。これは同年八月にNHKの海外ニュースで実際に使われ、ロサンゼルスで開催された全米選手権に特別招待された古橋広之進が自由形の四〇〇、八〇〇、一五〇〇メートルで世界記録を連続してマークする歴史的瞬間を録音した。

次に木原はウェブスター・シカゴ社のワイヤーレコーダーをさらに小型化した独自設計のものを短期間で作り上げる。盛田は「これはいける」と判断し、商品化が決まった。しかし東通工のワイヤーレコーダーにはひとつ問題があった。アメリカ製のレコーダーはワイヤーにステンレス線を使っていたが、日本ではそれが生産されていなかったのだ。ワイヤーが提供できないとせっかく国産化したワイヤーレコーダーの量産は難しい。

ピアノ線のメーカーにワイヤーを作る方法を尋ねるとダイヤモンドに穴を空けた切削装置を使い、そこに太い線を通して徐々に細く成型してゆくのだという。なめらかなワイヤーを作るには最低三個のダイヤモンドが必要だともいう。ダイヤモンド三個の購入には当時の東通工にとっては会社が傾きかねない予算が必要だった。それでも盛田は「借金してでもやろう」という。

ところがダイヤモンドの購入は発注直前にストップがかかる。井深がNHKでGHQの持ち込んだテープレコーダーの現物を目撃したのだ。

初めて目にした実物の〝テープレコーダー〟。それは新鮮な驚きであった。私はとっさに心に決めた。〈我が社の歩むべき道はこれしかない、テープレコーダーの製作である〉と。

戦後、アメリカから初めて洋画が入ってきて、『風と共に去りぬ』の素晴らしい映像を観た人が、戦時中、そのような風土、歴史、文化がある国と戦っても勝てるはずがないと思ったそうだが、私のショックも同じ類のものだった。それ以前に東京に出て来たばかりの時のことであったが、都心の昭和通りを走る米軍部隊のトラックが、何十台となく連なってゆくのを目にしたことがある。そのトラックには、すべて機械などが装備されていた。これはえらい国と戦争したものだ、これからの時代、どうしても技術的に追いつかなければしようがないと感慨を受けた。テープレコーダーとの出会いから受けたショックは、さらに大きかった。（井深『創造への旅』一二〇‐一二一頁）

井深は木原に告げた。「テープレコーダーを見てきたけれど、ワイヤー（レコーダー）よりも全然いい音がしていたよ、君、テープレコーダーの研究をやらないか」（小林『ソニーを創った男　井深大』）。自分が魅了された技術の制作を井深が木原に促す、黄金パターンが確立されていた。

テープレコーダー

実は木原の方にも思うところがあった。ワイヤーレコーダー開発ではずいぶんと努力はしたものの、彼にとって満足のゆく性能にはついにいたらなかったのだ。そんなときにテープレコーダーの話を聞いた。木原はいろいろ想像を働かせてテープレコーダーがどのような技術で作られているかを考えた。使うテープの色は茶色でピカピカと艶があると聞いて酸化鉄を使っているなと推測するなど、推理小説ばりのエピソードが残されている。

そして木原はテープの磁性体に簡単に入手できるＯＰマグネットが使えないかと考えた。ＯＰマグネットとは東工大の加藤与五郎博士が発明した磁石で、コバルト系酸化鉄の黒い粉を固めて作る今日のフェライト磁石のはしりだった。木原はこのOPマグネットをすり鉢で潰し、接着剤を混ぜ込んでありあわせの紙テープに塗ってみた。それを自作のワイヤーレコーダーにかけてテストしてみたが雑音が多くて使いものにならない。コバルト系酸化鉄では抗磁力が強すぎたのだ。

やがて井深はCIEを通してテープレコーダーの現物をNHKから借り出し、木原に見せようとする。井深しか見ていなかった段階では雲をつかむようであったが、現物を見ると再びファイトが湧いてきた。行き詰まっていた磁気テープについても木原はかたっぱしから文献に当たる。すると蓚酸第二鉄から非常に細かい酸化鉄を作る方法が書いてあった。その話を盛田にすると「心当たりがある。木原君、一緒に買いにゆこう」という。神田鍛冶町界隈には薬種問屋が多くあり、そこにゆけば試薬瓶に入った蓚酸第二鉄が手に入ることを盛田は知っていたのだ。

木原は蓚酸第二鉄をフライパンで炒り、ラッカーにまぜてスプレーガンに入れ、走りながら紙テープに吹きつけた。こうして出来た試作テープで録音テストをすると、「本日は晴天なり」の声がかろうじて再生された。「やった！」。木原は井深、盛田と手を取り合って子どものようにはしゃいだという（大崎のソニー歴史資料館にゆくと木原自身が当時のテープ製造法を再現してみせる動画映像の展示がある。フライパンで酸化鉄を炒るところはまるで料理番組のひとコマのようだ。木原は実に楽しそうに作業をしているが、当時の現場も創意工夫に溢れ、楽しさに満ちていたのだろう）。

しかし試作は試作。量産化には生産性を確保する必要がある。たとえばテープベースの素材ひとつとっても未知数の部分が多い。アメリカにはすでにプラスチックベースのテープがあったが日本にはない。市販のセロファンを試してみたが伸び縮みが激しくて使えない。やはり当座は紙を使うしかなさそうだ。幅六ミリで張力に耐えなければならないが、リールに巻ける長さを考えると薄い方が望ましく、平坦性も求められるなど条件が厳しい。製紙メーカーに相談してみたが埒があかない。そんななかで「従兄弟が本州製紙にいるので頼んでみる」と盛田が言い出し、大阪に出向くことになった。

このとき、盛田が肩に掛けて持参したのは明治学院大学教授をしていたアメリカ人宣教師経由で井深が入手したアメリカ製のテープレコーダーと3Mの磁気テープであった。企画課長をしていた従兄弟の紹介で本州製紙の経営陣に面会した盛田はその場で実際に会議の様子を録音し、再生してみせる。

「……このような機械を開発しています。この機械にはテープがいる。そのテープをつくろうとおもっていますが、ベースにいいものがなくて困っています。それをなんとかお宅でお力添えいただけないでしょうか」（中川『ドキュメント日本の磁気記録開発』一一二頁）。

本州製紙の経営陣は自分たちの声がその場で聞ける機械の便利さを実感しただけでなく、その開発に賭けて、機材をかついでわざわざ商談に東京から出かけてくる若い事業家の情熱にも感心した。こうして同社の淀川工場でテープの生産に協力すると約束してくれた。普通は一〇〇〇ポンドの紙を造らなければ採算が合わないのだが、盛田の発注は一〇〇ポンド。当時の東通工の財務状態ではそれが限界だった。だが本州製紙も、いわゆる「紙」以外の用途の開発に未来を賭けようとしたのだ。

粉とテープができたが塗り方に決定打がみつけられない。ラッカーで粉を溶かして塗る方法を思いついたが適当な道具がない。どこからか「狸の胸毛の刷毛がいい」と聞きこんだ井深が当時としては大枚の八〇〇円をはたいて買って来るなどの紆余曲折を経て、ニスに似た液体と磁性粉を混ぜた中に紙テープを浸すディップコーティングという方法が編み出される。

こうしてテープの生産に目処がたってゆくなか、木原は本体の開発に明け暮れる。アメリカ製のテープレコーダーの現物が手に入ったのでそれを参考にすることが出来たが、終戦間もない時期の日本では同じ品質の部品を用意することは出来なかった。扇風機やミシンから流用したモーターでは出力が足りず、動力伝達の合成ゴムベルトが入手できないので天然ゴムに代えたが熱に弱くてダメだった。仕方なしに金属製のスプリングベルトを使ったが、動くときにキィキィと音が出て不快極まりない。結局、流用を諦め、全国のメーカーを東奔西走してテープレコーダーに使える部品をゼロから作る算段を重ねてゆく。モーターは日本電気音響が試作していたヒステリシスモーターを使うことにした。ベルトは明治ゴムなどの協力を得て、次第に品質の良いものが使えるようになった。

しかし木原を悩ませた問題があった。初期のテープレコーダーでは再生ヘッドと真空管をつなぐ配線が難物で、モーターや電源トランスから漏れ出る磁束が配線に誘導電流を発生させてノイズになってしまうのだ。木原は配線の位置をいろいろ変えてみるが解決をみない。そこに井深がやってきて「それなら簡単だよ。二本の線を縒ればいいんだよ」と教えてくれた。どうやら戦時中に磁気探知機を開発しようとして習得したテクニックだったようだ。磁束を相互に干渉してキャンセルさせる――

思いついてしまえば簡単だが、それに気づく井深に、木原は手先の器用さでは追いつけない才能を感じた。

交流バイアス法特許の取得

こうして要所要所で木原をサポートしつつ、井深はもっぱら特許関係の調整にあたっていた。東北大の永井教授が発明した「交流バイアス法」特許は永井と安立電気の共同所有となっていた。安立電気の当時の社長・磯英治もまた神戸一中時代の井深のハム仲間であり、井深にしてみれば話がしやすかった。

日本の無線技術実用化の黎明期に重要な役割を果たした共立電機電線（石杉社《せきさんしゃ》と阿部電線製作所が一九〇八年に合併して成立）と安中電機製作所が合併して作られた安立電気は一九三三年に国内初のテレビジョン放送機を試作したり、自動式公衆電話機の一号機を作るなどで電気通信史に名を残してきたが、戦後の民需への転換に出遅れた。労働争議の勃発もあって経営危機に見舞われ、交流バイアス法特許を譲渡して現金化したかった事情があり、特許を買いたいという井深の提案はすぐに了承された。

しかし磯が権利と引き換えに提示した値段は五〇万円。これは東通工の経営規模を考えると高過ぎる。井深は即答できず、一度は引き返す。日本電気の多田正信にこの話をすると「うちもいずれ磁気録音を手がけたいので」というので四九年一〇月に日本電気と半々の出資で特許を譲り受けることになった。磁気記録装置の根本に関わるこの特許は自社で所有しておくことが必要だと井深、盛田は考えていた。

こうしてひとつずつ難関を突破しながら試作品の改良は進んでゆく。五〇年一月に後にG型と呼ばれるモデルの試作機が完成している。『毎日グラフ』三月一五日号にその紹介記事が載っている。

これは最近日本で大量生産に移ろうとしている「ものいう紙」とでもいうべきテープ録音機（マグネティック・テープ・レコーダー）である。（中略）どこで使ってもこんな重宝なものはないが、更に進むと「ものいう雑誌、新聞」が出来る可能性もあると製作者はいっている。

G型テープレコーダー
日本初のテープレコーダー。Gはガバメントを意味した。

同年八月、日本初のテープレコーダーG型と紙製テープが発売された。製品名は「テープコーダー」と音を意味する「ソニック」を略した「ソニテープ」に決まった。

それから四五年後の一九九五年、ソニーの倉庫に眠っていた紙テープが偶然発見された。そこにはG型の発売を記念して関係者が世田谷の盛田宅に集まり、それぞれに抱負を語る声が録音されていた。木原『井深さんの夢を叶えてあげた』（四五-四六頁）によると、同じく保存されていたG型テープコーダーを使って再生してみたところ、長い年月を隔てているとは思えないほどクリアな音声が再生されたという。

井深「昭和二五年八月六日、これは、今日はテープレコーダーの生産を企画してからまる一周年記念で、ここに十四人のものが集まって一年前を想像して大いにがんばってもらうように相談しているところであります。今日録音した声と一年後に録音した声とどれだけの飛躍があるか楽しみにして、期待をしている次第であります」

盛田「この機械はスピード一五インチのG型であります。G型といっても二回めのG型で木原君が調整したものであります。去年OPを塗って音が出た時から満一年でこういう機械ができたので記念のために録音しておりますが、毎年これから録音をして、その時の記録を取ってひとつの歴史としていきたいと思います。今のは盛田です」

木原「えー、木原であります。一年前を振り返ってみますと、よくもあんなに感度の悪いものでよくやって、ここまでこぎ着けたものだと感心しております。えー、僕は粉のほうも機械のほうもだいぶ突っつきましたけど、何だかどうもパリっとしたものができなくてがっかりしております。あと一年後、まっ、どんなものができるかと思って楽しみにしておりますが、これからみなさんと一緒に相当張り切ってやらないと、これ以上いいものは、だいぶ長いことかかるんじゃないかと考えておりますけど、その心配が一年後に非常にいいものができて杞憂だったことを喜びたいと思います」

3 商品化に奔走する

おでん屋に売れた

一九四九年にドッジラインにより公共事業対策などの切り詰めが行われ、インフレは収束したものの、生産縮小、金融引き締めが進み、社会不安が広まった（ただしこのときに一ドル＝三六〇円の単一為替ルートが制定され、これは輸出産業となる日本の電気機器メーカーには後に追い風として吹くことになる）。大量の復員者を受け入れてきた国鉄でも一〇万人の解雇が行われ、そのことと関係があるのか不明ではあったが、下山、三鷹、松川などの不穏な事件が連続した。デフレに沈み込みそうだった日本経済を救ったのは五〇年に始まった朝鮮戦争による特需だった。

ＧＨＱの放送スタジオ作りから始まって東通工は放送局を取引先にしており、この時期は民放局の開局ラッシュだったので多くの局に機器を納入することが出来た。業務用テープレコーダーはまさにその稼ぎ頭だった。出演者の確保が難しく、ナマ番組の制作能力に乏しかった新興放送局にとっては番組編成のうえで録音が頼みの綱だったのだ。朝鮮戦争でアメリカ製品が買いにくくなっていたのも追い風として吹いた。東通工が放送局用に作った据え置き型コンソールは三回路のミキサーを搭載しており、スタジオユースに合わせた仕様となっていた。

しかし業務用はともかく井深が期待していたのは民生需要である。そんな時期に発売されたG型一式の価格は一六万円。週刊誌『サンデー毎日』が二〇円の時代にさすがに高嶺の花であることは間違いなかった。重さも三五キロと小学校六年生の平均体重並という大型機器で、結果として物珍しさで話題にはなるがまったく売れない。井深も盛田も独創的な製品を作れば売れるはずだと無邪気に思い込んでいたのでこれは堪えた。

活路を開いてくれたのがなんと尾張徳川家だった。井深のルーツが会津にあることを思うと歴史のいたずらめいた印象を覚えるが、もちろんこれは偶然の巡り合わせである。中川『創造の人生　井深大』によればG型のデモンストレーションを始めていた頃、意外な人物が訪ねてきた。八雲産業専務の倉橋正雄である。八雲産業は尾張徳川家の資産管理のために作られた会社で、倉橋は神戸商科大学を出て陸軍主計大尉となった人物。戦後は徳川義親に懇願されて八雲産業に入り、管財事務を一手にまかされていた。

田島道治が東通工と八雲産業の相談役を兼ねていたことから「しゃべるとそれが記録され、すぐ聞くことが出来る」機械について聞かされていた倉橋は、東通工に興味を持ち、まず五〇円株を一万株購入することを決めた。出資者となったのを機に倉橋は品川の東通工の工場を訪ね、井深、盛田と会って話をし、二人の人柄にすっかり魅了されてしまう。

倉橋が井深を再び訪れたのは五〇台作ったG型が一台も売れず、東通工の経営陣が頭を抱えているときだった。そこで倉橋はテープレコーダーを五〇台まとめて買いたいと申し出て井深たちを驚かせる。

もちろん自分で使おうとしたわけではない。在庫を引き取って井深と盛田を助けたい気持ちの一方でそれを売って儲けをだして八雲産業に還元したいとも考えていた。倉橋には勝算があった。東通工からの卸し価格は一二万円。それを定価の一六万八〇〇〇円で売れば結構な利益が出る。当初、倉橋は徳川家から紹介をもらえれば多少高くても売れるだろうと踏んでいた。しかしそれは見込み外れだった。一台も売れない。えらいものを背負い込んでしまったと後悔した。

足を棒にして売り歩いて最初に買ってくれたのが東京八重洲口のおでん屋の店主だった。店主は以前は大会社に勤めていたが、戦後は辞職し、徳川家の顧問のようなことをしていたこともあったという。店にテープレコーダーを置いて酔客の歌声を録音して聞かせてやりたいと酔狂なことを考えていた。

しかしこれが最初で最後となってまた売れない時期が続く。盛田も心配して手空きの社員を動員して倉橋を手伝わせたが埒があかない。

鳴かず飛ばず

そんななかで国立国会図書館で「新しい日本の技術展」が開催され、東通工も数点の製品を出展することになった。会場には皇后、皇太后も顔を見せ、G型の前でふと足を止めた。説明員として会場に来ていた倉橋はいくつか質問を受けて解説したが、そのやりとりを抜け目なく録音した。再生して聞いてもらおうと思ったのだが、なぜかうまく作動しない。慌てて機械のあちこちを叩きだした倉橋のそぶりを見て皇后が笑われた。

その光景が翌日の新聞に「ご自分の声を聞いて、お笑いになる皇后陛下」の見出しで掲載される。倉橋は穴があったら入りたい気分だったが、この展示会が縁となって国会図書館が一台買ってくれた。倉橋はついで名古屋高等検察庁の幹部にも徳川家の口利きで面会してテープレコーダーを紹介すると

「これは面白い」とやはり一台を購入してくれ、さらに東京高検の幹部を紹介してくれる。実は当時の裁判所には速記者が不足しており、録音機の需要があったのだ。こうして人脈をたどって倉橋は都合二二台のテープレコーダーを裁判所、警察などの官庁に納入させることに成功する。

井深たちが最初のテープレコーダーをG型と呼んでいたのはGovernmentの略であり、官公庁での使用を主に想定していたフシがある。終戦直後の井深は官需を嫌っていたが、高価な新しい機器に関しては官庁需要を期待せざるをえない面があった。とはいえ井深や盛田は優れた製品を作れば官公庁から注文が来るものと信じて待っていただけだったので売れなかった。倉橋には潜在的需要と商品を結びつけるうえで必要なコネと行動力があったということかもしれない。

G型を前に談笑される皇后

以後も倉橋は販路拡大に努め、民間でも需要があると考えて出版社や新聞社に営業をかけてある程度の成績を上げるが、さすがに限界もあった。倉橋は盛田と販売戦略の練り直しをするが、その過程で井深と盛田は倉橋の才覚を高く評価し、東通工にスカウトしたいと考えるようになる。

それには八雲産業側が首を縦に振らなかったので、東通工の一〇〇％出資で「東京録音」という新会社を設立、常務に倉橋を迎えると共に八雲産業を東通工の専売店並に特別待遇で扱う販社とした。

東通工側としてもG型の販売不振に懲りて、技術力だけでなく、営業にも力を入れる必要が認識され、技術開発のとりまとめを井深に任せ、盛田は営業に専念するという役割分担が出来た。

H型テープレコーダー

技術側は、高価だったG型に代わって小型軽量でより使いやすい次期モデルの開発を始めている。ここで採用されたのは「熱海の缶詰」と呼ばれる開発方法だった。思いついたのは盛田だ。「そうだ、熱海に知っている旅館がある。そこにスタッフ全員が集まって完成するまで合宿をしたらどうか」。結局、一週間ほど熱海で缶詰になってアイディアを出し合い、木原の組立図を元に設計図を引き、二ヶ月後には試作品を作り上げている。

今度はH型。木原の命名だったという。木原にしてみれば今度こそ本物の家庭（Home）機を作り上げてやったとの思いがその名前に込められている。このH型は完成して販売にこぎ着けた時点で重さは一三キロに収まり、G型の半分以下、井深が求めた「トランクにすっぽり入るサイズ」をまさに実現していた。実際にカバーを閉じると旅行カバンのようになって持ち運びに便利だった。価格も八万四〇〇〇円まで下げた。このH型の設計には民芸調のデザインで知られた柳宗理が加わっており、日本で最初にインダストリアルデザインを取れ入れたモデルだともいわれる。

当初はモーターの入手に手を焼いたが、量産が軌道に乗りかけた頃から売り上げも立ち始める。朝鮮戦争特需で景気が良くなったことと GHQのCIEが視聴覚教育に力を入れ始めたことが大きかった。CIEは「ナトコ」と呼ばれる一六ミリトーキー映写機を数千台用意して各都道府県の教育委員会を通して小中学校に貸し出していた。NHKも局内に放送教育研究会を設けて、学校向け放送番組の開発を始めている。

倉橋はこれに目をつけた。井深、盛田の許可を得て文部省とＮＨＫに働きかけ、学校向け放送番組を録音する機材としてＨ型テープレコーダーの学校への納入を進めた。学校側にもテープレコーダーの便利さを知ってもらおうと、倉橋は録音教育研究会なる任意団体を作って現場の教師を集め、現物のデモンストレーションを行う普及啓蒙活動にも努めた。こうした努力のかいもあって一九五〇年四月決算で売上高五一〇〇万円、利益五〇〇万円だった東通工は一年後には売上高一億二〇〇〇万円、利益九〇〇万円と急成長を遂げている（井深『自由闊達にして愉快なる』）。

木原は井深の要請に従ってＨ型よりもさらに小型のＰ型も作った。ポータブルの頭文字を与えられたＰ型は鉄道模型に使われるブラシモーターを採用してコストダウンを図っている。五二年三月にＨ型より一万円安い価格設定で販売が開始され、五月から一二月までの間に三二三二台を売り上げている。

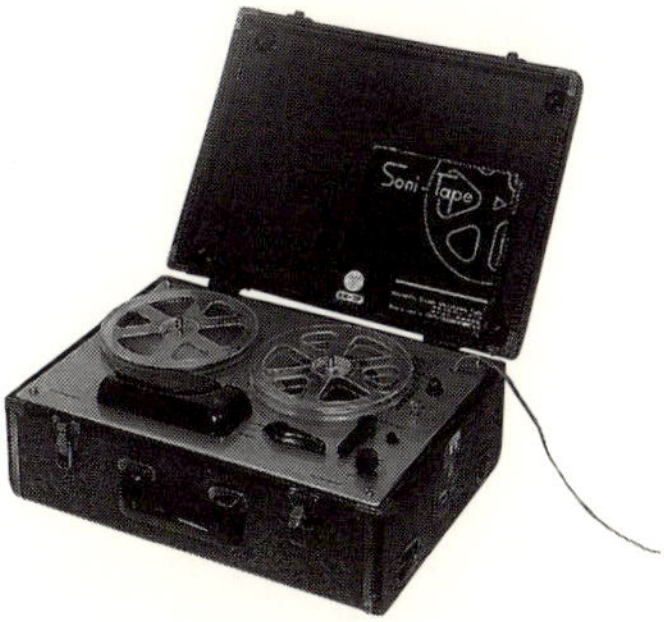

Ｈ型テープレコーダー
家庭用電気製品を作ることこそ井深の夢。ホームを型番に付けたＨ型テープレコーダー。

こうして民生機開発に力を入れる一方で木原は業務用モデルも作っている。井深はスラインシル・ホフマン社のポータブルレコーダーが報道関係者に使われていると知って木原にそれに代わるモデルを作れないかと尋ねた。検討の結果、アメリカ製の電動ガバナーモーターを作る技術力が日本のメーカーにないこと、当時の蓄電池は品質が悪く、メンテナンス対応が難しいことを理由に、木原はアメリカとは違うやり方が必要だと結論づける。そして、なんとゼンマイを巻き上げて五分だけ録音が出来る小型テープレコーダーを作った。

こわごわ井深に見せると「電池をつかった中途半端なモノを作るより、ずっとましだ」と言う。電機メーカーが作ったゼンマイ仕掛けのテープレコーダーM型は評判がよく、NHKのスタッフも五分録音できれば街頭録音には十分だと考えて、取材に用いるようになった。サンフランシスコ講和会議の取材のためにアメリカ出張したNHKの藤倉修一アナウンサーがサンフランシスコ空港でソ連の要人であるグロムイコの直撃インタビューに成功したのもこのM型あってのことだった。

漫画家・横山隆一が毎日新聞に連載していた四コマ漫画『デンスケ』に街頭録音風景が取り上げられ、主人公デンスケが手にマイク、肩にM型レコーダーをかけて取材に飛び回る姿が描かれている。そこからM型レコーダーは「デンスケ」の愛称で呼ばれるようになる。このM型は日本の工業力の水準が高まると改良され、電動式のガバナーモーターを搭載、名実ともに電気製品となって放送局で使い続けられる。

藝大生、大賀典雄

こうした初期のテープレコーダー開発に大きく貢献したのが大賀典雄だった。

大賀は異色のキャリアの持ち主だ。父の大賀正一は静岡県で材木商を営む事業家で、妻としとの間の次男として一九三〇年に生まれる。正一はモダンボーイの走りでハーレーダビッドソンのバイクを乗り回し、週末はテニスを楽しんだ。一番の上の姉の音楽の成績が芳しくないと知るとオルガンを買い与えるような親だったが、このオルガンによって人生が変わったのは次男の典雄だった。沼津市千本松原の家でオルガンで遊びながら育った大賀は物心つく頃にはメロディに主要三和音が対応することを誰に教えられることなく理解していたという（大賀『SONYの旋律』二〇頁）。

小学校に入るとピッコロやフルートも演奏できるようになった。中学二年生のとき、肋膜を病んで自宅での療養を強いられる。近所に住んでいた岩井産業の御曹司である岩井一郎が、そんな大賀を不憫に思って家庭教師を買って出てくれた。岩井は東京帝大の電気工学科を卒業、英語や音楽にも造詣が深かった。大賀は岩井から西洋の歴史に始まりオーケストラ譜の読み方、そして電気回路の基本原理や配線図の読み方まで広範囲の指導を受けた。

もう一人、大賀の人生に大きな影響を与えた千本松原の住民がいる。井深の遠縁に当たる西田嘉兵衛である。井深は東通工を増資するときに、出資の依頼に西田を訪ねている。「日本初のテープレコーダーを作る」と語る井深に、西田は近所に住む電気と音楽が好きな若者のことを思い出していた。そして大賀に東京の東通工を訪ねて話を聞いてみるように薦めた。

岩井に鍛えられ、すっかり音楽と機械が好きになっていた大賀は、音楽家が成長するためには自分の演奏を録音して聞き直す録音機が必要だと考えるようになっていた。そして日本電気が作っていたワイヤーレコーダーに興味を持ち、同社を訪ねて話を聞くという行動もしている。このときはテストをしてみると性能的に不十分で購入を断念している。

御殿山に移転していた東通工の工場を大賀が訪ねたのは東京藝大に入学する一年前のことだった。

音楽家の育成と録音機の必要性に関する持論を滔々と語る大賀に井深は感心し、開発中のG型の試作機をみせたという。大賀の方は井深の人柄に好感を抱きはしたが、まさか自分がその会社に入るとは考えもしなかった。

藝大への納品

その後、藝大音楽学部声楽科に入学した大賀は大学側に録音機の購入を訴える。そんなタイミングで倉橋が完成したG型を売り込もうとして藝大を訪ね、見本を一台置いていった。

教授会まで出向いて、「絶対にテープレコーダーを買うべきだ」と主張し、当時で二十万円の予算を取ったんです。二十万円という額は、今の金額にしたら二千万円くらいですよね。それで、その予算を持ってソニーに（テープレコーダーを買いに）行ったわけです。（立石『井深大とソニースピリッツ』二〇〇頁）

しかし大賀は見本のG型をいじった時点で問題が色々あることに気づいていた。そこで東通工を訪ねたときに、現状のG型はプロの音楽家が使うにはまだ性能的に十分ではなく、一般に市販されているモデルに、たとえばワウフラッターを減らすためにピンチローラーを加えるなど改良を加えて欲しい等々と問題点を一〇点ほど書き出して持参した。改良版の仕様書も自分で書いて添えた。音楽学生にもかかわらず電機メーカーで通用する仕様書が書けたのは設計図や配線図の読み方を教えた岩井の教育の成果だった。こうした準備のうえ「これらを解決しなければ東通工のテープレコーダーは買えません」と文句をいいに行こうとしたのだ。

このときは工場長の樋口晃は不在で面会は叶わなかったが、置いていった仕様書をみて「本当に藝大の学生が書いたのか」と東通工内部で話題になったという。二回目の面会で樋口が対応し、大賀はマイクロフォンの仕様などについても細かく注文を出した。

こうしたやりとりを経てG型が納入されたが、東通工側は特注で作ったのだからということで市販の価格より上乗せした金額を請求する。藝大側が改良を望み、大賀が代表してその依頼に来たのだというのが東通工側の認識だった。それに対して大賀は見解を異にしていた。藝大側の予算はもう決っていてそれを動かすことはできない。自分はプロが使える録音機を売るのであれば、こうした仕様が絶対に必要だとアドバイスをしたのであり、むしろ「アイディアを提供して商品として通用するように音質をよくしてやったのはこっちだ」と言い張り、上乗せはいっさい払わないとつっぱねた。後にハードネゴシエイターとして世界にその名を知られることになる大賀の片鱗をうかがわせるエピソードだが、このときは結局、井深が仲裁して大賀の主張を飲んでいる。

これがきっかけとなって大賀は東通工を訪ねて機械をいじっては、ああでもない、こうでもないと意見を言うようになった。井深と盛田は、音楽家の優れた感性を持ち、物怖じしないで思ったことをズバズバ言う大賀をモニター役として録音機を研究開発してゆけばきっといいものが出来ると確信するようになる。東通工は大賀の斡旋で藝大に録音機を持ち込んで演奏会を録音させてもらい、G型のさらなる改良に役立てるようになってゆく。

大賀はこれ以降三年間、東通工と丁々発止でやり合ううちに藝大を卒業する。

卒業式後、井深に呼び出された大賀は、身柄を拘束しない非常勤嘱託でいいので、東通工と契約しろといわれた。井深と盛田は大賀をこのまま手放すのは惜しいと思っていた。大賀はその話を受け、嘱託の身分のままドイツに留学し、現地のオーディオ事情を井深に書き送り続けた。

4　いま、ここにない世界

死者の声

話を井深に戻そう。東通工の成長に大いに貢献したH型テープレコーダーを担いで、ある日、井深は神奈川県茅ヶ崎を訪れていた。かつての恩師・山本忠興の見舞いだった。山本は早稲田を退任した後は、キリスト教主義教育の発展に貢献すべく東京女子大の理事長を務め、国際基督教大学設立でも中心的な活躍をした。

井深が訪ねたとき、山本は病に倒れ、茅ヶ崎の自宅でふせっていた。山本と井深のやりとりを『ソニー自叙伝』や小林による評伝を用いて再現してみる。山本は井深が持参したテープレコーダーを相手に楽しげに昔語りをする。「これは先生、ご遺言のつもりだな」と井深は思ったという。それから一〇日経って、井深は山本から「もう一度、テープレコーダーを持ってきてくれ」と頼まれる。茅ヶ崎に向かうと前回とは打って変わって山本の声は聞き取れないほど弱々しくなっていた。その一週間後、一九五一年四月二一日に山本は他界した。

三日後に富士見町教会で催された葬儀では井深が録音した山本の声が会場に流された。「『善且つ忠なる僕たれ』……これが一番です。キリストの僕たれ。病気中始終同情してくれ、一緒に働いてくれた人々に、一々言えないから、葬儀の言葉のなかで御礼を言って頂きたい。」

死者の声が生き生きと蘇り、会場に響いたことに訪れた人たちは驚いた。葬儀が死者との対話となった。

死んでいった者ともう一度、言葉を交わしたい。それは愛する者を亡くした誰もが願う望みだった。電気と磁気を用いて声を記録し、死後に再生できるようになる前には、その希望が死者との交流を実践しようとする心霊主義と呼ばれる流派を生み出した。

たとえばエジソンは晩年になると死者との交信実験に明け暮れた。井深が「走るネオン」「光るネオン」を発明したときに用いたネオン管の生みの親であるウィリアム・クルックスも心霊主義に夢中になった科学者だった。クルックスにはタリウム元素の発見など名だたる業績が他にもあるが、心霊主義に没頭するきっかけになったのは弟フィリップスを一八六七年に亡くしたことが原因だったと考えられている。弟との別離を悲しんでいたクルックスは知人に勧められ心霊術の交霊会に参加した。

コヒーラ検出器を開発して電波通信技術の発展に大きく貢献したオリバー・ロッジも心霊主義に没頭した科学者の一人である。新戸雅章は『逆立ちしたフランケンシュタイン』の中でロッジについて一章を割いている。その記述によればロッジはスタッフォードシャーの商家に九人兄弟の長男として一八五一年に生まれる。幼い頃から聡明な少年だったが、家業を手伝うために進学せず、仕事の合間に独学で勉強をしていた。そんなロッジがロイヤル・インスティテューションで開かれた科学者の講演を聞いて科学に開眼する。二二歳になってロンドン大学に入学、一八七七年には電気の研究で博士号を取得し、八一年にはリバプール大学から物理学教授として迎えられた。

最初、マックスウェルの予言に基づいて電磁波の検出を試みたが、それはヘルツに先をこされてしまった。そこでロッジは研究の方針を変更し、フランス人のブランリーが発見していた、金属の微粉末を容器に収め、電磁波が通過すると抵抗が変わる原理を用いたコヒーラ検出器を開発、それを実際に検出に用いて約一〇〇メートル離れた送受信機間の無線通信実験を成功させている。

ロッジはコヒーラ管が実用できることを知って満足し、さらに大規模な実験を成功させて世間の注目を受けることにはこだわらなかったので、その後、コヒーラ管をチューン・アップして使ったマルコーニが通信距離拡大に邁進することになる。

心霊主義への傾倒

こうして実験に明け暮れる科学者らしい活動をしていたロッジが心霊主義に関わるようになるのは、一八八〇年代後半に二人の女性のテレパシー能力検証を依頼されたことがきっかけだった。このときのロッジの報告は「そうした能力がありえるかもしれない」という慎ましいものであったが、これをきっかけとしてロッジは交霊研究協会（SPR）の会員になっている。八九年、アメリカからやってきたレノーラ・パイパー夫人の交霊会に参加したロッジは、トランス状態になって死者の声を聞き、参会者の個人情報を言い当てる彼女の能力に驚嘆し、その能力を検証すべく何度か実験を試みた結果、超能力を確信するにいたった。

一九〇二年にロッジはSPRの会長となり、〇七年までその職を務めた。そんなロッジが超自然現象にさらに深く踏み込んだのは一九一九年に第一次世界大戦への従軍で戦傷を負った息子を亡くしてからだ。クルックスが亡き弟の霊と交わりたいと願ったようにロッジも死んだ息子の霊と交信しようとした。実際にそれができたと信じて書かれたロッジの著作は、同じく戦争で家族を失った人たちに熱狂的に受け入れられたという。

エーテルを渡る声

ロッジが心霊主義に傾くきっかけを作ったのがエーテルである。電気と磁力を統一的に考える道を開いたマックスウェルはエーテルを計測する方法に気づいた。地球は公転しているし、太陽系自体が動いているのでエーテルのなかを進んでいる地球は「エーテルの風」を受けていることになる。だとすれば光の速度は地球の公転速度や、太陽系が銀河系のなかで動く速度の影響を受けるはずだ。というのもエーテルが追い風となるなかでは光は速く進み、逆に向かい風になれば遅くなるからだ。その速度差が計測できればエーテルが存在することの証明になるとマックスウェルは考えたのだ。

そのアイディアを知ったアメリカ海軍士官のアルバート・マイケルソンはマックスウェルの考えを踏まえて測定装置を作ろうとする。光の速度自体を測ることは困難だが、光が波である以上、速度差があれば波長の違いが生じる。エーテルの向かい風と追い風を受けて速度が変わった二つの光の波長の違いを示す実験装置を作り出せばエーテルの存在を証明できるのではないか。そしてマイケルソンは化学者エドワード・モーリーの協力を得てハーフミラーを用いて進む方向の違う二つの光を合成する装置を考案、エーテルの追い風と向かい風のなかを進む光の波長の違いから干渉縞が発生する様子を観測しようとした。だが、その結果は否定的なものであった。まずベルリンで行った実験では近所を走る自動車などが引き起こす震動が大きくて観測の邪魔をした。そこで人里離れたポツダムの天文台に場所を変えたが干渉縞は観測できなかった。

こうした実験の成果を聴いたロッジは当初、エーテルが存在するのか怪しんだ。ヘルツやマックスウェルが考えたように振動数のきわめて高い光や電磁波を伝える媒質になるためにはエーテルにある程度の硬さが要求される。しかし光がどこにでも届くということはエーテルは地球上はおろか宇宙空間にまで遍在している必要があり、地上を動くものだけでなく、地球や火星といった惑星にいたるあらゆるものがそのなかを通過できなければならない。しかもそのエーテル自身は目に見えない。触れることもできない。そんな矛盾した物質が果たして存在するのだろうか。冷静で批評精神に富んだ物理学者だったロッジはそれについて懐疑的だった。

そしてマイケルソンとモーリーの実験を追試すべく、高速で回転する二つの円盤の間に二本の光線を通過させる実験を提案した。もしも光が物体の運動に影響されるのであれば、二本の光線を重ねたときにやはり干渉縞が生じるはずだった。しかし一八九六年に実施されたその実験でも干渉縞は生じなかった。それは光が物体の運動に影響されないことを示す有力な証拠と考えられ、アインシュタインの相対性理論を先駆けて証明していたと後から遡って評価されるものだった。

しかしこうしてエーテルの存在を疑問視する実験をしたロッジ自身が結局はエーテル説を捨てきれなかったのだから皮肉な話である。後にロッジは心霊現象と物理現象を統一的に説明するためにエーテルがやはり必要であり、エーテルは死者の声を届ける媒体にもなると考えるようになる。それが波動が媒体なしには伝わらないことを知っている科学者ロッジが下した「科学的な」結論だった。

長年の研究から、心霊現象が存在するのはまちがいがない。もし存在するなら、それは物理現象として存在するはずである。物理現象ならば、それは光や電磁波と同じようにエーテルの働きによって起こるに違いない……。こう考えるのは当時としてはきわめて自然な理路であり、科学者としてはそれ以上の理論を編み出す必要など微塵も感じなかったにちがいない。

実際、彼の物理学における業績も、電磁波の研究もその基礎において成し遂げられたものだった。だからこそ、ロッジは心霊現象に対しても科学者として取り組んでいると自負できたのである。

（新戸『逆立ちしたフランケンシュタイン』一三六頁）

そこにも科学が非科学的（と後から考えられるようになるもの）を召喚し、（その時点において）科学的に説明しようとする構図がうかがえる。こうしたロッジの人生をみると井深の人生を思わずにいられない。井深もまた「エーテル」のように離れたものを繋ぐ「気」の存在を持ち出すようになる。ただしそれはまだ先の話ではあるが。

さて、山本の死後、五三年に刊行された『山本忠興傳』に録音した声を流した葬儀についてこう書かれている。

既にこの世のどこを探しても現存しない人間の肉声をありのままに聞いた人人は、計り知れない科学の進歩を感歎する一方、いかに科学が進んでも到底解決することの出来ない人間の生と死の問題について、改めて考えさせられた。山本が近日中に迫る死を予測し、自分の死後多くの人人に今のこの気持を伝えたいと願つたその意志だけが、生きたままの山本の声を通して機械に止まりながら、かつてその意志を宿した体は亡くなつてしまつているという厳しい現実が、人人をして、自分達も逃れがたい死について考えさせられたのに相違なかつた。（三二〇頁）

録音機を作り上げ、生前の恩師の声を録音し、葬儀の場で再生した井深自身もまた死や生について考えていたのだろうか。

この時期、井深の周囲でも大きな変化が訪れていた。一九五〇年一〇月に公職追放が解けた前田多聞は東通工社長を退き、大日本育英会会長、日本ＩＬＯ協会会長などの公職を歴任した。前田にしてみれば娘婿はもう一人前であり、技術に通じた経営者として自ら会社の采配をすべきだと考えたのだろう。東通工の二代目社長には四二歳になっていた井深自身が就任、盛田が専務を務めて井深を支える後のソニーに繋がる体制となった。

5　立体録音

キャバレーで録音実験

この時期、東通工はテープレコーダーにも新しい技術開発を加えている。最初のきっかけは井深が木原にかけた国際電話だった。井深はサンフランシスコ条約の発効による日本の独立回復の日をまたぐようにアメリカに出張していた。初めての海外出張であり、家族や会社の人に見送られ、羽田空港を発った。井深を乗せたノースウェスト機は途中、給油のためにアリューシャン列島の小島に立ち寄り、翌朝アンカレッジに到着する。当時はアラスカのアンカレッジがアジアからアメリカへのフライトの玄関口だった。ここで井深は入国審査が白人優先であることに鼻白む思いを抱く。アメリカの民主主義とはこんなものかと思った。

アンカレッジからシアトル経由でニューヨークに入る。初めて見るアメリカの大都市には目を見張らされた。道には自動車がひしめき、高層ビルが空に届こうとしている。まず訪ねたのは日商のニューヨーク支店だった。そこで元日商社員で退職後は株の仲買人をしていた山田志道と会う約束があった。義父・前田の友人の日商社長・西川政一が紹介してくれた日系アメリカ人の山田は、温厚でアメリカの事情に通じているので案内人にふさわしかろうということだった。

実際、山田はよく面倒をみてくれた。持ち合わせが心もとない井深がホテルが高過ぎると愚痴をいえば格安のアパートを探してきてくれた。こういう工場が見たいのだがと相談すればすぐにアポイントメントを入れて連れて行ってくれた。

このアメリカ滞在中、井深は熱心にオーディオ関係の展示会を見て回っている。そしてそのときに見聞した知見をすぐに木原に伝えたのだ。

「木原くん、今日こっちですごい音楽再生を聞いたんだよ。〝オーディオフェア〟に出席して、そこで両耳の位置にマイクロホーンを二つ置き、テープに二つのチャンネルを録音してこれを別々の両耳のイヤホーンで聞く方式で、録音機にちょっと手を加えればできることなので調べておいてくれないか」（中川『ドキュメント日本の磁気記録開発』四七頁。同書では口語体で内容が再現されているので、国際電話による会話を想定していると思われるが、ソニーの公式社史『ソニーの自叙伝』では電信ということになっている）。

井深と木原の間には阿吽の呼吸に近いものがある。井深が感心したのは左右の音を別々に録音する方法だと瞬時に理解した木原は、連絡を受けた翌日にはふたつのヘッドを改造したテープレコーダーを作り上げている。そして、かつてヘルシュライバーを一緒に開発し、その後マイクロフォン設計の第一人者となっていた中津留と一緒に銀座の「Ａ1」というキャバレーに出かけている。生バンドの演奏を録音してみようと思ったのだ。紹介者の口利きもあって無事録音は終わった。持ち帰って再生してみると確かに迫力がぜんぜん違う。

その音色の美しいこと。澄み切った透明な響きと左右別々に聞こえてくる音で、楽器の所在まで手に取るように分かる。これまで味わったことのない臨場感だった。思わず床に座り込んで、時の経つのも忘れて聞き惚れたほどだ。（木原『井深さんの夢を叶えてあげた』六二頁）

木原は2チャンネル方式のステレオレコーダーを本格的に作ってみようと決断、二ヶ月後には左右の分離が効きすぎて「中抜け」が起きるのを防ぐために中央の音も記録する3チャンネル方式とした試作機を作り上げ、年末までには日本初の立体録音機「ステレコーダー」と銘打って完成させて俳優座などに納入している。

この開発の過程で活躍するのが大賀だった。大賀の協力で木原たちは藝大の奏楽堂でパイプオルガンの音の収録もしている。当時、パイプオルガンは藝大と日本橋三越にしかなかったのでこれは貴重な機会だった。わざわざそのために日曜出勤してくれた教授の演奏を録音し、再生してみると大賀も感心するほどだった。「パイプオルガンの雄大な音色が、ステレオ録音で格段の光彩を放ったのをいまでも覚えています。ホール全体が鳴るような感じはモノラル録音じゃ絶対に表現できないと思う。オルガンを弾いた教授もこれが自分が弾いた音かと目を丸くして驚いたほどだから、その迫力がどんなものだったかわかるでしょう」（大賀『SONYの旋律』）。

ステレオ音楽に対する関心はNHKでも高まっていた。一二月二二日に東京ローカルの音楽番組「土曜コンサート」を第一放送と第二放送とでそれぞれ左右のチャンネルを放送、二台の受信機を並べて立体放送を楽しんでもらう試みがなされている。

左右をどちらが担当するかは議論があった。オーケストラの出来を決定するのは何といっても第一バイオリンであり、その奏者は指揮者から見て左に位置するので、第一放送のマイクを左に設置した。演奏開始に先立ってマイクロフォンの前にたったアナウンサーは神妙な声色で語った。「これから立体放送をお聞かせいたします。皆さまのご家庭の受信機を二台並べて、左を第一放送、右を第二放送にお合わせください。そしてその三角の頂点のところでお聞きください」。そう三回繰り返した。

東通工のスタッフも録音に協力したこのテスト放送の評判は上々で、番組終了後、音楽マニアから「立体音の迫力が肌で感じられた」との声が寄せられた。成功に気をよくしたNHKはステレオ放送の定期化を検討、翌年六月には「日曜娯楽版」で人気を博した三木鶏郎らを出演させて「立体音楽堂」を開始させている。AM局で二波を使う立体放送の定期番組化は世界初だった。これに刺激されて民放の日本放送、東京放送、文化放送が三元立体放送をするなど、ちょっとしたステレオブームが起きている。

なぜ綺麗に聞こえるのか

こうしてステレオに対する一般的な関心が高まるなかで、火付け役だった井深は別のことを考えていた。立体音楽はなぜ音が綺麗なのか。その原理を知りたいと彼は思ったのだ。井深の関心はステレオ録音再生という技術を経由して、音を聴く人間そのものに向かっている。それは晩年の井深を予見させる指向だったと言えないか。

アメリカ出張から帰った井深はすぐに旧知の永井・東北大学教授を訪ねて研究を依頼。永井は自分の研究室のなかに立体録音研究会という勉強会を作ると共に、岩手大学工学部を出て東北大学大学院に入っていた吉田登美男に立体録音をテーマにした研究を指示している。

なぜ綺麗に聞こえるか。これは感性の領域に踏み込む問題なので扱いが難しい。吉田は立体録音研究会に集まった音響関係者の声を聞いて意見交換するだけでなく、美学、心理学や音声学の研究者を訪ねて研究を深めていった。短かい音楽素材をアルバイトの女子学生に聞かせ、どちらが豊かに聞こえるか、瞬時に比較させる。こうして考える時間を与えず答えさせる調査を何百回、何千回も重ねてゆくと個人差を超えた傾向が浮かび上がってくるので、それを計量心理学の手法で分析していった。五年をかけた研究の結果として、吉田はこう考えた。

従来の一チャンネルの録音は周波数特性を忠実に再生することだけしかできなかった。だからカンヅメの音になるのです。立体録音はモトの音場の空間情報を再現したのです。因子分解の結果、この空間情報は二つみつかりました。ひとつは方向感覚。これは誰でもわかるでしょう。もうひとつは背景から妨害される音を抑圧する効果です。これは両耳で暮らしているわれわれには自然なことですが、一チャンネルになると妨害をモロにうけて、美しさ、自然さがそこなわれていたのです。
（中川『ドキュメント日本の磁気記録開発』五四頁）

人はただ音の強さの「音量」、音の高低の「音程」、波形による「音質」で構成される音を聞いているのではない。音と騒音を聞き分ける脳の作用を経由して音を選別しつつ聞いている。この発見は、優れた音声記録再生装置のあり方に対する再考を促すものだった。ただ忠実に原音を再生すればいいというわけではないのだ。

さて、この立体録音研究会の五年間の活動期間は大賀のドイツ留学期間とほぼ重なっていた。留学先のドイツでは後にCDの世界統一規格作りで大いに助けられることになる偉大な指揮者ヘルベルト・フォン・カラヤンと面識を得るなど収穫が大きかった。留学を終えて帰国した大賀は本格的に声楽家としての道を歩み始めるが、一方で東通工との関係も続け、五九年には盛田の欧米出張に同行したりしていた。

そのとき大賀は盛田に「ロンドンからニューヨークまで船で行きませんか」と持ちかける。盛田もその提案を面白がり、二人は豪華客船ユナイテッド・ステーツ号の船客になった。船のなかでは何もすることがないからゆっくり話ができる。そこで大賀は盛田から東通工に入らないかとあらためて誘われた。「ビジネスがほんとうにわかるには最低一〇年かかる、きみはいま二〇代、だからキミがその気になれば三〇代で一流のビジネスマンになれる。いま決心しないとおそくなる」。盛田はそう言ってくどいた（中川、前掲書）。大賀は東通工に入っても声楽活動はできるだろうと考えてそのオファーを受けた。五九年九月、大賀二九歳のことだった。

正式に社員となった大賀にはプロ用機材を作る第二製造部長のポストが与えられた。音感に優れた大賀の能力を活かせるポストだと井深と盛田は考えていた。

第五章　我が心、石にあらず

1　トランジスタと出会う

キツネがいなくなった

キツネ憑きという言葉があるが、日本人は歴史的にキツネに「だまされて」きた。闇夜の山道を歩いていると妙齢の婦人と出会って誘われるままに同衾したらキツネだったとか、人助けをしてお礼に小判を貰ったが、夜が明けたら木の葉だったという類の話は枚挙にいとまがない。

しかし今やキツネに騙された話を信じる人はいない。日本人はいつからキツネにだまされなくなったのか。哲学者の内山節によれば、それは「もはや戦後ではない」といわれた一九五六年ぐらいに始まり、一九六五年に決定的になったという（『日本人はなぜキツネにだまされなくなったのか』）。一九五六年には経済成長で増大する需要に応えるために雑木林を伐採整理し、スギ、ヒノキ、マツなどの苗木を植林、針葉樹の森を造成する「拡大造林」が始まった。鬱蒼と茂った雑木林がなくなってキツネの住む場所がなくなった、というわけではない。むしろキツネは増えたのだという。というのも、造林の際に苗木の周囲に雑草が生えるとその葉や実を餌とする野ネズミ、野ウサギが増える。野ネズミ、野ウサギは苗木の若芽も食べてしまうので、六〇年代には天敵としてキツネを盛んに放っていたそうだ。

放たれたキツネは人間が飼育し、増やしたものであり、人間を騙すような妖しさをもはや備えていなかった。要するにキツネを身近に扱うようになって、キツネの神話の居場所がなくなったのだ。

こうした環境変化と同時にコミュニケーションメディアの変化もある。ラジオはすでに普及し、テレビも一九五九年の〝ロイヤルウェディング〟を境に急増してゆく。ラジオは後藤新平が東京放送局を開設したときに唱えていたようにその使命のひとつとして「教育」を謳っていたし、テレビも教育系チャンネルの開局が相次いだ。戦後の教育とは民主化された科学的教育以外にありえない。

こうして放送メディアは全国津々浦々にまで科学的思考法を広め、結果としてキツネ憑きの迷信も消えてゆく（内山『日本人はなぜキツネにだまされなくなったのか』）。

ラジオ、テレビの普及に大きく貢献したのが東通工、後のソニーであったことを思えば、井深は電気製品の普及を通じて、キツネにしばしば騙されるような魔術的世界観の脱魔術化を促したことになる。

ラジオを手がけないはずだった東通工がラジオを作るようになるきっかけは一九五二年の井深の訪

米にあった。この渡米で海外のテープレコーダー事情視察をしたことがステレオ録音を知る機会となったことはすでに記した。しかしこの出張の最大の成果は、それではなかった。

訪米中の井深のところに日本からひとつの便りが届く。便りの主は日本に住んで日本人女性と結婚し、貿易商や英語の教師などをしていたアメリカ出身の友人だった。たまたまのきっかけで懇意となって、外貨割当が厳しいなかで井深が外国車を買うのに自分の名義を貸してくれるなどいろいろと便宜をはかってくれていたこの人物が「ウェスタン・エレクトリック社がトランジスタの特許を公開してもいいといっているが興味はないか」と情報を届けてくれたのだ。井深がアメリカに行くと聞いていたタイミングでトランジスタの話を知ったので親切心で教えてくれたらしい。

ここで、いち早く耳寄りな情報に接したことが井深と東通工のその後を大きく変えてゆく。

ベル研究所とマービン・ケリー

トランジスタ開発の歴史はグラハム・ベルによる電話の発明にまで遡る。ベルの取得した特許を管理するために作られた「ベル電話会社」はアメリカの電話事業の担い手となってゆくが、電話網を拡大してゆくにつれて困難に直面する。電話線を通っているうちに音声を運ぶ電気信号の電流が減衰して、受話器から音声がでなくなってしまう。

この問題を最初に解決してくれたのが「放送の父」と呼ばれるド・フォレストの発明した三極真空管だった。真空管を使うことで増幅装置が作れるようになり、電流の減衰を、増幅しながら補って電話線の距離を伸ばすことが出来るようになった。ベル電話会社は一九〇〇年に、地域ごとにつくった二一の電話網を接続し、さらにウェスタン・ユニオン電信会社も吸収合併して、アメリカ電信電話会社（以下、AT&Tと略す）に成長した。アメリカ全土を覆う電話ネットワークを運営できたのは真空管の存在抜きにはありえなかった。一九一三年から一五年にかけてニューヨークとサンフランシスコの間に敷かれた大陸横断電話回線では間に七つの中継機が置かれ、三極真空管を使った増幅装置を使って信号の減衰を補っていた。

しかし真空管には固有の弱点があった。内部のフィラメントに白熱電球と同じく寿命があり、いつかは切れてしまう運命にあったのだ。電話のネットワークは広大になればなるほど膨大な数の真空管増幅器を使うので、どの真空管が切れるか、心配の途絶えることがなかった。

そして電話ネットワークにはもうひとつ寿命の限られている機器があった。交換器のリレースイッチ（継電器）である。初期には交換手がプラグを差し替え、手動で回線を繋いでいたが、やがて自動の交換器に変わった。しかし交換器の心臓部であるリレースイッチの接点はスイッチが切り替えられるたびに火花を発するので徐々に腐食してゆく。これも寿命が切れる前に交換しないといけないのでメンテナンス担当者を苦しめた。

このふたつの問題を解決するという宿題を与えられていたのがベル研究所だった。ガートナー『世界の技術を支配するベル研究所の興亡』によればAT&Tは長距離電話部門を自ら担うと共にニューイングランドテレフォン社やパシフィックテレフォン社といった地域電話会社を傘下に収め、電話事業部門で用いる機器を、やはり子会社であるウェスタン・エレクトリック社（以下、WEと略す）に独占的に製造させていた。AT&Tは巨大であり、この電話機製造だけでWEはアメリカ有数の電機メーカーとなっていた。一九二五年にAT&Tは電話事業に関する研究開発に当たるベル研究所を設立。ロワー・マンハッタンのWE本社ビルのなかで活動を開始したベル研究所の発足当初の予算は一二〇〇万ドル、現在の通貨価値に換算して一億五〇〇〇万ドルだったと記録されている。

現代的な科学技術研究所を最初に作ったのは発明王エジソンだった。エジソンはニュージャージー州メンローパークにあった研究所を一八八七年にウエストオレンジに移している。エジソンはすでに発明家というよりも、発明した技術を実用化してゆく事業家となっていた。それまでの発明で資金も潤沢にあり、煉瓦立ての工場のような研究棟がいくつも並ぶ一大コンプレックスを作り上げることができた。エジソンの資産を用いて事業を開始したゼネラル・エレクトリック社はこのウェストオレンジ研究所を基礎研究と生産システム開発のための組織とし、スケネクタディ研究所と改称した。そこには多くの俊英が集まり、企業研究者として活躍する。

スケネクタディのような研究所が作られた背景には、大規模な実験や試作が繰り返し求められるようになって個人発明家が独力で画期的な発明を成し遂げられる時代状況ではすでになくなっており、研究者の個人名が出るのをおさえて特許の独占を防ぐという企業の思惑もあったといわれる。たしかに大恐慌をきっかけに合衆国政府の方針も発明を促す方向から反独占のアンチパテントに舵を切っていた。

ベル研究所はまさにそうした時代に設立されている。数多くの技術革新を生み出し、最盛期のベル研究所を率いたマービン・ケリーの下で、電話線を長く延長するために使う、発熱せず、機械的接触部分がない電気部品の研究を一九三〇年代から始めていた。ケリーはMITで博士号を取った二人の学生、ウィリアム・ショックレーとジム・フィスクの採用を自ら決める。二人は物理学を専攻しており、特に「固体の中の電子の挙動」を研究テーマにしていたショックレーは固体物質で真空管と同じ増幅器を作る研究に没頭し、一九三九年には伝導体と絶縁体の二つの性格を示す物質があれば真空管の代用品にできるとメモに残していた。要するに半導体のことである。物理的に接続と切断を行うスイッチなしに伝導と絶縁を切り替えられるこの固体素子を用いれば、電話回線を繋いで延ばしてゆく装置の寿命を半永久的にできるかもしれない。そう期待されて実験が繰り返される。当時、半導体の候補として有望視されていたのが酸化銅だったが、結果は芳しくなかった。

そうこうしているうちに第二次世界大戦が始まり、ベル研究所の固体素子研究は中断される。研究者たちは軍事技術の研究開発に動員された。ショックレーと同期入社のフィスクは共に対潜水艦作戦研究グループに配属され、レーダーに用いるマグネトロンの研究に当たった。井深や盛田も戦争中は電波探査機やマグネトロンの研究開発に当たっており、電気関係者たちの戦争における活動は日米であまり差がない。

ケリーも陸軍でレーダー研究に当たっていたが一九四四年からベル研究所に復帰、かつての研究スタッフたちを呼び戻し始める。日本への原爆投下が済んだ頃に、ショックレーが研究所へ復帰し、固体素子研究を再開する。

酸化銅の実験で失敗を繰り返していたショックレーに対して、ベル研究所の化学者や冶金学者は半導体の素材としてシリコンとゲルマニウムに注目していた。まず研究の対象となったのはゲルマニウムだった。高熱のるつぼに溶けたゲルマニウムから結晶を引き上げる作業の前に微量のアンチモンやヒ素を混ぜてよく溶かしておく。この作業をドーピングといい、本来電気を通しにくい半導体に自由電子が生まれ、電気を通しやすくなる。こうして作られたゲルマニウム結晶をn型と呼ぶ。一方で自由電子が一個足りないインジウムやガリウムを微量に溶かすと電子がひとつ足りないゲルマニウム合金の層が出来る。これをp型ゲルマニウムと呼ぶ。この二種類のゲルマニウム合金に電荷を掛けることで固体素子をひとつの回路として使おうとした。

ベル研究所でトランジスタを開発したバーディン，ショックレー，ブラッテン（左より）

ショックレーの発明

以下、トランジスタの発明にいたる過程を相田洋『電子立国日本の自叙伝』を頼りに再現してみる。最初に成果を上げたのはショックレーと一緒に酸化銅実験を行っていたベル研究所の物理学者ウォルター・ブラッテンだった。一九四七年一二月、手先が器用だったブラッテンはゲルマニウムの薄片に電池に繋いだ二つの金属片を接触させる実験装置を手作りしてみたところ驚くほどの増幅効果が得られた。これがゲルマニウムを用いるトランジスタの発明にいたる第一歩だった。

ブラッテンの発見を踏まえて研究チームはn型ゲルマニウ

ム結晶の上にp型ゲルマニウムを埋め込み、金属片を接触させて電気接点とした素子を作った。これは後に点接触型トランジスタと呼ばれるものとなってゆく。

こうした同僚の作業を苦々しく眺めていたのがショックレーだった。ショックレーはブラッテンが実験に成功した一二月以後、研究は必ずチーム内で公開しながら進めるというベル研究所の「掟」に反して一人で黙々と理論的考察を続け、三週間後にはブラッテンのものとは外見も仕組みもまったくことなるトランジスタの理論と設計をまとめる。それは二枚のp型ゲルマニウムの間に非常に小さなn型ゲルマニウムの薄片を挟み、ふたつのp型部分、間のn型部分に電気を通すようにしたものだった。後に接合型トランジスタと呼ばれることになるこの半導体素子は点接触型素子よりも性能的に優れていることが理論的に示されていたが、点接触型素子のように実際に作ってみることはまだできなかった。

この新しい固体素子の特許出願の処理を終えると、AT&Tは実物がまだ作られてないにもかかわらず、一九四八年六月末にトランジスタの存在を一般に公開している。ベル研究所で行われた公開プログラムは八フィート大のトランジスタの模型を自動車に乗せて走り回るという派手な演出で予告され、話題を呼んだ。

とはいえトランジスタそのものが何たるかが理解されたうえで一般的な関心を呼んだとは到底いえなかった。『ニューヨークタイムズ』に紹介記事が出ているが、記者にはその斬新さが理解できていなかった。真空管よりはるかに高く（真空管が当時三五セント程度だったが、トランジスタの売価は一五ドル程度と予測された）、費用を惜しまずに開発ができる軍用ぐらいしか需要が想像できなかったことも一般人の注目を集めない理由だった。

ただその可能性が理解できる人には発明の偉大さが伝わっていた。神戸工業の有吉徹弥と佐々木正はこのときのニュースを鮮やかに記憶している。真空管技術者だった二人はＲＣＡのハリソン工場に派遣されており、いち早くトランジスタの完成を聞きつけて一般公開前からベル研究所を訪ねてショックレーらの研究所チームとの接触を試みていた。二人は帰国してトランジスタ研究に携わることになる。

通商産業省電気試験所の駒形作次所長と、東北大学電気通信研究所所長の渡辺寧も、それぞれ占領軍からトランジスタの情報を聞き、トランジスタ勉強会を開いていた。トランジスタの正体が未だに定かではなく、雲をつかむような勉強会だったが、そこに参加した通産省電気試験所メンバーのなかには、時代が下っていずれも後にソニー中央研究所所長となる鳩山道夫や菊池誠が含まれていた。

エンジニア人材を活かすために

一九四九年にベル研究所の冶金学者のゴードン・ティールが実際にトランジスタの製造に成功した。五二年四月にＡＴ＆Ｔはトランジスタ技術特許の有料公開を始める。特許一件あたりの使用料は二万五〇〇〇ドル、それを支払うと参加が許される二週間のセミナーを開催し、トランジスタ技術の手ほどきを受けられる。セミナーに参加し、生産ライセンスを購入した企業はレイセオン社、テキサス・インスツルメンツ社など二八社、セミナーに参加した技術者は二〇〇人に及んだが、日本企業、日本人の参加はなかった。

こうして公開されていた特許の話が、渡米していた井深のところまでタイミングよく届けられたのだ。そのときまず井深の脳裏に浮かんだのは経営者的な思いだった。当時の東通工は社員数が一三〇人ぐらいになっていた。一九四七年の木原入社時には三〇人程度だったので僅かの間に一〇〇人ほど増えている。その多くが録音テープ開発のために大学や専門学校からかき集められたスタッフだった。テープ開発が一段落した今となっては、新しい仕事を与えなければ会社にとって人件費のコストが重荷になりかねない。

そうした人材活用の場としてトランジスタの開発・製造は魅力的だった。しかし特許使用料は二万五〇〇〇ドル＝九〇〇〇万円と高額で一九五一年の東通工の利益すべてがそれだけで吹き飛んでしまう。それに井深はトランジスタにあまり良い印象を持っていなかった。中川『創造の人生　井深大』によれば学生時代に使った鉱石検波機の悪いイメージが払拭できなかったという。実は渡米前から半導体の噂は聞いていたし、製造部長だった岩間と議論したこともあったが、「あんな不安定なもので仕事ができるはずがない」と思い込んでいた。しかし資料を見ると発明されて数年のうちにトランジスタはずいぶんと改良されてきているらしい。となると、そこに新しい可能性があるようにも思えた。どうするか。逡巡したが、やがて井深は「短波コンバータのときも、初めてのテープレコーダーやテープを開発したときも専門家などいなかったではないか。だから、何でも懸命にやるのだったら、行動してみるのがいい。ひとつトランジスタにぶつかってみよう」と決意する。そしてＷＥとの特許交渉を現地で案内をしてくれていた山田志道に託して帰国の途についた。

2　アメリカと戦う

帰国した井深は、しかし、トランジスタどころではなくなる。

民間放送局の開局ラッシュのなかで、テープレコーダーの需要は急激に高まっていた。それに着目してバルコム貿易というアメリカの商社がアメリカ製のテープレコーダーを販売し始めた。井深と盛田がバルコム貿易が輸出しているテープレコーダーを手に入れて分解してみると永井教授の発明した交流バイアス法と同じ技術が使われていることがわかる。

永井特許を守れ

永井は日本で特許を取得した後、アメリカでも特許申請をしていたが戦争のせいでうやむやになっており、カムラスという人物が同じ内容で特許を取っていたのだ。

それ自体問題だが、少なくとも日本では永井特許が生きている。井深たちは永井特許を盾にバルコム貿易に抗議し、輸出を取りやめるか、特許使用料を払うように求めたが、聞く耳を持たない。訪米中に差別的な扱いを受けて憤慨していたこともあって井深は「敗戦国のくせに生意気いうな」というも横柄な態度に堪忍袋の緒が切れ、告訴する。

中川『ドキュメント日本の磁気記録開発』を頼りに裁判の様子を再現してみる。通産省は輸入を許可してしまった手前もあってバルコム貿易の肩を持ち、特許庁は東通工を支持すると国内でも対応が二分された。やがて裁判はバルコム貿易の背後に控えていたカムラス特許を所有していたアーマーリサーチ社と東通工の間での争いに発展する。アメリカ企業が相手ということでGHQが乗り出し、井深に出頭を求める。「そのまま巣鴨の拘置所送りになるのでは」と不安に駆られた井深は、すでに社長の座は退いていたが、英語の達者な義父の前田につきそってもらい、東京丸の内の岸本ビルに入っていたGHQパテント部を訪ねる。井深の心配は杞憂に終わり、GHQは紳士的な対応をしてくれた。

やがて盛田がカムラスの特許申請よりも前に永井特許がアメリカで公開されていた証拠を入手すると形勢は逆転。アーマーリサーチ社は交流バイアス法を使った録音装置を日本に輸出する場合、特許使用料を東通工に支払い、さらにアメリカでのアーマーリサーチ社特許の無償使用を東通工に認めた。また日本国内の他メーカーが交流バイアス法を用いた製品をアーマーリサーチ社が権利を有する国に輸出した場合は、アーマーリサーチ社に使用料を支払うが、その半額をアーマーリサーチ社は東通工に還元することとなった。こうして永井特許を持っていたおかげで東通工は思わぬメリットを国内だけでなく、海外でも手に入れることとなった。

この裁判は当初、アメリカ相手の無謀な闘いだと思われていた。その頃、アメリカの登録商標を真似て国産化されたバヤリースオレンジやニホンコーラが権利侵害を指摘されてこっぴどくやりこめられていたからだ。ところが東通工はアメリカ相手に勝ってしまった。戦争には負けたが、いざとなったら一矢を報いる。役所のなかにも密かに東通工を応援する官僚がいたという。「技術立国日本」の神話、テクノナショナリズムを井深が一身に担う流れはこのあたりから始まったのだ。

通産省の頭ごしに

こうして永井特許をめぐって法廷闘争を繰り広げていた時期、ニューヨークでは山田が身を粉にしてAT&Tの小会社でトランジスタの量産を担当するWEとの交渉に当たっていた。当初、名もない東洋の企業からの申し出に関心を持たなかったが、戦前に日商（後に日商岩井を経て双日）で働いていた日系アメリカ人の山田が英語力を駆使して熱心に説得交渉をし、テープレコーダーをまったくの独力で開発した会社だと強調したことで態度が軟化。「あなたの会社に特許を許諾する用意がある。誰か代表者を派遣してほしい」というエアメールが井深に届く。

一九五三年八月、三ヶ月の予定で欧州を視察する盛田が、その足でアメリカも回り、WEと契約することになった。

初めて見るアメリカの巨大さに盛田は心細くなる。まだ「NOと言える」盛田ではなかった。東通工のような小さな会社を相手にしてくれるのだろうか。ニューヨークには井深の神戸一中時代の親友だった谷川譲が山下汽船の現地法人に赴任していた。谷川が日本を立つ前に会ったとき、井深は「トランジスタが革命を起こす」と興奮して語っていた。ところがニューヨークで会った盛田は井深とは対照的にずいぶんと意気消沈している。そこで谷川は弱気の盛田にハッパをかけた。「心配せんでえ。アメリカ人は、規模や実績をとやかくいうような事大思想はない。こいつはやるなぁと見込んだらダーっとくる。とにかく行ってこいよ。ダメでもともとじゃないか」（小林『ソニーを創った男　井深大』）。

そんな言葉に背を押されて臨んだWEとの商談は成功裏に終わり、盛田は仮調印にこぎ着けている。「仮」なのは外貨割り当てがまだまだ厳しく管理されていた時期で、通産省が二万五〇〇〇ドルの送金をすぐには許可しなかったからだ。実は盛田が出かける前に井深たちは通産省の意向をそれとなく尋ねていた。答は「とんでもない」というものだった。交流バイアス法の特許侵害問題で敵対している東通工への嫌がらせと思わないでもなかったが、外貨に関しては通産省が首を縦に振らなければどうしようもなかった。井深は「一応仮契約をして、外貨が準備出来たら本契約すればいいのではないか」と考えて交渉の全権を盛田に託していた。

3 トランジスタラジオを作る

高周波トランジスタ

交渉が仮調印に留まっただけでなく、トランジスタを何に使うかの結論も出ていなかった。WEは補聴器の製造を勧めていたが、井深も盛田も否定的だった。井深はトランジスタラジオを作りたがった。かつて「ラジオはやらない」と宣言していた井深だが、飽和して新味のない技術を使う気がしなかったのであり、トランジスタという新しい技術を使うとあれば井深にとってラジオ製造の魅力は蘇るのだ。

しかしトランジスタをラジオに実際に使えるかは未知数だった。WEのトランジスタは低周波用でそのままラジオに使えるものではなかったのだ。それはWEの契約担当者も認めており、だからこそ低周波だけを相手にすればいい補聴器製造を勧めていた。すでにトランジスタ補聴器を製造しているメーカーもあった。

しかし井深は首を縦に振らない。

「私はラジオが本命だと感じた。当時は真空管を使った電池式ポータブルラジオが大変な勢いで流行っていましたから、トランジスタで商品をつくるならポータブルラジオだと思っていました。少し高くてもね」（相田『電子立国日本の自叙伝』上巻三二一頁。以下、同書の記述に従って東通工のトランジスタ開発を再現してみる）。

しかし高周波に利用可能なラジオ用トランジスタは当時、世界のどこにもない。井深の夢を実現するには東通工でゼロから改良する必要があった。

つまり契約してもうまく使えるかは未知数だった。それでも盛田は「通産省のオッケーが出次第、契約を本契約とする」との条件を加えて調印を済ませる。その後、盛田はベル研究所がまとめた技術指南書『トランジスタ・テクノロジー』を手土産に日本へと戻る。

日本では技術部長の岩間和夫をリーダーとしてトランジスタ開発チームが作られた。岩間は東大理学部を卒業し、戦時中は横須賀海軍工廠実験部の技術大尉をしていた。戦後は一度、浅間山の地震研究所に勤めたが、海軍技術将校として同じ釜の飯を食った盛田に声をかけられて東通工入りしていた。

最大の問題は依然として外貨の引当が未決定であったことで、井深はやきもきしながら連絡を待ち続ける。通産省はつむじを曲げてしまったようで暖簾に腕押し状態が続いていたが、五四年二月の審議会にてようやく決定が下った。こうして正式契約が結べる段取りとなり、今度は井深が岩間を引き連れてWEを訪れた。

グローン型トランジスタへ挑戦

晴れて正式なパートナーとなって工場視察を行った後、井深とわかれて三ヶ月間現地に居残った岩間は、毎日のように工場を見学しては、その様子をレポートにまとめた。ノートに記録することと、写真を撮ることは禁じられていたので光景を脳裏に刻み込み、一泊三ドル五〇セントの安ホテルに帰ってから、記憶を頼りに製造装置を再現し、日本に書き送った。レポートは七回、合計四八枚に及んだ。

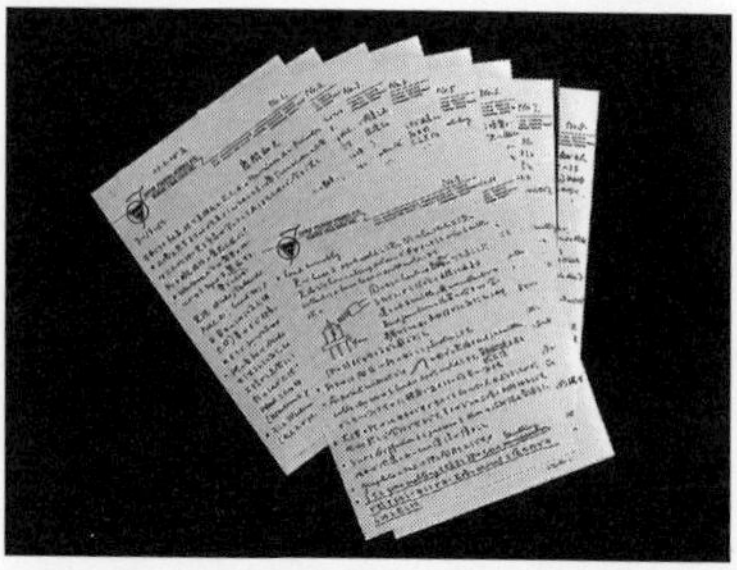

岩間レポート

RCA の工場を視察して宿に帰ってから記憶をたよりに書かれ，トランジスタ製法の知見を刻々と日本に伝えた岩間レポート。

日本ではそのレポートと『トランジスタ・テクノロジー』の内容を突き合わせ、トランジスタ生産工場に必要な機器を揃えてゆく。ノウハウ提供の契約ではないので製造ラインはすべて自分たちで作り出さなければいけないのだ。

ベル研究所で作られた接合型トランジスタには合金（アロイ）型と成長（グローン）型の二種類があったが、WEやRCAが生産に成功していたのはp型ゲルマニウムの単結晶の上側と下側にヒ素の小粒を熱して接着する合金型（アロイ型）トランジスタだけだった。これは低周波用にしか使えない。

高周波用には高熱のるつぼに溶けたゲルマニウムやアンチモン、インジウムなどを投入し、ゲルマニウム結晶を成長させながら引き上げるグローン型のトランジスタを作る必要がある。しかしグローン型で高周波用トランジスタを作るにはn型の層（ベース）をアロイ型の〇・三ミリに対して〇・〇三〜〇・〇五ミリと超極薄に成形する必要があり、製造はきわめて困難だった。

本格的な試作に取り組み始めると井深にも困難の大きさがわかった。一キログラム二〇〇〇円近くする高価なゲルマニウムを使い、『トランジスタ・テクノロジー』の指示通りに作っても条件を満たすものができない。「試作に着手して六ヶ月ほど経った頃でしたが、すでに設備投資を含めて、一億円ぐらい注ぎ込んでいたでしょうね。銀行にはラジオのことは一言もいわず、テープレコーダーが売れてますからといって金を借りたが、あの頃が一番苦しかったですね」。井深が後に回顧する（中川『ドキュメント日本の半導体開発』）。

テープレコーダービジネスが順調だったのは、単に技術力だけでなく、永井特許のおかげもあった。交流バイアス法特許は一九五五年に有効期限が終わるはずだったが、通産省は第二次世界大戦中に特許の行使ができなかったことを理由に特許効力の五年延長を認めていた。東通工は交流バイアス法の他社へのライセンス供与をかたくなに拒み、ライバル社に対する競争力を確保していた。その特許が切れることを心待ちにしていた他社は有効期限の延長に大いに憤慨したが、東通工としてはテープレコーダーに稼いでもらってトランジスタ生産に活路を開く体制が取れた。

しかしトランジスタ生産でも大手メーカーに急迫されていた。彼らはノウハウを外に出さないWE

を見限って、RCAと製造ノウハウ提供契約を結び、出来あいの技術を用いてトランジスタの大量生産を始めている。一時期は東通工社内でも自主技術でゆくか、他社と同じようにノウハウ契約をRCAと結ぶかの議論もあった。「まだやれることはある」と主張したのは技術グループを率いていた塚本哲男だった。塚本は大阪大学理学部出身。盛田と一緒に海軍の研究部門で働き、岩間に続いて東通工に入っていた。

歩留まり五％での挑戦

トランジスタの歩留まりがやっと五％になったときに井深はラジオの生産を命じた。これには岩間をリーダーとする開発陣も時期尚早と反対した。しかし井深は「歩留まりが悪いってことは、僕にいわせれば非常にいいことなんだよ。一個でもつくれたら、あとは努力すればよくなる可能性があるということなんだから……。それに、歩留まりが五パーセントは商業ベースにのるギリギリの線だと、ぼくは思う。歩留まりは必ずよくなる。かりに歩留まりが五〇パーセントになれば値段は一〇分の一になる。そうすれば大幅なコストダウンもできるし、大きな利潤が得られるんじゃないかな」と述べて考えを変えなかった（中川『創造の人生　井深大』一四七頁）。

この井深の英断が、後のソニーの成功に繋がったことは否定できない。しかし井深が英断せざるをえない状況があったことも付記しておきたい。RCAに派遣されていた神戸工業の二人のエンジニアがアメリカでトランジスタ誕生の報を真っ先に知ったことはすでに記したが、二人は帰国後、トランジスタ時代の到来を予見し、その研究開発に携わった。RCAからノウハウ供与を受けた有利さもあって、神戸工業は一九五四年一月に東京・上野の精養軒でレセプションを開き自社製の点接触型トランジスタとそれを使用したトランジスタラジオの試作品を公開。その直後の二月にはトランジスタの発売に踏み切ってもいた（その開発に入社早々携わった神戸工業社員に、後にソニーそしてＩＢＭへと移籍し、エサキダイオードの開発でノーベル賞を受賞することになる江崎玲於奈がいた）。価格は一個で三〇〇〇円～四〇〇〇円と高価で当時の部長級の月給と同水準だった。トランジスタがすでに販売され始め、試作品ではあるが、トランジスタラジオの現物も作られていたとあれば井深としても悠長には構えていられなかった。

　五四年一〇月に東通工もトランジスタとゲルマニウムダイオードのお披露目会を東京會舘で行っている。トランジスタを「石」で数える習慣はこのときにできた。月末には東通工製トランジスタの展示即売会が三越本店で開かれている。

　しかしトランジスタを使ったラジオの実用品を開発しようとしていた井深の前に立ちはだかった難関は、トランジスタの製造だけではなかった。せっかく小さなトランジスタを使うのだから小さな筐体サイズのラジオにして商品価値を高めたい。そうなると他の部品にも小型化が求められる。小さなスピーカーを作ってくれるメーカーがないかと探したがどこも相手にしてくれない。そんななかで、しぶしぶではあったが製造を引き受けてくれたのがミツミ電機とフォスター電機だった。

　三美電機（現・ミツミ電機）の森部一さん（前《マ》社《マ》長、故人）は、小型ラジオに合うコンデンサーを作ってくれました。目黒区大岡山の二間しかない小さな工場で土間に旋盤を置いてね、一人で仕事をしていました。森部さんには普通のコンデンサーの小さいのをこしらえてくれとお願いしたのですが、そんな小さなものは出来ないからと、コンデンサーの板と板の間に絶縁物を挟んだ新しい製品を考えてくれたりしました。森部さんはその後、主力商品になるポリバリコンを開発することになるわけです。（井深「インタビュー：小島」『井深大の世界』七九頁）

スピーカーはフォスター電機の篠原弘明さん（現《マ》社長《マ》）のところに行き、私が直接頼みました。ちょうど、篠原さんはかきのフライかなにかを揚げて食べているところで、何ミリか何インチ半か、そんなスピーカーなんて作ったこともないし、出来たとしても音は悪いし、効率も悪い。作れば自分の会社の恥になる、などと言われたのをいまでも覚えています。（同前）

後には両社ともソニーと一緒に育って世界的な部品メーカーになるが、この時点では交渉に訪れた盛田が場所がわからずに通りすぎてしまうほど小さな部品工場だった。

トランジスタラジオの試作が始められたのは五四年秋。その矢先にアメリカから世界初のトランジスタラジオの販売が開始されたというニュースが届き、井深らはひどく落胆する。日本国内でトランジスタ販売の一番乗りを逃したのに続いて、最初のトランジスタラジオ販売会社の称号も逃すことになったからだ。世界で初めて商品化されたトランジスタラジオは、家電メーカーであるリージェンシー社の製品で、早くから成長型トランジスタの生産を手がけていたテキサス・インスツルメンツ社のトランジスタを使っていた。だがそのラジオは軍事用に使えない不良品のなかから、ラジオだったら使えそうなトランジスタを選んで作られており、東通工製と違ってすべて自社開発部品で作られたものではなかった。それでも井深たちは外貨問題がもっと早く解決していたらと思わざるをえなかった。

4　もはや戦後ではない

トランジスタラジオ完成

東通工がトランジスタを使った最初のラジオTR-52の試作品を完成させるのは五五年一月。これを機会に全商品に「ソニー」の商標をつけることを決めている。

ブランド名としてソニーを使うことが検討されたのは、交流バイアス特許を盾にして独占的に生産販売していたテープレコーダーだったがさすがに孤塁を守るのも難しくなり、テープレコーダーを東通工の代名詞にできなくなることが予想されたからである。将来新製品を出すときに社名が記憶されていないと蓄積してきた信頼が役に立たない。加えて東京通信工業は「トーツーコー」と短縮されて日本人に親しまれていたが、外国人には発音しにくく、輸出を意識するようになると気がかりだった。

当初は東通工なのでTTKというのも考えたが、IBMのように会社が発展してから三文字に縮めるのならいいが、無名の会社が最初からローマ字三文字では何が何だかわからない。そこで井深と盛田が知恵を出し合い、Sound や Sonic の語源であるラテン語の SONUS と SONNY（坊や、かわいい）

を組み合わせた造語のSONIを最初は考えた。これは以前、磁気テープの商品名にも使ったことがある。しかし日本国内ならいいがアメリカ人はそのスペルをソナイと読んでしまうのでSONNYにしたが、これだと今度は日本人がソンニーと読んでしまう。そこでNをひとつにしてSONYにした。これが日米でなかなか好評だったので商標とした。

五五年二月、盛田は新しいソニーの商標とTR-52を持ってアメリカに営業に出ている。前年度の日本の国際収支は三億四〇〇〇万ドルの黒字であり、東通工も海外市場を強く意識するようになっていた。渡米した盛田は時計で有名なブローバ社からTR-52を一〇万台仕入れたいというオファーを得た。盛田は悩んだ。まず東通工の生産力からしてそれは過大な要求であったが、それだけなら何とかなるかもしれない。問題はもうひとつあった。先方は自社のブランドで販売を展開したいというのだ。以下、中川『創造の人生 井深大』より当事者たちのやりとりを再現してみる。

まず盛田は「断るべきだ」と思ったという。しかし一人では決断できず、日本に連絡を入れる。井深からの返信は「一〇万台はもったいない。商標などどうでもいいから受けろ」という内容だった。これに盛田は幻滅し、井深に直談判しなければと国際電話をかける。

「井深さん、僕は向こうの商標をつけるべきではないと思う。そのためにわれわれはSONYというネーミングを考えたはず。だからこのままゆこうじゃないですか」。

妥協せずNOと言おうとする盛田の主張に井深も翻意した。翌日、盛田はブローバ社に出向き、自分たちの意向を伝える。相手は一瞬耳を疑ったが、盛田の本心を理解するとあざ笑うようにいった。

「わが社は五〇年続いてきた有名な会社ですよ。これに対してあなたの会社のブランドはアメリカでは誰も知りゃしない。うちのブランドを利用したほうがトクに決まっている。それが商売と違いますか。」

盛田は負けずに言い返した。「五〇年前、あなたの会社のブランドは世間に知られていなかったでしょう。今わが社は、新製品とともに五〇年後に向けて第一歩を踏みだそうとしているところです。たぶん五〇年後にはあなたの会社に負けないくらい、ＳＯＮＹのブランドを有名にしてみせますよ」。

こうして盛田は願ってもない商談を蹴って帰国したわけだが、その直後の五月にソニーの社員たちはその選択が正しかったと別の理由で思い知らされる。五月といえばそろそろ気温の高い日もある。国内は神武景気と呼ばれる好景気に沸いており、東通工はいよいよＴＲ-52の量産体制に入った。ところが現場から思わぬ報告が寄せられたのだ。ＴＲ-52は縦長でやや反り返ったような形状をしており、キャビネット前面に格子状の白いプラスチックの装飾パネルがついていた。雰囲気が似ていたので東通工内では「国連ビル」の愛称で呼ばれていたが、それが熱で変形、国連ビ

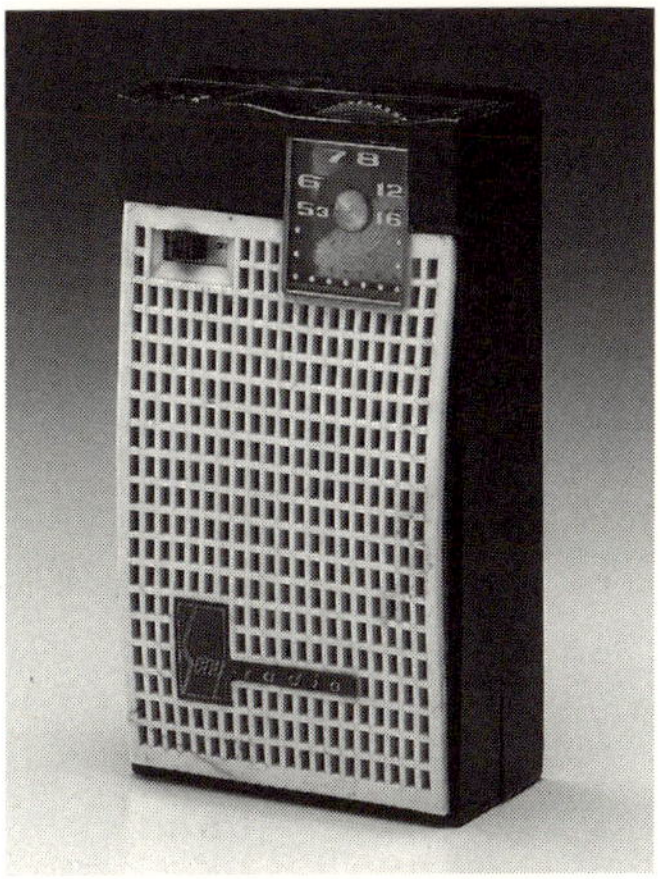

TR-52

外観が似ているので「国連ビル」が愛称だった TR-52。欠陥が見つかり発売を中止，幻の商品となる。

ルが無残な形に崩れることがわかった。それも一台や二台ではない。それまで生産した百数十台の半数が同じ症状なのだ。トランジスタは歩留まり五％で生産にゴーサインを出したが、こちらは不良品が市場に出ないからいい。今度は市場に出た製品が変形してしまうのだ。間違いなく返品や苦情の嵐になる。井深は真っ青になって生産中止を指令する。調べてみるとプラスチックの材質に問題があった。

もし一〇万台もアメリカで売っていたらクレームが殺到し、東通工は倒産していたかもしれない。もちろん盛田はそこまで予想していたわけではないが、期せずして東通工の危機を未然に防いだのだ。

岩間を中心とする技術陣は、急遽、ＴＲ-52に代わる新型ラジオの試作に着手する。

安くて丈夫

プラスチックの材質を改良して済ませることも出来たが、せっかくなのでデザインを一新し、生産方法にも新しい発想を盛り込んだ。当時の歩留まりの悪いトランジスタでは性能のばらつきが避けられない。そこで発振用コイルも一二種類作り、トランジスタの特性と合わせて相性のよいものを選んで組み合わせ、製品化する。こうした工夫で歩留まりの悪さをカバーした。もうひとつ、当時ではまだ珍しかったプリント配線基板作りにも挑戦した。

こうして作り出されたのがトランジスタを五石使ったＴＲ-55型であった。発売は五五年八月初旬。東京店頭市場への株式公開と相前後した時期だった。

その発売の前に、東通工は東京八重洲口の国際観光会館を会場とした発表会を開催している。正直なところ、音質では真空管式ラジオに負けていた。当時のトランジスタの性能上、勝負にならないことは技術陣もわかっていた。それならばトランジスタラジオは何をセールスポイントにすればいいのか。小型であること以外に利点はあるのか。

発表会の時点ではっきりしなかったが、実際に売ってみてわかったことがあった。販売店で見ているとゴムのズボンを履いた男性が胴巻からよれよれの札束を出してラジオを買ってゆくのだ。職業を聞くと漁師だという。漁師たちは船上でラジオの気象情報を聞く。彼らにとってラジオは一種の命綱なのだ。しかし真空管は潮風にさらされていっそう切れやすくなるし、真空管を使ったラジオは高い積層電池を使ううえに電池寿命が短い。その点、トランジスタラジオの寿命は半永久的だし、電池も安上がりだ。「そうか、なるほど」と膝を打った東通工の技術陣はイヤフォン式でキット販売された小型ラジオTR-2K、同じイヤフォン式の三石ラジオTR-33を開発。TR-55が一万八九〇〇円だったのに対してTR-33は一万二六〇〇円と割安だった。音楽を楽しむわけではない客層はスピーカーは余計だと思う場合もあるだろう。そこでスピーカーを省き、その分、小さくて安くて丈夫なラジオを作ろうとしたのだ。

一方で高級路線として木製のキャビネットをあしらい、上部についた大きめの二つのダイヤルが印象的なデザインの七石のハンディラジオTR-72も同年一二月に発売された。『暮しの手帖』名物の商品テストで花森安治がこのモデルを取り上げ、次の点を評価している。

（1）無造作に使え、いつも機嫌よく鳴る

（2）ダイヤルをパッと合わせられ、気取らない

（3）電池の交換は一年に一〜二回で良い

（4）音にくせがなく、いつまでもよく鳴る

このTR-72型は東通工始まって以来のヒット商品となった。その中身を使って据置型にしたTR-73型は「停電でも安心して聴ける」のキャッチフレーズが受け、「台風銀座」と呼ばれた九州で特によく売れた。

TR-72

木製のキャビネットを用いたTR-72。TR-55よりも大きいため選局ダイヤルが使いやすく音質も良かった。

電機景気とトランジスタラジオ

創業一〇周年を迎えた五六年五月には薄型のTR-6を発売。グリーンのボディにメーターのような意匠の周波数計を搭載したこのモデルはアメリカの科学雑誌『ポピュラーサイエンス』の表紙を飾った。

この時期、日本国内では「もはや戦後ではない」という言葉が流行語のようになっていた。たとえば一九五四年から五七年六月まで続いた好景気が「神武天皇以来なかった大きさ」と誇張されて「神武景気」と命名された。好景気によって日本のGNPは戦争前のピークを越えた。これを戦争による

傷跡がすっかり癒えた証拠だと考えられ、「もはや戦後ではない」という表現の根拠とされた。五六年度版の経済白書で、後々まで引かれるその表現を用いた経済官僚・後藤誉之助はトランジスタ産業についてこう書いている。

わが国で最近メキメキと伸びてきたトランジスター工業など、いわゆる半導体技術に関するものは、工業化の技術がむずかしいうえに、日進月歩のいきおいで進んでいる。アメリカでは1社にトランジスターのための技術者が300人いなければ本当の研究はできないといわれているが、いまの日本には、トランジスターの技術者は全体で300人もいない。それを、東芝や日立など十指にあまる会社で分けあってトランジスターを作っている。技術の過当競争ともいうべき現象である。これらの問題を、政府の技術開発投資の積極化を通じて解決しなければなるまい。（青地『もはや戦後ではない』一四六－一四七頁より再引用）

ちなみに後藤自身も東通工製のトランジスタラジオを愛用していたという。

ラジオ販売の好調に気をよくした井深はトランジスタ部品単体での販売を決意する。当時の東通工のトランジスタ生産量はアロイ型、グローン型合わせて月産三〇万個で、世界のトランジスタメーカーの五指に入っていた。これを一年後の五七年後半には八〇万個体制にしたいと岩間は考えた。そのためには人手がいる。〈トランジスタ娘〉と呼ばれた女子社員募集のキャラバン活動が始まった。

高度経済成長期ゆえに地方からの集団就職が盛んになっていた。そのなかでまだ全国的な知名度が低い東通工では採用にも「発明」的な新味を加えた。上京の折には必ず社員を派遣し、引率させることにした。女子を採用する際には女子社員や看護婦を派遣した。採用予定者の両親には車代を出して集合地まで同行してもらい、昼食を共にして列車に乗るまで見送ってもらった。こんな心配りが好評で東通工は入社先として次第に人気を得るようになった（ソニー広報センター『ソニー自叙伝』）。

そうして採用された女子社員が、ひとつのブレークスルーをもたらす。結晶引き上げ作業は中卒女子社員の仕事だったが、その中に自分の仕事にきわめて厳しい女性がいた。彼女は自分が引き上げた結晶の良品／不良品率はどれくらいか、製造工程をたどることで確かめようとし、歩留まり率の変化に波があることに気づく。どのような製法をすると歩留まりが減るか、現場スタッフだからわかるマニュアル化されていないノウハウ部分で仮説を立てた彼女はそれを上司に報告。半信半疑で彼女の勧める方法で再現実験をしてみると歩留まりが二〇％まで向上した。これがきっかけになって結晶製造工程と製品の良否の因果関係を調べる必要が再確認され、全数対象の追跡調査体制が確立された。

その結果、不良品はベース（p型層）の抵抗値が高く、製造過程の記録と照らし合わせると結晶断面のp型層の形状に凸凹があったり、層が消えかかっていることが判明する。なぜp型層が侵食されたり薄くなってしまうのか。塚本はゲルマニウムにガリウムを添加してp型層を成長させたあと、その下にn型層を成長させるために添加するアンチモンが悪さをしているのではと推理した。アンチモンがせっかく生成されたp型層に拡散浸透し、p型層の性質を変えてしまっているのではないか、と。

そこで投入不純物をアンチモンからリンに変えてみた。すると今まで二〜四メガヘルツまでしか使えなかったトランジスタが、なんと二〇〜五〇メガヘルツまで使えるようになる。加えて歩留まりもぐんと向上した（相田『電子立国日本の自叙伝』上）。

5　文化を変える石

アメリカ市場席巻

五七年三月には世界最小のスピーカー付きポケットラジオＴＲ‐63を発売。トランジスタを使った小型ラジオを目指していた東通工だったが、サイズにおいてリージェンシー社のＴＲ‐1を凌ぐモデルは出来ていなかった。ＴＲ‐63は一一二×七一×三二ミリのサイズで、ようやくＴＲ‐1よりわずかにコンパクトに仕上がっている。ただ「胸のポケットに入る」という宣伝コピーにはやや誇張があり、実はかなり大きめのポケットにしか入らなかった。おかげでセールスマンたちは特注で少しだけ大きめのポケットをあつらえたシャツを着て売り歩くはめになったという。サイズはともかく、こ

TR-63
“ポケットに入る”と謳われた小型ラジオ TR-63。小型化はメイドインジャパンの得意技となる。

人気で在庫が払底したため急きょ航空機でTR-63を米国に送った

のモデルはは受信感度が優れており、消費電力もこれまでのモデルの半分に抑えられていたことが話題となってヒットする。

TR-52では出鼻をくじかれたが、このモデルが日本製電気製品の本格的輸出第一号になる。輸出価格は三九・五ドルと手頃だったために、アメリカ市場で飛ぶように売れた。品薄になって販売店から苦情が出るので、日航機をチャーターして補充を運ぶ必要が生じるほどだった。当時の朝日新聞はこう報じている。

欧米各国はクリスマスシーズンに入り、各国がプレゼント商品を探し求めているが、これからの需要期に間に合わないので、日本航空の特別貨物便がソニーブランドのTR-63型を積んで輸出した。東通工はこれまで2万台のトランジスタラジオを輸出しているが、海外でのトランジスタラジオの評判は高い。(朝日新聞一九五七年一一月一六日)

たしかにトランジスタラジオは日本の重要な輸出商品となった。四八年から六七年までで日本の電子工業の生産額は一三七倍に、輸出額は約五〇〇〇倍にもなっている。六七年には全生産量の三分の一を輸出した（四八年の輸出額は生産額の一％でしかなかった）。こうして日本を電子製品輸出立国に変えてゆく立役者になったのが東通工のトランジスタラジオだった。

では、なぜ日本製トランジスタラジオはアメリカで多く売れたのか。東通工や日本の産業界の側だけでなく、別の視点からの議論も紹介しておこう。

高橋雄造はそれが「黒人音楽から始まったロックンロール音楽の流行」と「冷戦構造」の結果だと考える（高橋『ラジオの歴史』）。一九四〇年代までのアメリカで黒人文化は差別の対象であった。それは放送にも反映しており、黒人のラジオ出演は例外的で、黒人向けの番組はネットワーク局には存在していない。第二次世界大戦前に黒人向けの番組を放送していたのはシカゴと南部のローカル局に限られていた。

ところが第二次世界大戦は人口の大量移動と同時に黒人の地位向上を促す。一二〇万人の黒人が南部の農村からデトロイトやロサンゼルスといった大都市に移動し、軍需工場で働いた。都市での黒人と白人の混住が進み、大都市のローカル局はどこも黒人向けの番組作りを意識するようになる。それは同時に白人が広く黒人文化に触れる機会にもなった。黒人音楽はレイスミュージックと蔑称で呼ばれていたが、ラジオで白人が聴くようになってリズム・アンド・ブルース（R&B）と呼ばれるようになる。

特に若者たちはバラードばかりの白人音楽よりもリズムが明確で踊れるR&Bを好んだ。R&Bのレコードが白人にも売れ始めていることを意識したローカルラジオ局のディスクジョッキーたちはそれをラジオでかけるようになるが、音楽ジャンル名をさらにロックンロールと呼び変えた。ロックンロールとは白人向けに言い換えられたR&Bの名称として誕生したのだ。

エルビス・プレスリーと白人至上主義

ディスクジョッキーから転身して一九五二年にサン・レコードを作ったサム・フィリップスは、メジャーなレコード会社に相手にされないR&Bのミュージシャンのために録音スタジオを作った。R&Bには需要がある。しかし黒人の音楽であるために差別意識に阻まれ、一線を超えて大ヒットすることはない。そこで彼は、「黒人のように歌える白人を見つけたら大金持ちになれる」と考え、スカウトしたのがエルビス・プレスリーであった。プレスリーは五三年にサン・レコードから『ザッツ・オール・ライト・ママ』でデビューしている。

腰をくねらせて歌うエルビスの登場はセンセーションを巻き起こし、特に若い女性はその姿に歓声と悲鳴を挙げた。「黒人のいやらしい音楽を歌う白人」は保守的な白人社会からは目の敵とされたが、人気はうなぎのぼりとなる。黒人音楽を嫌っていたRCAはそこに商機を見て、一九五六年にサン・レコードで発売した楽曲の権利も含めてプレスリーをフィリップスから移籍させた。こうしてプレスリーは全米のテレビでのデビューも果たし、ロックンロールは全米に流行することになる。

ロックンロールの誕生とその流行に対する反発は、第二次大戦後の繁栄と冷戦から公民権運動とベトナム戦争に至る米国社会の一面であり、世代間の緊張、差別・隔離の崩壊に対する危機といった米国社会の不安の反映であった。白人の若者が黒人の話し方をまねしたがる理由のひとつは、豊かな米国社会でうわべだけの調和が支配している現実に対する閉塞感であった。第二次大戦後には少年の非行が問題になり、ことに、白人中流階級の男の子が下層階級の文化に「汚染」されることがエスタブリッシュメントにとって恐ろしかった。公民権運動が高揚した一九五〇年代には、ロックンロールは人種差別を壊す脅威であった。米国の南部でも北部でも、ロックンロールは、密林に住む野蛮人の戦闘前のダンスみたいであり、白人のその子どもたちをニグロのレベルに落とすものだとして、攻撃された。（高橋『ラジオの歴史』三〇三頁）

そうした状況のなかでアメリカの若者たちは、白人の大人から嫌われているロックンロールを自由に聴くために、自分専用のラジオを欲した。若者向けの雑誌にはトランジスタラジオの広告が掲載され、一九五〇年代後半にロックンロールだけをかける専門放送局が増えだすと、若者はポータブルラジオを家の外に持ち出し、つるんでロックンロールを聴いた。

トランジスタを発明した一人であるショックレーは「ロックンロールの流行に手を貸すなんてことになるのがわかっていたら、トランジスタを発明しなければよかった」とこぼしたと言われる。

憤慨するショックレー

ショックレーは一九五五年にケリーに退職願を出してベル研究所を離れている。自信家のショックレーは自分が研究を統括する立場に就くべきだと考え、何度となくケリーに人事異動を直訴していたがケリーは協調性の乏しいショックレーの人柄を見抜いており、昇進をかたくなに拒んできた。

業を煮やしたショックレーは少年時代を過ごした西海岸のパロアルトに移り、富裕な起業家であったアーノルド・ベックマンから資金の提供を受けて半導体の研究開発を行う自分の研究所を立ち上げた。この研究所こそパロアルトが後に「シリコンバレー」と呼ばれる源泉となる（相田『電子立国日本の自叙伝』）。

やがてショックレーが経営を差配する研究所はいたるところで機能不全を起こし、所員は次々に辞職してゆく。ケリーの人をみる眼は的確だった。ショックレーに愛想をつかした研究者たちはシリコンバレーのなかに散種されるかのようにそれぞれに新事業を起こしていった。コンピュータ産業の発展に不可欠の大規模集積素子であるLSIや、インターネット技術を支える発見・発明が次々と生み出され、シリコンバレーの名声を世界にとどろかせるようになってゆく。

会社経営がうまく行かないなかで、ショックレーは六三年頃から人類の長期的な繁栄が知性の面で最下層に属する人々の生殖行動によって脅かされていると考えるようになっていた。優良であると信じる自分の精子を人類繁殖用に保存させるなど典型的な優生主義者となったショックレーにとってロックンロールに夢中になるような「知性の劣った」人間に自らが生み出した偉大なるトランジスタが使われることは許せなかった（高橋『ラジオの歴史』三〇七頁）。

もっとも優生主義はショックレーだけのものではなかった。優生主義というとナチスドイツのイメージが強いが実はナチス特有の考えではない。一九〇七年に世界で初めて断種法を制定したのはアメリカのインディアナ州であり、カリフォルニア州がその二年後に後を追っているが、そこでは施設に収用された精神病者が出所する条件として断種を求めたり、両親か後見人の同意があれば「精神遅滞」の人間に断種を行えるとしていた。一九三三年に成立したナチス政権はこうしたアメリカの先行例を範としており、ナチスが断種法を制定したときにアメリカの優生学者たちは賛辞を送っている。

このように優生主義はアメリカで育った思想であった。伝統から断ち切られて新国家を作ったアメリカでは人間の手で社会環境を作り出すことが勧奨される傾向が強く、人間による働きかけを人間の心身に及ばせようとしたのが優生主義だった。そうした傾向は第二次世界大戦後も変わらず、精神障害者に対する強制断種は当然のように行われていた（米本他『優生学と人間社会』）。

ショックレーはそうした文化のなかに生まれ育った。彼が目立ったのはトランジスタの生みの親であり、ノーベル賞受賞者でもある名声を背景に優生主義的言動を繰り広げたからであり、優生学に批判的な風潮が高まる七〇年代に入ってなお優良精子バンク構想にこだわったからに他ならない。

しかし、トランジスタを発明したのはショックレーだったが、トランジスタラジオを本格的に量産したのは日本の電機メーカーだった。アメリカの電機メーカーは、軍事エレクトロニクスの方がずっと儲かるので民生用ラジオの生産に力を入れることはなかった。例外が東通工の鼻先を押さえて世界初のトランジスタラジオ製造メーカーの称号を得ることになるリージェンシー社だったが、そのラジオも核攻撃にあったときに核シェルターのなかで聴く非常用備品と位置づけられており、四〇ドルという高価格で市販されていた。

それに対して日本製のラジオは六石のものでも一四ドル程度で販売され、六ドルの安価なモデルもあった。これならティーンエイジャーにも買える。結果的に若者が手にするのは日本製のラジオであった。

もっとも日本製ラジオがすべて日本のブランドで売られたわけではない。黒人音楽を歌う白人が必要だったように、日本製ラジオもアメリカ製の化粧が必要だった。日本製ラジオの多くはシアーズやモンゴメリーウォードといった大手流通業者のブランドで販売された。特に人気だった日本製のシャツポケットサイズのトランジスタラジオは、七五種類以上のブランドで二〇〇以上のモデルが売られていたという。東通工の盛田がブローバ社のブランドでの販売を持ちかけられて断ったのが、いかに例外的であったかがうかがえる。

6 社名もソニーに

株式上場　五七年九月に東通工はニューヨーク事務所を開設。翌一月にはそれまで商品名として使っていたSONYに社名自体を変えてソニー株式会社とし、その年末には東京証券取引場に株式を上場した。このとき井深は五〇歳になっている。

その時に、単に名前を変えればいいというものではない、と井深ら経営陣に噛み付いたのは五九年に嘱託から正社員へと身分を変更する大賀である。

実際に仕事を始めてみると、商品開発だけでなく、いろいろなところが気になる。一番目障りだったのは「ＳＯＮＹ」のロゴだった。社名変更を受けて、あちこちにロゴが使われるようになっていたが、どうもバランスがよくなかった。

「もっときれいなデザインにしましょうよ」と私が提案すると、盛田さんは「社内のデザイナーを全員集めるから、君がデザイン室長をやって欲しい」とおっしゃる。（大賀『ＳＯＮＹの旋律』六七頁）

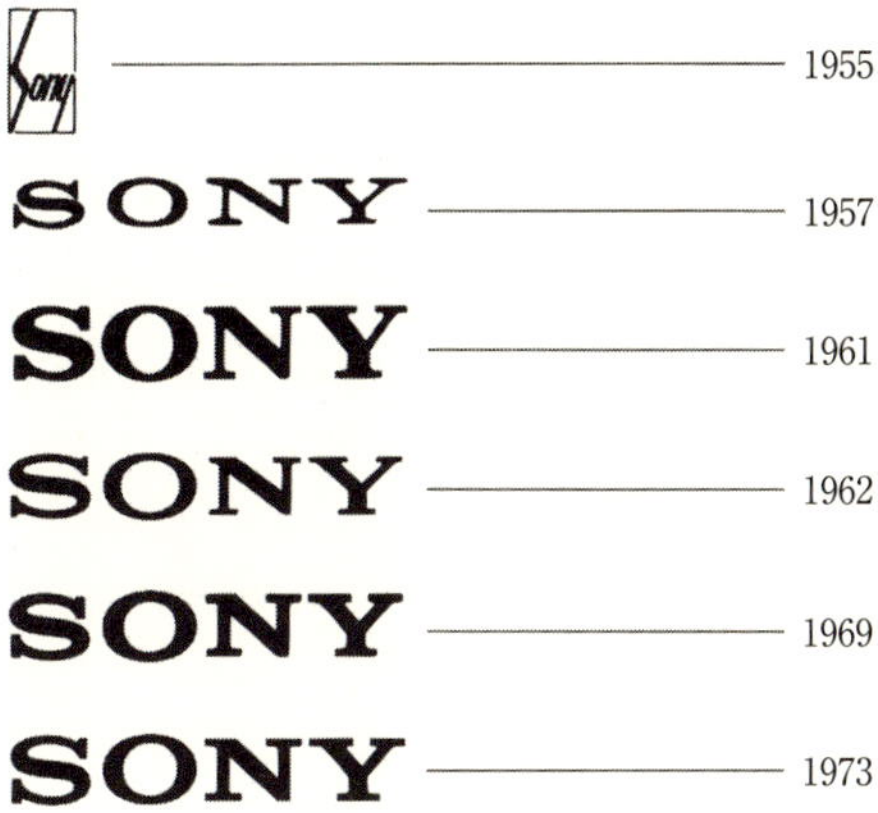

ロゴマークの変遷

藝大出の異色社員だった大賀は音だけでなくデザインにも一家言もった。

最初のＳＯＮＹのロゴは一九五五年に商標登録されているが、大賀はそのＳの文字を少し大きく、Ｙを逆に小さく変えた。普通の大きさで揃えるとフォントの形態によって錯覚が生じ、大きさが不揃いに見えてしまうことを配慮したのだ。

大賀はやがてロゴだけでなく広報宣伝戦略全体も見なおしたほうがいいと考えるようになる。そこで改善案を書いて盛田に相談すると「どうだね、大賀君、来年から宣伝部長もやらないかね」と言われた。

TC-777

日本初のオールトランジスタアンプ内蔵テープレコーダー TC-777。“スリーセブン”が愛称。

さらにひとつ加わった新しい肩書の宣伝部長として大賀が大なたを振るったのは、系列店の店頭に置かれていた「ソニー坊や」こと「アッちゃん人形」を撤去させたことだった。店頭マスコットは漫画家の岡部冬彦の原画を元にして作られ、ファンも多かったので、社内の反対もあったが、大賀は「国際企業にはふさわしくない」と主張して設置をやめさせている。

デザインの統一

ロゴの作成を機会にデザイン室が設置されたことはソニーにとってひとつの画期となる。

それまでデザイナーはそれぞれの商品を企画する部署ごとに配置され、横の連絡は密とはいえなかった。大賀はソニーのロゴマークだけでなく商品デザインにおいても統一感が必要だと考え、デザイン室にデザイナーを集めて議論させた。その結果、音響機器などでは製品の高級感を出すために色使いを抑え、黒、シルバー、グレーの組み合わせを基本とすることが決まった。

こうしたデザイン室の考えを反映させた最初の商品が、大賀が企画から担当し、六一年に販売され、スリーセブンの愛称で評判を呼んだオールトランジスタアンプ内蔵テープレコーダーTC-777だった。当時、放送局用のテープレコーダーはまだ真空管式で、アメリカのアンペックス社の製品をそっくりコピーしたものが主流だったので、大賀はそれをフルトランジスタ化し、三モーター、三ヘッド方式を採用、デザインもオリジナルにあらためようとする。アルミダイキャストで作られたボディはシャープな印象で、操作系はレバー式ではなくボタン式を採用した。大賀はプロ用、アマチュア用と二分するのではなく、中間に位置するセミプロ用の商品に可能性があると考えていた。

　このモデルの成功により仕事が多忙になり、大賀はついに声楽家との二足のわらじを脱ぐ決意をする。六二年一月、東京フィルハーモニー交響楽団の定期演奏会でブラームスの『ドイツ・レクイエム』を歌ったのが、プロ声楽家としての最後の舞台となった。声楽家を諦めた大賀に対して井深、盛田は「きみがそこまでやる気なら、ついでにテープレコーダー全部をみてくれ」と依頼。大賀は第二製造部だけでなく、民生用品担当の第一製造部、工作部も担当することになる。

TFM-110

ソニーらしさをデザインでも追求し，黒と銀で統一したTFM-110。通称ソリッドステートイレブン。

　TC-777と同じコンセプトで作られたFMラジオTFM-110は、TC-777以上によく売れ、ブラックとシルバーの配色デザインをソニーのブランドアイデンティティとして印象づけた。ステレオ・アダプターがオプションで発売されており、それと組み合わせるとシンメトリックになるデザインも洒落ていた。

広告部も以前は子会社のソニー商事のなかにあったが、大賀が宣伝部長となって体制が一新されている。タレントを使わず、あくまでも商品を主役としていた時期のソニーの広告手法は大賀のイニシアティブで決まったものだ。

エサキダイオード　トランジスタ生産の歩留まりの悪さも解消されつつあり、井深は新たに鉄筋四階建ての量産工場を作ってトランジスタ増産をはかっている。月産八〇万個体制は人海戦術だけでなく、生産効率の向上も加わって確実に実現できそうな見込みとなった。

ところが、禍福は糾える縄のごとしとはよくいったもので、その矢先にライン全滅という事態が起きる。ブームの真っ只中でラジオの生産が全面ストップし、東通工創業以来最悪のピンチに落ち込む。

相田洋『電子立国日本の自叙伝』によれば原因は歩留まり向上のキーになったリンの投入量を細かくコントロールできないことにあったという。リンは非常に不安定な物質であり、空気中ではすぐに蒸発してしまうので、高熱炉のなかで落下する途中で消滅する。そこで何か他の物質と結合させて合金の状態で用いざるをえない。塚本はスズと合金化して投入していたが、それでもリンの量が一定にならなかった。これくらいでどうかと思って投入したらリンが過剰となってpn接合が破壊されてしまったらしい。

その現象が全ラインに及んだのですべてが止まってしまったのだ。技術陣は絶体絶命の淵にたたされた。独自製法にはやはり無理がある、ＲＣＡの特許を使ったほうが無難ではないのかとまで言われたが、塚本らはスズではなく、インジウムとリンを合金にする方法を思いつく。リンとスズの合金ではスズの比重が大き過ぎ、質量を測ってもリンの量が正確に割り出せず、投入量が一定しなかった。その点、インジウムはリンと比重が近く、両者を1対1で反応させれば、インジウムの重さを測ることでリンの量が制御できる。インジウムは結晶化の工程ではじき出されるのでリンだけが結晶に含まれることになる。この製法改良は見事に当たり、高周波特性のよいトランジスタが歩留まり九〇数％で出来るようになった。

さらに、この試練を乗り越えた過程には意外な副産物ももたらされた。不良品がリンの量によるとわかった塚本はどこまでリンが入れられるか限界を調べることにした。その実験を担当したのが神戸工業から転職してきていた江崎玲於奈だった。あるリン濃度になるとそれまでとは逆の方向に電流が流れることに気づいた江崎は、そこでは電子が接合の壁を通り抜けているのだと考えた。これが「トンネル効果」の発見であり、電子は粒子としての振る舞いと同時に波動性を備えるという量子力学の仮説を支持する現象だとみなされた。江崎はこの実験結果から研究を発展させ、トンネル効果を利用して反応速度を高めたエサキダイオードを開発、これによって後にノーベル物理学賞を受賞することになる。

モルモット

アメリカでも成功しなかったグローン型トランジスタの実用化と量産に独創的な技術開発で成功した井深が自分たちのやり方に自信を持つのも当然だった。

日本人は発明の価値を高く見すぎているんじゃないか。たしかにトランジスタを発明したのはアメリカだが、それを使いこなしたのはうちなんです。もとになる発明も、何も手を加えなければ単なる発明の域を出ないわけ。だから私は、みんなにこういっている。かりに研究者が発明にかける努力のウェイトを一とすると、それが使えるか使えないかを見分けるのに一〇のウェイトがいる。さらにそれを実用化にもってゆくには一〇〇のウェイトがいるとね。このことを誰も知らない。日本の科学技術政策がそうだし、学者もそうだ。何か一ついいものを見つけられたらそれで日本は繁栄すると思っている。これじゃいつまでたっても日本の技術は進歩しませんよ。（中川『創造の人生井深大』一六五－一六六頁）

発明少年として知られていた井深だが、ここでは逆に発明に過度の重きを置く姿勢に否定的だ。この時期になるとトランジスタがソニーの代名詞になっていたが、そこでは理論的発明よりも工作を含んだ技術開発の独創性を重視しようとしている。それはそれで「井深らしさ」は一貫しているともいえる。

ただ、トランジスタが市井の発明家によってゼロから作り出せるものでなかった事実は重要だ。トランジスタそのものはアメリカの発明だ。電線をはんだ付けしてドンブリで鳴らした井深の少年時代の発明と異なり、ベル研究所のような大組織のなかで大規模な実験部隊、試作部隊を率いなければ発明はできなくなっていた。井深の発言は「発明」がもはや昔ながらの牧歌的なものではなくなっていることを示してもいる。その事実は井深の心を深いところで揺さぶっていたのではないか。「我が心、石にあらず」は詩経の一節で、心のわだかまりは石を転がすように簡単には晴れないという意味だ。高橋和巳が小説の題に引いているが、トランジスタを数える単位に「石」を当てつつ、そこに自分が拒まれる感覚を覚えていただろう井深の心情もまたそんな言葉で示されるものだったのかもしれない。

そんな井深の心情にさらに冷水を浴びせたのが評論家の大宅壮一だった。『週刊朝日』連載の「日本の企業」で大宅はこう書いたのだ。

トランジスタでは、ソニーがトップであったが、現在ではここでも東芝がトップにたち、生産高はソニーの二倍近くに達している。つまり、もうかるとわかれば必要な資金をどしどし投じられるところに東芝の強みがあるわけで、何のことはない、ソニーは東芝のためにモルモット的役割を果たしたことになる。

実用化で先鞭をつけることの重要さを井深は強調したが、大宅はそれでは大企業が進出してくるまでの露払いの役割しか果たせない、うまくゆくかどうかを確かめる実験動物としてのモルモットにしかなれないと書いた。大宅はトランジスタのことはわからないのでグローン型が何か、量産化にいかにオリジナリティがあったかもわからず、ただ生産数のことのみを指摘しているのだが、それでもこの記事がソニーの面々のプライドを傷つけたことは疑い得ない。

欧州外遊中だった井深も、帰国後に問題の記事が載っている『週刊朝日』五八年八月一七日号を読んだ。もちろん憤慨したが、やがて「モルモット、結構じゃないか」と開き直った。「モルモット」という言葉を「先駆者」「開拓者」と置き換えてしまえばいいと考えたのだ。そして社外には「小社は業界のモルモットたらんとしております。すなわち先駆者、開拓者をもって任じております」と積極的にＰＲし始めた（中川『創造の人生　井深大』）。「元」発明少年の経営者が起こした会社なのだから大企業のやることはしないというのが井深のモットーとなっていた。

第六章　映像と権利のビジネス

1　シリコントランジスタ

井深は大企業には真似のできない、次なるミッションを指令する。テレビ用シリコントランジスタの開発であった。

ゲルマニウムよりもシリコン

ゲルマニウム製のトランジスタは熱に弱く、映像機器用には使えないことを井深は実験を通じて知っていた。もしゲルマニウムの代わりにシリコンを使えば熱にも強いし、信頼性が高くなることが関係者の間では知られていた。ベル研究所では最初から半導体材料としてゲルマニウムとシリコンをリストアップしており、最初に製造できたのはゲルマニウムを用いたトランジスタだったが、シリコンのほうが特性的に優れている。そこでゲルマニウム半導体の実験を最初に成功させたブラッテンはすぐにシリコンの利用にも挑戦したが、そのときには成功しなかった。シリコンの純度を高めるのが難しく、他にも何人もの研究者が挑戦したが、結果を出せなかった。

　ベル研究所の中でも諦めムードが漂い始めていた一九五二年、挑戦に名乗り出たのがまだ研究所に所属していた頃のショックレーだった。ショックレーはプリンストン大学出身の同僚化学者モリス・タネンバウムと組んでアメリカのデュポン社が軍事用に研究開発していた純度ナイン・ナイン（〇・九九九九九九九九。つまり〇・〇〇〇〇〇〇〇一のきわめて低い比率でしか不純物を含んでいない）のシリコン単結晶を用い、数ヶ月かけて最初のシリコン・トランジスタを作り上げている。しかし、これも製造が困難で量産できるまでには時間が必要だった。

　ソニーでもアメリカ滞在中の江崎に頼んでデュポン社製の高純度シリコンを入手し、実験をしたことがあったが、当時シリコン単結晶は一グラムで三四〇〇円もした。これでトランジスタを作れば一石数万円になってしまう。しかしそれでも井深はシリコントランジスタを作ろうという。井深は地球レベルで考えればシリコンは埋蔵量が多く、本来であればゲルマニウムよりもはるかに経済性が高い物質であることを知っていた。特に日本の場合、国内資源が使えることが魅力だった。

　実はテレビ用の需要が出る以前からトランジスタ用材料の本命はシリコンだと井深は考えており、五五年か五六年に東通工の相談役だった田島道治の紹介でチッソ電子化学の前田一博（のちに社長）がゲルマニウムの生産にチッソ製の塩素が使えないかと相談に来たときに「これからはシリコンの時代です。シリコンをおやりなさい」といち早くアドバイスしていたという（中川『ドキュメント日本の半導体開発』）。とはいえ井深にしてみればシリコン生産まで自社ですべてまかなうのはさすがに荷が重いと思っており、どこか優れた日本のメーカーと手を組みたいと考えていた。チッソ電子化学は、まさに渡りに船とばかり井深の前に現れたのだ。

前田がシリコンの結晶作りを始めたことを見届け、「次はシリコントランジスタを開発する」と宣言した井深は、社内での調整後、岩間にチッソ電子化学との共同研究を指示した。実際に開発をまかされたのは結晶担当グループを率いてグローン型トランジスタの改良を成し遂げたばかりの塚本哲男だった。ソニーとチッソ電子化学の共同研究が開始されたのは五八年一月。岩間は「結晶づくりに必要なノウハウはチッソ電子化学にすべて与えてよい」と塚本に言う（中川『創造の人生　井深大』）。素材の安定供給体制をいち早くチッソ電子化学に取らせる必要があった。

塚本をリーダーとするグループは、自分たちでもアメリカから輸入した多結晶シリコンを用いて高純度の単結晶引き上げを可能とする技術開発に当たり、独自の評価装置、測定装置も作りあげて、その成果もチッソ電子化学にフィードバックする緻密な協力体制を打ち立てていた。

チッソ電子化学からの単結晶シリコンの供給が可能になったのは五八年六月。それを使って塚本らはいよいよ大出力のトランジスタの試作に着手する。テレビを作るには水平偏向用、映像出力用、チューナー用など一〇種類以上のトランジスタを新しく作らなければならなかった。

テレビもトランジスタ化

なかなか向上しない歩留まりに悩まされながらどうにか実用に耐えるシリコントランジスタを作り上げたソニーはトランジスタテレビの開発に着手し、八インチの白黒テレビTV8-301が六〇年五月に発売される。ブラウン管時代のテレビらしく奥行きの長いデ

TV8-301
テレビ用トランジスタの熱対策に苦労させられた。

ザインで、縦方向に取っ手がついた四隅の丸いボディの中にシリコンとゲルマニウムのトランジスタが二三石使われており、半導体テレビとして画期的だった。広告コピーでは「ニッポンの誇りがまたひとつ！」と謳われた。

しかし市場での評判は芳しくなかった。まだ価格は高かったし、画質が真空管式に見劣りした。おまけに故障も少なくなかった。トランジスタ方式のテレビでは、トランジスタの効率が悪いと熱を余計に出すのでロスも多く（電流を増やすためにさらに発熱量が増える）なることを八インチのテレビを作って学んだ。より小型化するにはトランジスタも小型にして、しかも高効率のトランジスタを作らなくてはならない。

そう考えていた矢先に塚本はアメリカの専門誌『エレクトリック・ニュース』を読んでいてベル研究所がエピタキシャルトランジスタの開発に成功したと伝えるニュース記事を発見した。光明が射すように感じられた。エピタキシャルとは「気相成長」。半導体単結晶を一〇〇〇度前後に加熱したところに添加物を含んだガスを流し、単結晶上に新たな単結晶を生成させる。このエピタキシャル技術をうまく利用すればテレビ用シリコントランジスタの問題解決に繋がるかもしれない。

さらに文献を探し、ロシア語の翻訳者を苦労して見つけてきて戦前のソ連で発行された本まで読んだ。こうして三ヶ月でエピタキシャル技術を何とかマスターした塚本は、六一年には大出力のエピタキシャルシリコントランジスタの試作に成功する（中川『ドキュメント日本の半導体開発』）。

このときも最初にエピタキシャルトランジスタを作っていたのはベル研究所である。普通の会社であれば契約を結んで生産方法を教えてもらい、同じものを作っただろう。しかしソニーは違っていた。塚本はベル研究所のやり方にヒントは貰ったが、自分たちで新しいノウハウを作り上げている。

ちなみに後にベル研究所を塚本が訪ねたとき、ソニーの新しいテレビ用トランジスタと製造装置の写真を見せると、研究所のスタッフは「自分たちも今同じようなものを作ろうと苦労している最中だ。それなのに君たちはこんないいものをつくっている。どうやって作ったのか、教えてくれ」と懇願されたという。ここにも理論の発見で終わらず、実用品を作れるレベルまで技術を育むことを得意とするソニーらしさが見て取れる。その過程で幾つもの小さな発明が重ねられ、独創的な製品を生み出す。発明家・井深が産み育てたソニーは、まさに発明家的企業だった。

新しいシリコントランジスタ生産の目処が立つと新型トランジスタテレビ開発のプロジェクトが開始された。目標は五インチの超小型テレビ。外向けには大型の一七インチテレビを開発しているように思わせる偽の開発コードを示す、スパイ映画のような秘密体制で開発は進められ、六一年一一月には何台かのプロトタイプが作られた。新五インチテレビの試作品は井深をはじめ、主だった幹部に預けられ、正月休みを使ってテストされる。休み明けに感想を聞くと「夜はちゃんと映るが、朝スイッチを入れると同期が崩れる。これじゃダメだ」といわれた。

TV8-301は熱で同期が崩れたから、開発陣が気にしていたのはトランジスタの高温対策だった。しかし高温ばかり気にしていて逆に低温対策を忘れていた。これも原因がわかれば対策は可能で、六二年四月、世界初の五インチのマイクロテレビTV5-303が発売される。「クルマに載せられるテレビ」というのが宣伝文句で、外装は板金によるモノコック製、301から一転してスクエアなデザインのボディで、片手操作を想定して操作系やアンテナを右側前面に集中させた。

中央研究所の設置

六一年にはソニー中央研究所も開設されている。横浜市保土ヶ谷区の横浜新道沿いの高台に八五〇〇坪の土地を入手して作られた研究所の初代所長としてまず白羽の矢が立てられたのは東北大学を退官する渡辺寧だった。しかし井深が直接、仙台に赴いて打診するが断られる。欲しい人材を必ず獲得してきた井深にとっては痛恨事だった。

代案を持ってきたのは江崎玲於奈であった。江崎は工業技術院電気試験所の物理部長であった鳩山道夫を推薦した。井深が鳩山に会ったのは江崎の結婚披露宴の席だった。井深は「好きな基礎研究をやってよい」と言う（中川『創造の人生　井深大』）。かつての理化学研究所のような自由な研究環境を作りたいという夢があった鳩山はその依頼を受ける。

しかし鳩山にしてみると意外な展開もあった。自分がソニーにゆけば一緒に研究ができると期待していた江崎が一足先にIBMの研究所に移ってしまったのだ。江崎はトンネルダイオードを作ってからコンピュータ用の素子を開発したいと考えていた。しかし井深はコンピュータに手を出すつもりはなく、話は平行線のままだった。そんな時期に誘いを受けて江崎はソニーを離れる決意をした。コンピュータに手を出すつもりはないと頑として譲らない井深の考えは、後に鳩山との間でも不協和音を響かせることになる。

この時期にソニーだけでなく、日本の電機メーカーの多くが研究所を設立している。東芝が総工費三〇億円をかけて中央研究所を設置し、日立、三菱電機、三洋電機も後を追った。

かつてゼネラル・エレクトリックがスケネクタディ研究所を作った目的のなかには、開発中の秘密を厳重に守り、開発成功後にはすみやかに特許を申請し、その権利を企業が独占できるようにすることが含まれていたことはすでに記した。ベル研究所も同じでトランジスタの発明者たちに給与以外には一ドルの報酬しか払わなかった。秘密保持などについては日本でも同じ要請があったし、半導体が主要部品になると、もはや一匹狼的な発明家では手に負えない。ひとつのプロジェクトの下に多くの研究者を動員し、大規模な半導体素子製造装置を試作しつつ、実験と検証に携わらせるためにAT&Tがベル研究所を作った道を急ぎ追い上げなければならない事情が日本の研究所設置ブームの背景にはあった。ソニー中央研究所は井深の発案であり、独創的な発明を積み上げて他社との差を拡げようとする発想の産物だったが、それは同時に井深的な、ひとりで革新的なものを作ろうとする発明家スタイルが時代遅れになりつつあることの反映でもあった。

マイクロテレビTV5-303には名誉あるエピソードがひとつある。

六二年二月一九日に天皇と皇后がソニーの工場を見学することが決まった。ソニーが皇族を迎えるのは初めてではなかったが、天皇、皇后が揃ってお出ましとなるとさすがに事情が異なる。見学だけでなく沿道の警備を含めて分刻みのスケジュールが立てられた。社内の先導は井深が天皇を、盛田が皇后を担当することが決まった。

予定日の直前に皇后が風邪をひかれたため、来社が実現したのは一ヶ月後の三月下旬となった。この延期が幸いしたことがあった。貴賓室で休憩中の二人に井深は〝マイクロテレビ〟TV5-303の試作品を見せることができたのだ。「これはまだ世の中に出ていませんから」と井深が口止めしたことが一部週刊誌で報道され、四月に実際に発売が始まる前の格好の宣伝材料になった（中川『創造の人生　井深大』）。

2　クロマトロン

カラーテレビへ

さらにもうひとつ井深は開発中の機器を見せている。それは従来のブラウン管に代えてクロマトロン管を使った新しいカラーテレビだった。

シリコントランジスタと格闘していたためソニーはカラーテレビ開発では他社に後れを取っていた。何とか挽回したいのだが、そこでもソニーらしい独自技術を採用したい。水心あれば魚心とでもいうのだろうか、六一年二月にニューヨークで開催されていたＩＲＥショーに視察に出かけた木原と盛田は他とは明らかに違う映像を映しているディスプレイを発見する。それはオートメトリック社が出展していたディスプレイで、明るさにおいて群を抜いていたのだ。さっそく盛田はオートメトリック社と連絡をとって話を聞きにいった。するとそのディスプレイに使われていたのはクロマトロン管と呼ばれる新しいデバイスで、サイクロトロンの発明でノーベル賞を受賞したカリフォルニア大学教授のアーネスト・ローレンスが発明したものだという。特許使用権は映画会社のパラマウント社が持っており、オートメトリック社は許諾をうけて軍用機用の敵味方識別装置のディスプレイを開発したのだという。

盛田はその技術を民生用テレビにも使えないかと考えた。当時のカラーテレビはＲＣＡが開発したシャドウマスクと三電子銃カラー受像機を組み合わせたブラウン管を使うというのが定石だった。しかしそのブラウン管は価格が高いし、調整が難しく、故障も多い。カラーテレビ本来の色がでにくいという難点もあった。そのせいで井深も「うちがカラーテレビをやるときにはこのブラウン管は使いたくないな」と常々話していた。

そんな経緯があったために盛田はオートメトリック社のディスプレイに飛びつき、技術援助契約を結ぶことになる。井深もそれに同調した。

しかし社内にはそこに危うさを感じている者もいた。かつてのハム仲間で、ＮＨＫ入局後は何かと後輩井深の事業を助けてきた島茂雄だ。島はＮＨＫ放送技術研究所長を務めた後、六一年に専務としてソニーに招かれている。

六一年一〇月、つまり島がソニーに入ってまだ二ヶ月しかたっていないときに開催された経営会議で島と井深が論争をする。島谷『人間　井深大』が、会議に出席した四元徹郎（業務部業務課長・当時）から聞き取った様子を書き留めている。

井深「クロマトロンをやりたい」

島「クロマトロンは確かに色が鮮明だが、もともと軍事用に作られたものでコストが高くつく、民生用には不向きだ。高価格のカラーテレビが売れるとは思えない」

井深「他社の後塵を拝してRCAのシャドーマスク方式をやるのは、どうしても気乗りがしない」

島「クロマトロンは技術的にも未解決な点が残されている。賛成しかねる」

井深「ソニーはいままで、他人のやらないことをやってきた。未解決のものがあれば、ソニーで解決してやればいい」

島「ソニーで解決しても、安く作ることは不可能だろう」

井深「やってみなければわからない。自分が全責任を持つ。クロマトロンをやろう」

こうしてクロマトロン開発は不安含みでスタートした。まとめ役をまかされたのは当時の技術課長の吉田進だった。まずはローレンス教授の考案した設計理論に基づいて試作機を作ってみた。天皇・

皇后に見せたのはこれだった。

しかし、そこから市販化までは遠い道のりだった。クロマトロン方式は〇・一ミリのステンレス線を一ミリごとにすだれ状に張ったグリッドを途中に挟み、狙った蛍光体に電子を命中させるという仕組みだった。細い穴を通すシャドウマスク方式では遮られる電子が多いために明るさが出ないのに対して、クロマトロンは電子の通過率が高いので明るくなる。しかし〇・一ミリのステンレス線どうしの間に電圧をかけたグリッドで一本の電子銃から発射された電子ビームを三色に分けるため、電圧によって電子ビームが曲がって狙いが外れてしまいがちとなる。そうすると輝度と画像の鮮明さを両立させられない。色彩の安定性確保も至難のわざだった。開発陣は何度も何度も試行錯誤を繰り返したがうまくゆかず、クロマトロンならぬ「苦労マトロン」と社内で揶揄される始末だった（井深『自由闊達にして愉快なる』）。

当初予定した開発資金はたちまち底をついた。六四年には単電子銃のクロマトロン受像機を作り、九月に報道機関に公開しているが、画質に問題があり、その後の開発は見送られた。六五年春には、三電子銃方式のクロマトロン管を作ることで何とか期待の水準をクリアし、六月にはそれを組み込んだカラーテレビを発売できた。しかしこの一九インチのクロマトロンカラーテレビの販売価格は相場を意識して一台一九万八〇〇〇円とされたが、製造原価は四五万円以上かかっていた。島が懸念したように問題は解決できたが安く作ることは不可能だった。

〝鳴かず飛ばず〟であればまだましだった、というのは妙な表現だが、クロマトロンはなまじ性能

クロマトロンカラーテレビ
クロマトロンの開発に苦しめられ，「苦労マトロン」と揶揄された。

がよかったために一定程度の人気を得ていた。もしもカラーテレビ市場が普及した後に出た商品であれば、高性能テレビとして高価格での販売もできただろう。しかし市場の成長期で各メーカーがいち早く自社製品のシェアを高めようと争っている段階では、高付加価値・高価格路線は選べなかった。買う方はそんな台所事情を知るよしもなく、一台生産するごとにメーカー側に赤字がかさんでいることなどお構いなしだ。トランジスタ生産のときには未知の部分が多かったので、やがて製造コストが安くなると期待できた。だから歩留まりがたった五%でも生産に青信号を灯した。しかしクロマトロンに関しては売れば売るほど損害が拡大することが必定である。

これには井深もさすがに弱音を吐く。「毎日々々、一台について何十万円も損を出しているわけですから、クロマトロンからなんとか一日も早く抜けださなければならない、という気持ちでいっぱいでした。本当にワラにもすがる思いでした、一時は、シャッポを脱いで、シャドー・マスクの軍門にくだろうかと思ったこともありました」（井深「インタビュー：小島」『井深大の世界』一五六－一五七頁）。

結局、クロマトロン方式のテレビは二年ほどの間に一万三〇〇〇台を作っただけで製造を中止した。

この時期に井深を苦しめていたのはクロマトロンだけではなかった。五七年頃から妻・勢喜子とは別居するようになっていた。『創造への旅』（九四 - 九五頁）には次のように書かれている。

離婚と再婚

結婚は本人より、むしろ父親の前田に惚れ込んでしたものといっていいかも知れない。無責任といってしまえばまったくその通りだが、娘さんのことはあまり考えもしなかった。将来的に彼女がどのような考えを持ち、現実的な結婚生活に対しての意見など、互いに確認することもなかった。だからかも知れないが、これは彼女にとっても私にとってもふさわしくない結婚であったかも知れない。

彼女は絵を描くのが大好きで、芸術家タイプの女性であった、家事とか育児とかはあまりやらない家庭夫人の域に収まりきれない人であった。そのようなことに、私を含めて仕事に携わる男性は、なかなか満足できるものではない。家庭生活に対する不満は、仕事の忙しさとともに積み重なっていったように思う。

井深はついに離婚を決意する。再婚したいと思う女性が現れたことが決断を後押しした。相手は黒沢淑子といって井深の初恋の人だった。井深の母さわとは肌のあわなかった祖父・基の後妻が淑子の大叔母にあたっており、井深家と黒沢家は遠縁の親戚関係にあった。小林峻一『ソニーを創った男井深大』によれば二人が初めて出会ったのは淑子が札幌の北星学園に、井深が神戸一中に在学していた時期だ。淑子もまた熱心なクリスチャンであり、彼女との出会いが井深をキリスト教に近づけたのではないかと推測される。井深が高校受験の際に北海道大学予科を志望していたのも淑子の近くにゆきたいという思いがあったのかもしれない。母さわも「あなたはあの人をお嫁さんにすれば、きっとうまくゆく」と言っていたという。しかしすでに記したように井深は北大予科の受験に失敗して早稲田に進み、淑子も父親が死んだことで生活環境が一変し、別の人と結婚することになる。

そんな二人が再会したのは戦後になってから。淑子に井深が誘いの手紙を書いたことがきっかけになった。「会社がステレオを作ったので聞きにこないか」。人間の聴く力の不思議を井深に感じさせたステレオ研究は、もうひとつ人間的なあまりにも人間的な行動を彼に決意させていたのだ。

淑子は結婚相手の姑との折り合いがわるく、結局、協議離婚して独り身に戻った。井深の紹介でPCLに職を得て、東京で暮らしていた。井深も同じ頃、勢喜子と別居状態になる。淑子と再婚したいと考えた井深は勢喜子との離婚を考えるが、なかなか話がまとまらない。

「どうしても離婚を承諾してくれない。いくら家庭生活がうまくいっていないからといって、好きな人ができたから離婚して欲しいというのも無理な話かもしれないが、私としては辛い日々だった」（井深『創造への旅』一六二頁）。

勢喜子が恩人・前田多聞の娘であり、縁を結んでくれたのが父親代わりの野村胡堂だったことも井深の気を重くしていた。だが前田は一九六二年に、野村胡堂もその翌年に亡くなった。事情を理解して前田家側で間に入ってくれる人が現れ、「ステレオを聞きに来ないか」と記した手紙から一三年目の六五年、ようやく協議離婚が成立して井深は再婚に漕ぎ着けている。井深は五八歳、淑子は五二歳となっていた。

3　トリニトロン

現場に復帰する井深

プライベートで大きな心の重荷を下ろせた井深は、テレビ開発についても決断を下す。

「ここでクロマトロンにこだわっていたら、いつまでたっても先へすすめない。だから、この際、クロマトロンに変わる新しい方式をさぐってみようじゃないか。ぼくにはそれが最善の策だと思う。その代わり、こんどはぼく自身が陣頭指揮をとるつもりだ」（中川『創造の人生　井深大』二一七頁）。

全責任をとると島の前で大見得を切って始めたプロジェクトなのだから、それがうまくゆかずに軌道修正するにいたっても自分が全責任をとる。それは開発の現場に自分が入るということだった。

井深はもとから工場の雰囲気が大好きだった。発明に明け暮れた頃のもの作りの楽しさを思い出すのだろう。この時期の井深は財界人としての活動が増えてなかなか工場を見て回れない。それが本人にとってストレスになっていた。その意味で新テレビ開発の陣頭指揮を執れたのは本人にしてみれば不幸中の幸いだった。開発部隊の面々とああでもないこうでもないと議論して、まさに設立趣意書にあった「自由闊達にして愉快なる理想工場」を地でゆく雰囲気に浸った。若き日の情熱が蘇る実感があった。

クロマトロンの失敗で意気消沈していた開発陣にも活気が戻ってきた。そんな時期に渡米しゼネラル・エレクトリックと情報交換をした吉田は、同社がRCAのシャドウマスクに対抗して電子銃を水平配列した「ポルトカラー」と呼ぶ方式のブラウン管を開発していることを知る。

吉田はその発想にインスパイアされ、電子銃をひとつにし、電子ビームを水平配列で射出することが出来ないかと思いつく。クロマトロンの単電子銃、複電子ビーム方式の性能が上がらなかったのは、レンズを通過する三つの電子ビームの位置が離れすぎていたため。ビームを接近させられればその問題は解決するのだが、そのために作った三電子銃方式のクロマトロンは部品数が多くてまだまだ高コストだった。吉田はさっそく電子銃をひとつにし、電子ビームを水平配列させて射出実験をしてみると好ましい結果が出た。井深もクロマトロンで五年間苦労させられてきたので、思わず「これは筋が良さそうだ。これでやってみるか！」と声をあげていた（中川『創造の人生　井深大』一二〇頁）。

三位一体の名のブラウン管

新型電子銃の開発は順調に進み、六六年暮れには原型が作られる。電子ビームの色選別機構の開発はやっかいだったが、開発陣はあえてシャドウ・マスクに頼らず、グリッドは残すが電圧を掛けないアパーチャーグリル方式を採用した。期待通りの明るさが得られない問題もあったが、RCAの技術を借りずに独自技術を追求したい気持ちもあった。

井深も毎日のように研究室に顔を出し、助言や激励を繰り返した。アパーチャーグリル方式を採用しているのでクロマトロンと同じくステンレス線をすだれ状に張ったグリッドを途中に挟み込むのだが、そのやり方だと電車の吊革と同じで、固有の振動数で揺れてしまう。中央はまだましだったが、両端部の揺れは大きく、画像が乱れた。困り果てた開発陣を前に井深は「よし、俺が解決してあげるから、タングステン線を持ってきなさい」という。タングステン線を手にするとすだれと平行にそれを張って揺れを止めた（木原『井深さんの夢を叶えてあげた』）。要するにタングステンをダンパーとして使うのだ。思いついてみれば簡単だが、誰も思いつかなかった。そこに井深の独創が生きた。トランジスタ全盛の時代の電気製品に発明家の才能が活かされる場所がまだかろうじて残されていた。

KV-1310
ソニー独自のトリニトロン技術を採用したKV-1310。

最後の難関だったブラウン管のガラスバルブも完成。六七年一〇月一五日に徹夜で組み立てが行われ、翌日の午前中、新しいブラウン管が完成した。

翌年の春、水平配列の電子銃とアパーチャーグリル、ガラスバルブを配した新ブラウン管を使った第一号の一三インチカラー受像機が完成した。知らせを聞いて駆けつけた井深は、懸念していた画面の明るさの問題も解決されたことを知って息を飲んだ。一瞬、間を置いてから「よく頑張った。ご苦労さんでした」と声をかけた。もっと言いたいことはあったのだが、胸が詰まって言葉にならなかった。

完成したカラーテレビKV-1310は「トリニトロン」と命名された。キリスト教のトリニティ（父と子と聖霊の三位一体）とエレクトロン（電子）の合成語だった。名付け親はクリスチャンの井深に他ならなかった。井深の人生を象徴するネーミングだった。

トリニトロンの製品発表会は六八年四月一五日。壇上に上がった井深は「発売は一〇月中、年内に一万台の量産を行う」と述べた。吉田たちはあっと声をあげた。やっと一〇台の試作機ができたばかりなのに、年内に一万台の量産を公約してしまう。井深はそんな経営者だった。

4 ビデオレコーダー

音が記録できるなら映像も

テレビの研究開発に関しては一気にトリニトロンにまで筆を進めてしまったが、音声を記録するテープレコーダー技術の延長上に位置づけられる映像記録装置に関しても並行して開発に取り組んでいた。

ソニーがビデオテープレコーダー（VTR）に着手したのは実は早い。テープレコーダーを作っていたので連想が働いた。テレビの本放送が始まったとき、これからは放送映像を記録する時代が来ると考えて、早くも木原はVTRの開発を思い立っている。白黒の固定ヘッド方式で、オーディオ用磁気テープを使う試作機は一九五三年にはできていた。この試作機はエリザベス・テーラーの絵を映し出したという。

とはいえ、この試作機を見た人はソニーのなかでもほとんどいない。木原が一人で研究開発に関わり、誰にも言わずに作業していたからだ。中川が『ドキュメント日本の磁気記録開発』で木原の証言を記録している。「私はむかしから、ものを考えているときには、誰にも手の内を明かさないようにしている。下手に口外すると、雑音が入ってやりにくくなりますからね。それに私は、必ずモノになるというものしか手をつけない。最初のＶＴＲのときも自信があったからいわなかったんですよ」（『ドキュメント日本の磁気記録開発』一一六頁）。

以下、中川の著作に従って開発の経緯を再現してみる。試作機は一応出来るにはできたが、音声にくらべて莫大な情報量を記録するＶＴＲとしては、モノクロ用であっても限界があることがわかった。そこで木原はまったく新しい記録方式を開発する必要性を感じ、研究開発助成を通産省に申請をしている。固定ヘッドではなく、ヘッド自体を高速回転させる回転ヘッド方式、テープ上をヘッドが螺旋形に動きながら記録再生するヘリカルスキャン方式、映像信号を複数の帯域に分割する方式などさまざまな方式を比較検討したかったのだ。しかし、助成申請は却下される。時期尚早だというのが理由だったが、トランジスタの技術提携に関するＷＥとの契約をめぐって東通工と通産省がもめていた渦中の時期だったことも影響していたのかもしれない。このため木原はＶＴＲ開発の手をいったん休め、トランジスタラジオの開発に注力した。

その後、木原が再びＶＴＲを意識したのはアンペックス社が放送用ＶＴＲの試作に成功したと聞いたときだった。しかし当時はラジオ、テレビの開発が多忙ですぐにVTRに戻ることは出来なかった。

巨人アンペックスを迎えて

一九五八年、アンペックスのVTRの実機が輸入され、NHK、大阪テレビなどが購入して相撲やドラマの録画に使い始めている。輸入価格は一台二五〇〇万円もした。それでも開局ラッシュで熾烈な視聴率競争に臨んでいた放送局は競ってそれを導入しようとした。

この動きに対して、通産省は遅ればせながらVTRの国産化を進めようとし、助成金を出して各社の開発を支援した。東通工は五八年六月に補助金を申請し、四ヶ月後の一〇月にはアンペックスタイプの試作機を完成させる。二インチ幅のテープを用い、テープ速度は毎秒三八センチ、四個のヘッドを使い、毎分一万四〇〇〇回転させる。画質は二五〇〇万円のアンペックス社製とくらべても遜色なかった。木原がすでに開発に着手していた経験があり、技術的蓄積があったことが大きかった。

二ヶ月遅れてNHK放送技術研究所も試作機を完成させる。こちらは松下電器の協力を得て磁気ヘッドの開発をした。その後、東芝がワンヘッドのヘリカルスキャン方式のVTR試作機を出してくる。このようにVTRのヘッドについては各社多様な取り組みをしていたが、やがて二ヘッド・ヘリカルスキャン方式が優れているという認識に落ち着き、各社がそれぞれに特許を申請しようとした。

その申請日は象徴的だった。日本ビクターの高柳健次郎が五九年一〇月九日、一週間遅れて松下電器、さらに数日遅れてソニーの木原だった。永井特許のおかげで長くソニーの独壇場となっていたテープレコーダーと異なり、VTRの場合、各社がほぼ同じスタートラインから開発を始めていた。そして先陣争いを僅差で制したのは日本ビクターであった。

抜け駆けするソニー

しかし実際の開発競争になるとソニーは見えないところで先手を打っていた。四ヘッドの試作モデルに続いて基本特許取得では後れを取った二ヘッド回転方式の試作機を完成させた六〇年一月、アンペックス社から技術提携の申し出があったのだ。翌月にはアンペックス社の研究部長、ＶＴＲ部長らがソニーを訪ね、七月九日には共同研究を前提にした技術援助契約が締結されている。そこには特許権の相互無償許諾契約も含まれており、ソニーは自社のトランジスタ関連技術を提供する代わりにアンペックス社のＶＴＲのノウハウを公開してもらえることになっていた。

ソニーには美味しい話だったが、これは他社にしてみれば抜け駆けもいいところだった。実はアンペックス社は五九年秋に日本でＶＴＲの基本特許取得を申請すると予告している。これが認められれば、日本企業がＶＴＲを作るたびに特許料をアンペックス社に払わなければならなくなってしまう。メーカーは頭を抱えたが、団結して困難に立ち向かおうということになってＶＴＲ懇談会を足場に対抗策を練っていた。そしてアンペックス社に逆攻勢をかけられる国内特許を探し、回転ヘッドの基本になる「望月特許」とＦＭ録音方式の基本になる「森村・田中特許」を見つけ、これをアンペックス社にぶつけようとした。

ところが、このＶＴＲ懇談会のメンバーであり、アンペックス社対応策の協議に加わっていたソニーが「森村・田中特許」の実施権を密かに手に入れていたことがわかる。この事実が発覚すると、当然ながらソニーは業界全体を敵に回す結果となった。かつて交流バイアス法特許で市場を独占していたソニーが「またか」と思われたのである。火の手はそれだけでは収まらなかった。事件を取材するマスコミによってソニーがアンペックス社と極秘で提携交渉をしていることまで明らかになったのだ。

この時期のソニーには、井深と盛田が頑ななまでに独自技術の発明開発にこだわっていた東通工時代とはずいぶんと異なる印象を感じる。自社製品に有利になるのであれば手段を選ばない姿が見られるようになっていた。


こうして評判の悪かったソニーとアンペックス社との契約は、しかし、実ることがなかった。実はソニーはアンペックス社との合弁会社設立を最終的な着地点にしようと考えていた（そしてこの件があったのでソニーはアンペックス社との交渉を秘密裏に進めざるをえない事情もあった）。しかしこの合弁のアイディアはアンペックス社側にしてみれば自社のノウハウを日本メーカーに提供してOEMを作らせるという程度の認識だった。このズレは最後まで埋まらず、六六年暮れにアンペックス社はソニーと取り交わした相互無償許諾契約を取り消し、ソニー以外の提携先を求めるようになる。ソニーはアンペックス社を契約違反で告訴し、この特許紛争は二年間にも及んだ。

結局、裁判は和解となり、ソニー側の主張を認めてこれまでの契約分についてはそれぞれに特許を使用しあうことで折り合いがついた。これはVTRのトップメーカーとして君臨し、業界を牛耳ってきたアンペックス社にしてみれば相当の妥協である。それだけソニーが技術力を高めてきたことを示している。

実は井深も当初からソニー独自のVTR開発を考えていた。TBSに納品されたアンペックス社製品を見せてもらったとき、高価な業務用であったことから「これをわれわれがやるのは意味がない。われわれは家庭用をやろう」と述べている。木原によれば井深の言い分はこうだった。

放送局なんか、世界中集めてもたった五百ぐらいじゃないか、二台づ《ママ》つ買ってもらっても、わずか千台。一台の値段が高くたって、たかがしれている。家庭用、工業用なら需要はそれこそ限りない。テープレコーダーだって、あれだけ小型化して値の安い普及型ができたんだ。木原君、ポータブルにするの、またやれよ。（木原『井深さんの夢を叶えてあげた』八四頁）

井深はメカトロニクスの天才・木原に期待していた。木原が率いる技術チームはアンペックス方式でも試作を三回、その後、ソニー独自の方式での試作を重ね、六一年一月に世界初のトランジスタ式小型ＶＴＲ「ＳＶ‐２０１」を開発している。二ヘッドのヘリカルスキャン方式を採用し、テープレコーダーと同じ秒速七インチのテープスピードで当時のＶＴＲの水準を上回

SV-201

世界で初めてトランジスタを使用したビデオテープレコーダー SV-201。まだ大きく重い。

る性能を発揮した。アンペックス社製VTRが真空管を二〇〇本以上使った大掛かりな機械で、洋服箪笥二竿ぐらいの巨体だったのに対して、ソニーのトランジスタVTRは茶箪笥のサイズに収まったことも画期的だった。

　六二年にはPV‐100を発表。こちらはアンペックス社方式のVTRにくらべ、容積比で五〇分の一まで小さくなり、値段も二〇〇〇万円を超えていたものが二四八万円まで安くなった。このPV‐100は完成するとすぐにアメリカに送られ、開設されたばかりのニューヨーク五番街のショールームで日本より先に初披露されている。VTRの需要はアメリカの方が多いだろうと盛田は見込んでいた。

　その読みは当たっていた。機内で映画上映をしようと考えたアメリカンエアラインが一〇〇〇台以上の小型トランジスタテレビと共に六〇台の注文を出してきた。ついでパンアメリカン航空とも納入契約を結んでいる。

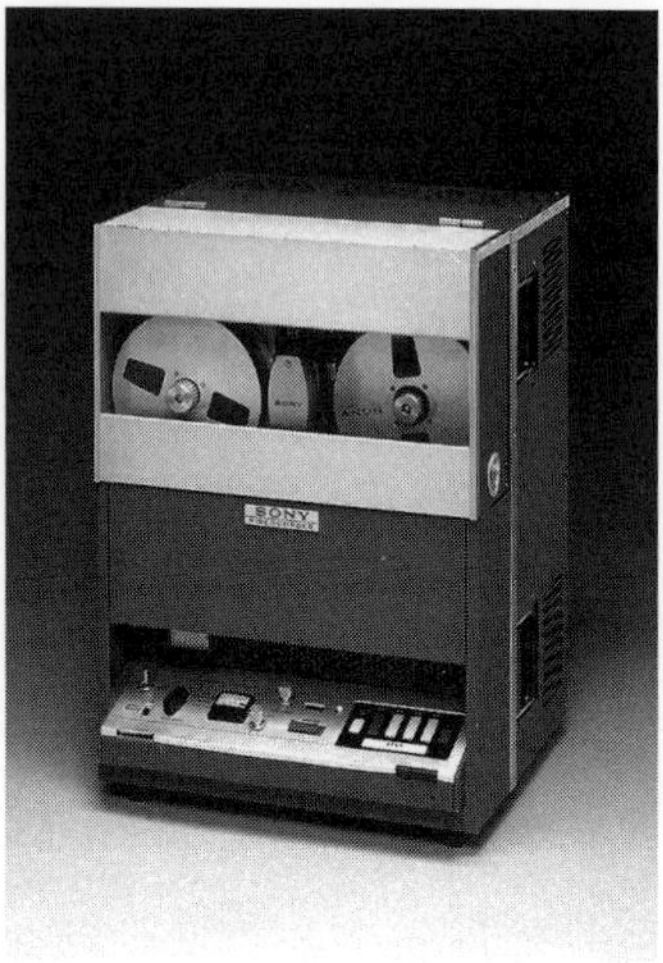

PV-100
大幅な小型化に成功したPV-100。しかし井深はまだ満足しなかった。

もっと小さく、もっと安く

　このようにアメリカでの評判は上々だったが、井深はそれに納得していない。PV‐100はVTRの世界では画期的に小さく、安いはずだったが、井深は開発部のスタッフと顔を合わせる度に「重さが六〇キロで、何百万円もする機械なんて、ぼくの性に合わんな」と言ったと伝えられている（中川『ドキュメント日本の磁気記録開発』二三九頁）。

まだまだ自分が期待した「ポータブル」ＶＴＲにはなっていない。木原たち開発陣は井深の不満を自分たちに対する挑戦状なのだと受け止めた。実際、業務用需要は生まれたが、一般市場でＶＴＲはまだ受けいれられなかった。そこで開発陣はあらためてアイディアを練り直し、六五年にはついに世界初の家庭用ＶＴＲ「ＣＶ‐２０００」を発売している。

ＣＶ‐２０００は業務用機をスケールダウンするのではなく、家庭用のテープレコーダーに録画装置を加えるボトムアップ的な開発手法を採用するなど数多くのユニークなアイディアを盛り込んだモデルだった。ＶＴＲが高価なのは回路が複雑だからであり、その改良に努めた。まず放送用のモデルが四つのモーターで駆動されていたのに対して、ドラム用とヘッド用の二つのモーターで駆動するようにした。電気回路も単純にしようとした。ＶＴＲの場合、録画前に低電流化するのが難しく、パワートランジスタを使わざるをえないことが小型化を阻む原因になっていたが、木原は周波数によって電圧の変わる最適記録電流方式と呼ばれる新しい回路を新たに設計し、パワートランジスタを不要とした。

こうしてたった一年の間に約二〇〇の特許が取れるほどのアイディアを詰め込んだＣＶ‐２０００は販売価格でもＶＴＲの常識を大きく覆す一九万八〇〇〇円という廉価を実現していた。

今度は井深もご満悦で発表会の挨拶では「今回の製品は、人の真似ではなく、ソニーで生まれ育ち、成長したものです。生活に革命を生むというのが、ソニーの特徴であり、喜びであり、価値だと思っています」と述べた(中川、同前、二四一頁)。

CV-2000は学校で購入されるケースが多かった。VTR用のカメラとセットで使えば映像教材を簡単に作れることが人気の秘密だった。

ソニーがCV-2000を発表した翌年の二月、松下電器も小型白黒VTRを発売している。こちらは二つのヘッドを角度を傾けて設置し、干渉防止用の未記録領域を磁気テープ上に作ることなく録画が可能なアジマス方式を採用した点がユニークだった。井深もこれを見て「なかなかいい」と感想を述べたという。ちょっとした思い付きからアイディアを育んで技術的課題を解決する姿勢が発明家井深の感覚とマッチしていたのだろう。

しかし、これらの機種はソニー、松下ともに必ずしも多く売れなかった。その最大の理由は、ビデオ業界がビデオカセットの統一規格作りを目指すようになり、市場が熟成するまで商品寿命をのばすことができなかったからだった。

5 ベータマックス

カセットテープの世界標準

ビデオカセットの統一規格作りの前例になったのがカセットオーディオテープの統一規格化である。そこでもソニーが先鞭をつけている。

テープメディアはそのままだと扱いが難しい。動かす前にリールに巻きつけてやる必要があるし、うまく巻き取れないと絡まってしまう。そこで録音テープを小さなプラスチックケースにあらかじめ入れて販売し、そのまま再生機にかけられるようにするアイディアが出された。テープをマガジンにいれてしまう発想はソニーが一九五六年に携帯用ベビコーダーと銘打って販売した商品で取り入れた前例があるし、ＲＣＡはカートリッジ方式のミュージックテープを販売していた。しかし製品価格が高かったり、機構が複雑だったりしたために定着していなかった。

フィリップス社はこうしたカートリッジ方式にヒントを得て、価格の安いカセットテープを開発した。そして極東部長のハーゼンバーグにテープレコーダーを最も多く作っていた日本メーカーの説得に回らせた。ハーゼンバーグはレコーダーを作るメーカーにカセットテープを使えるレコーダーの生産を求めた。これからはカセットテープが業界標準になるというのがフィリップス社の言い分だった。

そしてカセットテープ生産に当たるテープ製造会社にはカセット一個につき二五円のロイヤリティをフィリップス社に支払ってもらうという。ソニーにも同じ条件を示したが交渉役をになった大賀は首を縦に振らない。ハーゼンバーグは本社と相談し、ロイヤリティを六円まで下げてきた。大賀はそれでも突っぱねる。結局、ソニーとフィリップス社はクロスライセンス契約を結ぶことでカセットのロイヤリティをゼロにすることとなった。最大のテープレコーダーメーカーのソニーとの間で契約が成立したことでカセット方式は事実上の世界標準の座を手に入れる。カセットテープの登場はテープレコーダーの使い勝手を飛躍的に向上させ、その需要をさらに伸ばした。

このカセットテープの標準規格化については後日談がある。たまたまフィリップス本社を大賀が訪ねたとき、応対した首脳陣に大賀はこう冗談めかしたという。「カセットがこれだけ隆盛したのも、私が決断したからだ。そういう意味でも私の銅像を建ててもいいんじゃないかな」。フィリップス社の幹部は一瞬顔をこわばらせてこう返した。「とんでもない。お前がいなかったら、いまごろ全世界からロイヤリティが山のように入っている。それがお前のおかげでフイになった。そんな憎らしい男の銅像など金を積まれても建てたくない」（中川『ドキュメント日本の磁気記録開発』一四九頁）。

カセット式ビデオ

カセットテープと同じくVTRカートリッジでも標準化が出来ないか、そんな声が業界関係者の間で上がる。なかでも熱心なのは井深だった。

木原が当時を回顧して言う。「あのころ井深さんは燃えておられた。なにしろ、われわれの顔をみると、カセットのおかげでテープレコーダーはこんなに使いやすくなった。それなのにVTRはなぜカセットにならんのかとワイワイいわれる。もちろん私自身もカセット化とカラー化しなきゃいかんと前々からいろいろ考えていた。ところが、これが意外にむずかしい」（中川、同前、一五三頁）。

たとえば六九年四月に木原はテープ幅一インチ、テープスピード秒速八・三メートルで一時間の録画時間を確保したマガジン式カラービデオレコーダーを開発している。しかしこれはマガジンの重さが一・三キロもあり、販売は見送られた。ワンリールでリーダーテープをつけたものも作ってみた。これは一〇種類も試作したが「これぞ」というものにならなかった。ようやく何とかものになりそうだったのが同年一〇月に発表した、四分の三インチテープをカセット化して用いる小型カラーVTR

だった。この試作品自体はテープローディングに問題があったので商品化されなかったが、木原はそれに改良を重ねて新タイプのVTRを作り上げる。

ソニーは「Uマチック」と命名されたこのVTRを踏まえて業界に向けてカラービデオ規格の統一を呼びかけた。七〇年三月に開催された協議会にはソニーから専務の岩間と木原ら幹部が参加、他に松下電器、日本ビクターの幹部が集まった。岩間は新しく開発したカラーVTRの仕様、実験データ等を示し、「これで規格統一をはかりたいので、みなさん検討してほしい」と述べた。

松下電器、日本ビクターからの参加者はびっくりし、目を皿のようにして仕様書を読み込む。このドラムの大きさ、テープスピードでは高品質画像を録画再生する自信がないという意見が出るとソニー側は譲歩してでも規格標準化を実現させようとした。結果としてソニーが想定したものよりも二割ほどカセットのサイズが大きくなり、ドラムが大きくなった分、連続録画時間が一〇〇分から六〇分に短縮されて「U規格」が決まる。

七一年一〇月、U規格カラーカセットVTRが三社から一斉に売り出された。日立、日本電気、ティアックもこの規格に乗ることを発表しており、家庭用ビデオの主流は決まったとも言われた。しかし業界の期待の高さとは裏腹に市場は沸かない。Uマチックは家庭用としてはまだまだ高過ぎ、大き過ぎ、操作が複雑過ぎた。

強面ソニー

そんななかで木原はすでに次の機種の開発を手がけていた。かつて松下電器が白黒VTR用に開発したアジマス記録方式をカラーVTRに使う独自の技術を開発しようとしていたのだ。こうして「ベータマックス」と呼ばれる新規格のＶＴＲの試作機が七四年秋に完成している。テープをヘッドに巻きつけた形状がＵマチックではＵ字型だったが、今度はβ型になることからの命名だった。ベータマックスはアジマス方式の採用により、磁気記録密度を高め、画期的な小型軽量化を可能としていた。

ソニーはベータマックスの発表に先立ち、Ｕ規格で団結した松下電器と日本ビクターにその設計図を示して共同開発を申し入れている。一二月には試作機の現物も公開した。

問題はそのときのソニー側の態度だった。

「ソニーさんが家庭用の新しい機械を開発しているという噂は、断片的に流れていたので、薄々知っていました。だが、それがどんなものか、現物を見せられるまで全然わからなかった。その現物をみて、さすがソニーさんだなと思いました。それほど立派な機械だった。ところが、その席でソニーさんは『こんどこういういいものをつくったが、よかったらこれで規格を統一しませんか』と自信あり気な呼びかけをされた。これが技術屋として、なんとなくひっかかりましたね」（中川、同前、二〇三頁、傍点は原文）。

日本ビクターで開発に当たっていた白石勇磨が回想する。ソニーはすでに量産用の金型まで起こしているという。それはもはや他社とすりあわせ、規格を調整し、基本設計を変更するつもりはないという意志表明だと受け取られた。

結果的に日本ビクターは規格統一の話に乗らなかった。彼らも独自規格のＶＴＲを進めており、それに賭けてみたいというのが日本ビクター技術陣の思いとなった。

より具体的な証言も残っている。ソニーが現物を見せた場に居あわせた当時日本ビクターのビデオ研究所の課長だった広田昭は、日本ビクターの徳光博文副社長が「今後はこの規格について話し合いをしてゆくということでいいのですか」と尋ねたとき、大賀が「いや、四分の三インチのときは確かにみなさんと相談させていただいた。しかし、おかげで一年間ビジネス・チャンスを失いました。技術屋にまかせておくと、ああでもない、こうでもないと重箱の隅を突っつくようなことを長々とやるのですね」と話し合いの提案を遠回しに断ったという（中川『次世代ビデオ戦争』一八頁）。カセットテープの規格作りで「世界のフィリップス社」相手に強気の立ち回りを見せた大賀は今回もあくまで強気だった。

ちなみにこの一件について大賀の自伝『SONYの旋律』に交渉経緯の記述はない。「その後、我々があっけにとられる出来事が起きた。日本ビクターのビデオ事業部長に就いた高野鎮雄さんが『VHS（ビデオホームシステム）』という新しいビデオテープレコーダーの方式を発表されたのである」と結果が淡々と報告されているだけだ。

ソニーでは七一年に井深が六三歳で会長職に退き、盛田が社長になっている。そうした経営陣の顔ぶれ変更はこうした経過に果たして影響していたのだろうか。ソニー側としてはベータマックスに自信があったのだろうが、強気の姿勢が裏目に出て統一規格の話は進展をみせないまま年が明ける。

見切り発車

しびれを切らした盛田は「これ以上は待てないから、先に発表しよう」と決断した。一九七五年四月一六日、ソニーは家庭用カラーVTR「ベータマックス」の開発成功を公表し、五月から発売すると予告した。第一弾機種の価格は二九万八〇〇〇円。発表の席で盛田は「これでビデオの時代が到来する」と述べた。

日本ビクターの技術陣が役員応接室でビクターの相談役を務めていた松下幸之助に新VTRを披露したのはその直後だった。大賀が、「あっけにとられる出来事」と書いたものだ。VHS（ビデオ・ホーム・システム）と名付けられた試作機を見た松下は思わず目をみはり、頬ずりせんばかりに撫で回したという。VHSの一号機はベータマックスに一年半遅れた七六年九月九日に発表された。二五万六〇〇〇円でベータマックスよりも四万円安く、しかも初めから二時間録画が可能だった（ベータマックスはVHSに録画時間が劣ることを知って後から二時間録画モードを追加した）。

ベータマックスとVHS、どちらが主流になるか。盛田は日本ビクターの相談役も兼ねている松下電器の松下幸之助を直接の交渉相手とした。その場で盛田は二時間録画モードのベータマックスも松下に見せている。通産省も非公式ながら調整に乗り出したという。しかしその時点でビクターはすでに月産二〇〇〇台の生産能力を持つラインを横浜工場に作っており、こちらも後には引けない体制となっていた。

SL-6300
初めてベータマックス方式を採用した。

七六年末、松下電器の最高幹部会議の席で松下幸之助はこう述べた。「みんなの気持ちはようわかる。だが、この際、名前や面子にこだわらず、実をとるのがいちばん賢明なやり方やと思う。そこで松下電器はＶＨＳ方式をとる。ビクターも松下もみんなわしの可愛い会社やからなあ……」（中川『ドキュメント日本の磁気記録開発』二一七頁）。

ベータマックスは採用しない。ＶＨＳで行く。松下電器の意向は、ソニーの盛田にも伝えられた。その話を盛田から聞かされた井深は部課長を招集して交渉決裂の経緯を説明したあと、規格統一が人類の発展にとっていかに大切かを滔々と説いた。なくしたものの大きさを思ってか、井深は目に涙さえ浮かべていたという。

第七章　デジタルから離れて

1　停滞するソニー

同時代の評価と未来からの評価

ソニーの歴史を追っていると、トリニトロン開発の陣頭指揮を執ったあと、井深の求心力が急速に落ちた印象を持つ。ベータマックスが標準規格を取り損なったときに涙すら流したのは、自分が現場を離れている間に、新しい映像記録の歴史を切り開くチャンスを逃した無念さも加わっていたはずだ。松下電器がVHSの軍門に下った話を盛田から聞かされて初めて知ったというのは象徴的だろう。井深は当初こそ自社製ビデオレコーダーの開発に自ら熱心に関わっていたが、盛田に社長を譲ってからは、社内のやりとりから一定の距離を置くようになっていた。

日本測定器の起業で初めて会社経営に携わって以来、一貫して技術を売り物にした経営を行ってきた井深が経営者の役割から離れてゆく。それはソニーがかつてのように「発明」の積み重ねで成長してゆく企業でなくなる過程と重なっていた。ソニーから離れた井深は、冒頭で示した「井深さんもボケた」と言われる晩年へと向かってゆく。本章からはその軌跡をたどってゆく。

ここでは経時的な記述を心がけるが、一方で注意してほしいことがある。私たちは井深が新しい挑戦の道半ばにして死去した後のソニーについて知っている。そうした「ポスト井深」の、特に二一世紀のソニーから遡って井深の晩年の評価をする場合、生前の井深が同時代に受けていた評価と違った見方ができるようにも思うのだ。そこで過去に書かれた評伝類に敬意を表しつつも、その記述や評価が時代の制約を受けていた事情を意識し、後世になったからこそ持てる視点で、井深がそうした時代の拘束のなかでいかに格闘したかを浮き彫りにしたい。

七一年六月、六三歳になった井深は盛田に社長を譲り、会長となった。その盛田も七六年にトランジスタ開発に奮闘した岩間に社長を譲り、会長になり、井深は六八歳にして名誉会長になった。八二年には急逝した岩間の後を継いで大賀典雄が第四代目のソニー社長になる（東通工時代の前田多聞から数えれば五代目）。そして九五年に大賀は会長に退き、後任に出井伸之を指名した。副社長ら一四人を抜く八艘飛びの抜擢人事だった。出井はヨーロッパ駐在を一〇年近く務めた国際派だったが、藝大出身でありながら機械技術に通じていた大賀とも違って今度こそ初の本格的な非理系の経営者だった。

出井ソニーの滑り出しは快調だった。就任二年目でソニーのグループ連結売上高は四兆円近くに達しており、大賀が社長に就任した八二年の約四倍となっている。二〇〇〇年に出井がCEO兼会長となっても業績は伸び続け、〇二年三月決算では七兆六〇〇〇億円で過去最高を更新した。

会長となった出井は〇六年をソニー第二の創業の年と位置づけ、従来のエレクトロニクスにIT事業を加えてゆくと宣言し、一方でソニーグループ二万人の人員削減計画を発表する。〇五年に出井はCEO兼会長の座をハワード・ストリンガーに譲る。アメリカの興行界出身のストリンガーは出井以上にものづくりからは遠い経営者だったが、タイミング的にこの時期はいわゆるデジタル家電ブームが起きており、デジカメ、DVDプレーヤー、薄型テレビが「新・三種の神器」と呼ばれて需要を牽引したため〇七年に再び売上高は最高額を更新した。

そんなソニーが一線を超えたのはリーマンショック以後で、デジタル家電ブームは終焉し、好調だったVAIOとプレイステーション3も伸び悩んで業績が低迷し始める。その後、ヒット商品に恵まれないまま、中鉢良治、平井一夫と経営者が交代しても業績は回復せず、リストラだけが繰り返された。

この時期には、ソニーだけではなく、日本の電機業界は軒並み国際競争力を失い、たとえばシャープは台湾企業の傘下に入ったし、日本IBMと日本電気はコンシューマー向け部門を中国企業に売却した。ソニーも生き残りをかけて一時はドル箱だったPC部門を切り離している。

ソニーはなぜ停滞したのか。井深の晩年を考えるとき、この疑問を視野の片隅に置いておく必要があるだろう。

プロジェクト・マネージャー

トリニトロンの開発を終えた六九年、かねてより関わっていた経済同友会の科学技術推進委員会の仕事で井深は東海道新幹線プロジェクトを率いた国鉄の技師長

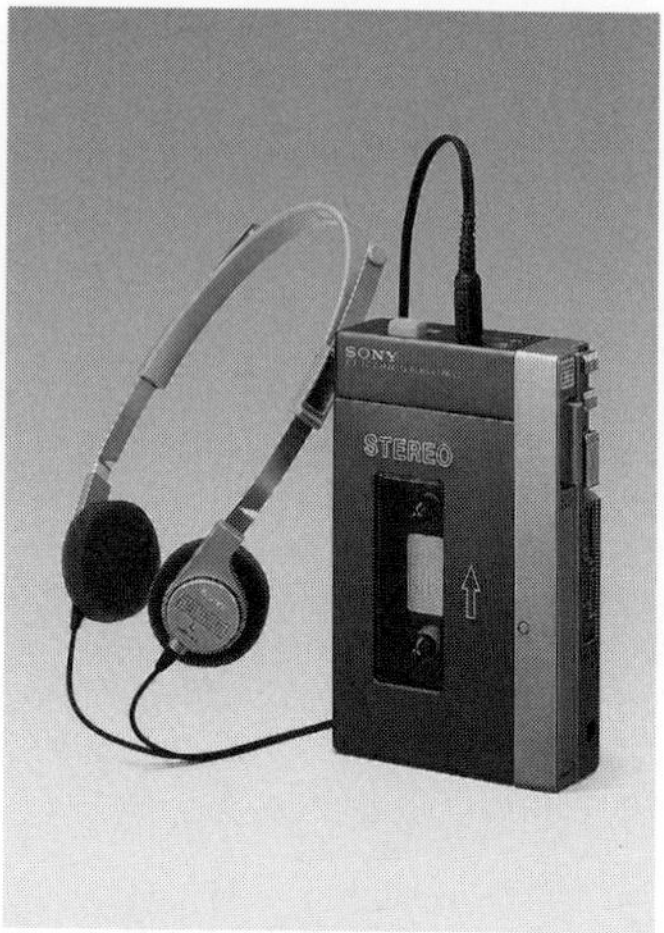

TPS-L2

ウォークマンの初号機 TPS-L2。ヘッドフォンジャックを2つ備え，カップルで同じ音楽を聴ける粋な工夫も。

だった島秀雄の話を聞く。島秀雄はハム仲間であり、早稲田大学時代の学友で、NHK時代には井深を何かと助け、ソニー中央研究所長も務めた島茂雄の実兄である。その話で印象的だったのは着手から完成まで五年間と時限が区切られていた新幹線プロジェクトでは新技術を開発する余裕はなく、すべて既存技術の組み合わせだったという事実だった。

ついで井深の関心はNASAの「アポロ計画」に向かう。アメリカ大使館で電機業界関係者を集めて開催されたパーティに参加した井深はテキサス・インスツルメンツ社会長のハガチーと再会し、前NASA長官のジェームス・ウェッブを紹介してもらった。ウェッブの話を聞くとアポロ計画で彼は新幹線プロジェクトを率いていたときの島と同じように働いていた。つまりそれぞれの専門家の技術を束ね、相乗効果を発揮するようにプロジェクトを運用していたのだ。

こうした知見を重ねることで井深は「スペシャリストはもう通用しません。さまざまな能力者をまとめ、仕事を推進してゆくというつかみのできる人間、プロジェクト・マネージャーでなければこれからはダメです」と述べるようになった。

井深がプロジェクト・マネージャー論に惹かれた理由は三つほど推測可能だ。

ひとつは、電機業界でもさまざまな領域で技術開発は飽和しつつあり、もはやゼロから新技術を開発するような仕事などめったにない時代にあって、企業経営者はプロジェクト・マネージャーになる必要があると考えたのだろうということ。実際、既存技術の組み合わせの妙がブレークスルーを生み出すという考え方は、初代ウォークマンの誕生エピソードを思わせる。すでに名誉会長になっていた井深が海外出張の際にカセットテープを持参して機内で音楽を聴きたいと小型のステレオ再生テープレコーダーを所望していたので、当時オーディオ事業部長であった大曾根幸三が携帯用のテープレコーダー「プレスマン」から録音機能を除き、代わりにステレオの再生機能を加えたものを試作する。井深にこの試作機を使ってもらうと音質もよくご機嫌だった。そこで盛田にも試聴させると、こちらは商品化の可能性に気づいて本格的な開発生産を命じた。こうしたウォークマン開発のストーリーに共通するのは、そこに新しい技術は何ひとつなく、すべてが既存技術の組み合わせだということだ。それでいてウォークマンは屋外で音楽を聴くという新しいライフスタイルを生み出した歴史的な商品となる。

もうひとつは、いつまでも自分が会社の手綱を引いていられないのだから、自分の時代の「ゼロから開発」路線を見直す必要があると考えたのかもしれないということ。井深に比べれば発明家的個性の薄い（それでも後に社長となる大賀や出井に比べればはるかに技術者寄りだが――）盛田が手腕を発揮しやすいようにという配慮もあったのかもしれない。

最後のひとつの可能性は井深が電機業界以外で再び新しい「現場」を持とうとしていたこと。ソニーは盛田に任せ、別の仕事にエネルギーを導入しようとしたというものだ。井深はそこでは自分自身がさまざまな研究成果を束ねて着地させるプロジェクト・マネージャーになろうとしていたのではないか。半導体以後の電機の部門で井深的な発明はもはや通用しなくなっていたが、それとは別の場所でゼロから何かを生み出す役目を果たしたかったのではないか。

2 障害者支援と幼児教育

幼児開発協会

ソニー社長時代の六九年一〇月、井深は財団法人幼児開発協会（現・公益財団法人ソニー教育財団）を設立し、自ら理事長に就任している。井深は教育学者でも心理学者でもなかったが、早期教育を実現するプロジェクトを発展させようとした。

そこにいたる伏線は早い時期から張られていた。

「東通工をつくったとき、私自身が設立趣意書に書いたのですが、その中で『経営が軌道に乗ったら、事業以外のことで世の中の役に立つことをしたい』と謳ったわけです。その後、テープレコーダ、トランジスタラジオがあたり、会社が順調に伸びていったので、世の中に役に立つ何をやるべきか、真剣に考え始めました」（中川『創造の人生　井深大』二八三－二八四頁）。

たしかに東通工の設立趣意書にある「会社創立ノ目的」八ヶ条の最後の項目は「国民科学知識ノ啓

蒙活動」だった。井深の自伝『創造への旅』によれば「当時の日本の科学技術が欧米に比べて数段立ち遅れていたこともあり、日本を発展させるためには国民のあいだに広く科学技術を普及させねばならない」と考えており、その考えが設立趣意書に反映したのだという。

その初志を実現する形でまず五九年に発足したのが「ソニー小学校理科教育振興資金」であった。これは当時すでに実施されていた大学や専門学校への各種奨学金制度と異なり、小学校に研究助成金を与えることがユニークだった。理科教育を楽しくやっている全国の小学校の教員から計画書やレポートを提出してもらい、茅誠司（当時の東大総長）や文部省、科学技術庁による審査、そして現地視察を経て優秀な学校に研究や活動の助成金として一〇〜一〇〇万円を提供する。助成金制度はやがてソニー教育振興財団（現・ソニー教育財団）が引き継ぎ、中学校も対象に加えられた。その過程で井深は小学校低学年のときに熱心な指導をしている学校がよい成果を上げていることを知る。それが早期教育への開眼に繋がった。

科学の普及を願って設立したソニー小学校理科教育振興資金の第１回贈呈式

同じ頃、井深は倉敷レイヨン（現・株式会社クラレ）の大原総一郎社長からバイオリンの早期教育「鈴木メソード」で注目を集めていた鈴木鎮一を紹介されている。鈴木は井深と歓談しているときにこう述べたという。

「以前は、バイオリンは四、五歳からはじめるのがいちばんいいと思っていた。ところが、いろいろ考えてみると、どうも様子が違う。子供たちの家族を見ていると、ここに通ってくる子の妹や弟のほうが、必ずといっていいくらい兄や姉の水準を抜いて上手になっている。兄や姉が家で練習をみているせいもあるのでしょうが、年齢が低いほど物覚えがいいように思います」。この話を聞いた井深は「先生、どこまで年齢を下げられるか、一つチャレンジしてみませんか」と提案したという（同前、二八六頁）。

二女・多恵子のこと

こうして井深は早期教育に関わるようになって六九年に「幼児開発協会」を設立、自ら理事長に就任した。その背景には彼と彼自身の子どもをめぐる二つのエピソードがおそらく控えている。井深の二女・多恵子は知的障害児であった。井深がそれに気づいたのはずいぶんと後になってからだった。多恵子のことについては井深自身が『婦人公論』一九六二年（昭和三七）一二月号に「精薄の子らに生きる光を」と題した一文を寄せている。それによれば多恵子は「生まれつき利発な子で、三つころまではのんびりしている姉の志津子を、むしろリードするようなありさまであった」。

別の回顧によれば「二女はとても頭がよく、いろいろと子供ながらに発明を重ねた。例えばパーマをかけている人など見たことがないのに、洗濯ばさみで髪を巻き、カールの真似をする」。小さい頃から発明家と呼ばれた自分の血を引いているとさえ思っていたのだ。

ところが「ある日、学校に行ったまま多恵子が帰ってこない。当時の井深家は東北沢に住んでいたのだが、調布のほうまで一人で歩いて行ってしまい、そこで保護されたのであった。警察から連絡を受けてあわてて行ってみると、どうも様子がおかしい。すぐに病院に連れて行き診断をしてもらうと、精神薄弱の傾向があると医師にいわれた」。一九四七年のことだった。弟である長男の亮によれば、当時は自閉症が一般化していないので「精神薄弱」という診断になったのではなかったかという。井深は一九五〇年から多恵子を東京目白にあった養護施設「旭出学園」に通園させる。先の『婦人公論』記事より引こう。

瞬時の絶望感から気を取り直した私たちは、ただちに多恵子を東大の三木安正教授が指導されている目白の養護施設旭出学園におねがいした。普通学校の中の特殊学級に入れるふびんさを思ったし、不幸な子を持った親なら誰でも思うことだが、そういう学園に入れれば、なんとか少しでもよくなるだろうと考えたのだった。

こうして十年間――多恵子は知恵の遅れたままますくすくと育っていった。五歳下の弟亮を「兄さん、兄さん」といってなついていた。暗いところは何もなかった。弟にいたわられながら一緒に外に遊びにいったりした。体だけは大きく顔は可愛らしいので家では皆〝大きな子供〟というニックネームでよんでいた。十年間、何も分からないままに多恵子もずいぶん努力したのだろう。だが、十年の教育の結果はあまりにも無残だった。名前は書ける。だがその中の一字を取り出しても読めなかった。

児童福祉法の規定によって一八歳になると施設では預かれなくなる。井深は同じく障害の子どもを持つ二三人の父兄と協力して「すぎな会」を結成し、一八歳を過ぎた子どもたちに生活の場を提供しようとする。施設には港区のソニーの旧宿舎を使わせてもらった。簡単な仕事をソニーから請け負って働かせ、生計の一助とすることにもした。

このすぎな会は社会福祉法人の認可を受け、今でもすぎな会愛育寮（定員六〇名）、すぎなの郷（定員八〇名）、デイセンターつくし（定員六〇名）、すぎな会生活ホーム（定員五四名）とそれぞれ性格の異なる施設を展開しながら存続している。同施設のウェブサイトには創立者として井深大の名が刻まれている。

障害を克服したい

七八年には障害者雇用を促進させるために社会福祉法人「太陽の家」とソニーの共同出資で大分に株式会社サンインダストリーを設立（八一年にソニー・太陽株式会社と社名を変更）。さまざまな障害のある社員がそれぞれの個性や能力に見合った形で働く場を提供することで、大企業が障害者福祉に取り組む先駆例となった。

先の『婦人公論』記事はこう締められていた。

不幸にも知恵おくれのわが児を持ち、悩み苦しんできたことによって、私は、他の幸福な人には味わい得ない、多くの同じ悩みを持つ人々との人間的なふれ合いをすることができたことを仕合わせだと思う。多恵子は私の生涯の十字架であると同時に、私の生涯の光であることを最後に付記して筆を置きたい。

鈴木メソードと出会ったときにも井深は多恵子のことを考えずにはいられなかった。

この子〔多恵子〕が幼児期を過ごした当時、私は、このような運命の重荷を背負った子どもでも、0歳からの育て方次第では、かなりの程度まで能力を伸ばしてやることが可能だということを、まったく知りませんでした。そういう私の目を開かせてくれたのは、バイオリンの早期才能教育で世界中の注目を集めている鈴木鎮一先生のことばでした。鈴木先生によれば「どの子も育つ、育て方ひとつ」だということです。私はこれを聞き、また実際に鈴木先生のこのことばの実践のめざましい成果を知り、自分自身の子どもに対して何もしてやれなかった自分が、親として何とも残念でしかたありませんでした。（井深『幼稚園では遅すぎる』二〇－二二頁）

そしてもうひとつ、井深が幼児教育に熱を上げ始めた時期は学生運動が盛んなりし頃だった。特に六九年一月に全共闘学生が立てこもる東京大学安田講堂に向かって警察機動隊が放水し、催涙弾を撃つ光景に井深は愕然としたという。ヘルメット姿で機動隊に投石で抵抗する学生の姿と長男・亮が重なった。亮はその時期に立教大学を卒業してアメリカに留学、ブラウン大学大学院に入学していたが、留学中でなければそこにいたかもしれなかったのだ。

私は教育とは何か、どうあらねばならないかということを真剣に考えさせられました。最初は、大学教育のあり方、大学という教育制度の中に問題があるように見うけられました。しかし、これをつきつめて考えていくと、大学以前の高校にすでに問題があるということになり、さらに高校から中学校、中学校から小学校へとさかのぼり、ついに幼稚園でも既に遅すぎるのではないかという結論に達したのです。この考えは期せずして、鈴木先生たちが試みてきた幼児教育の考え方と一致しました。(井深、同前)

脳に原因がある?

幼児教育を論じる文脈で語られているのであまり意識されないが、井深は学園紛争に関わった学生たちに感情移入を一切していない。大学や教育行政の問題は論じない。六〇年安保に関しても井深は印象的な発言を残している。

ある時、当時のマッカーサー駐日米大使に「アイゼンハワー大統領に日本に来てもらえないか」と頼みました。その時は、マッカーサー大使は「うーん」と考え込んじゃって、返事をしなかった。しかし、それから間もなくして、マッカーサー大使から呼び出しがかかって、「そろそろ任期がきて帰るが、置き土産が出来た。アイクを日本に呼ぶことにした。ついてはおまえの発案だから、ソニーの工場をみせることにした」と。

それで、こっちは大騒ぎして、工場の中で、分刻みのスケジュールを立てた。

アイクはゴルフが好きだから、中村寅吉プロと一緒にクラブを振ってもらい、それを出来たばかりのビデオで写し、アイクをびっくりさせようと計画しました。このアイディアに大使もえらい喜んでくれたのですが、ハガチー事件が起きて、肝心のアイクが来られなくなってしまった。（井深［インタビュー：小島］『井深大の世界』一一六－一一七頁）

井深はアメリカ大統領の来日が果たせなかった原因としてのみ安保改定反対闘争を語っている。若かりし日にはキリスト教を信じる青年として寮経営者の不誠実を許せなかった井深だが、もはや若者の怒りや憤慨には共感を示さない。アメリカ市場を商売相手にしている企業経営者とはこんなものなのだろうか。日本測定器を解散させて東通工を作ったときにも軍事技術開発に関わったことへの反省が伴っていなかったが、社会的な問題と繋げて技術を語る視点が井深には一貫して欠けていると感じることがある。

そこには経営者としての感覚を超えた徹底が感じられる。学園紛争に関わる学生には病理的な原因があると井深は考えており、その病気を治せば学園が荒れるということなどなくなると考えている。近代科学的な考え方とは、因果論を前提とし、望ましくない結果が現実にあるならその原因に遡り、その原因を取り除けば望ましい結果にいたると考える。このときの井深の思考はまさにその構図を踏まえている。後に近代科学を乗り超えるパラダイム・シフトを強調するようになる井深だが、実は生涯を通じて近代科学的な原因追求へのこだわりを捨てたことはなかった。

先にトランジスタを発明したショックレーが晩年になって優生主義に入れ込んだエピソードを紹介したが、彼も構図としては科学的な思考法を踏まえていた。ショックレーは問題の原因を「能力などの劣等を導く遺伝子」に遡り、断種等の技術や政策を用いてそれが次世代に受け継がれるのを断てば人間はもっと優れた種に改良されると考えたのだ。因果論的、本質主義的な思考法がそこには存在している。

技術による生活の革命を夢みた井深も原因を遺伝子まで遡及させればショックレーと同じ考えをするにいたっていたかもしれない。そうなれば晩年のショックレーが差別主義者として批判の対象になったのと同じように井深も批判されていた可能性がある。

そうした展開にならずに済んだのは井深に障害者の娘がいたからではなかったか。ショックレーは劣った人間が発生しないように優秀な人間との交配を絶たせようとしたが、井深は障害者の存在自体を認めないのではなく治療可能性に賭けようとする。言ってみれば娘に井深は救われたのだ。「生涯の光」だったと彼がいうことばはその意味で深みを感じさせる。

そして近代科学の子である井深はそこで治療のためには「早期発見」が何より必要だという立場を取るにいたる。

大脳生理学からいうと、生まれたての赤ちゃんは〈配線のないコンピュータ〉と同じ。一〇〇億以上もある脳細胞は無地のキャンバスみたいなものです。この頭脳未熟なときによい刺激を与えるかどうかで、配線、つまり脳を形づくるワク組みのよしあしが決まる。四歳までが六〇%、八・九歳で九五%配線され、一七歳で完成します。だから幼児のうちによい刺激を与えないといけません。
（中川『創造の人生　井深大』二九二頁）

幼児のうちに与えられる刺激次第でその子の育ち方が大きく変わる――。その例として井深は一九二〇年にインドのカルカッタ郊外で発見されたいわゆるオオカミ少女の逸話を引く（井深大『幼稚園では遅すぎる』五四－五五頁）。

人間の姿をしたオオカミがいるとの噂を聞いた伝道師シング夫妻がオオカミの住む洞穴を探して二人の少女を発見する。二人は八歳と一歳半と推定され、アマラとカマラと名付けられた。夫妻は二人に細やかな愛情を注いで育てたが、二人はオオカミの行動様式、つまり部屋の中でも四足で歩き回り、夜になると遠吠えをすることをやめなかった。三ヶ月ほどでようやく片言の言葉を発するようにはなったが、幼いアマラは死んでしまい、カマラは一〇年ほど生きたが、知能は三歳児程度で、使える言葉は四五語に限られていたという。

この逸話は日本においては、一九五五年に翻訳出版された『狼にそだてられた子』（アーノルド・ゲゼル著、生月雅子訳　新教育協会）によって紹介され、広く知られるようになった。井深もそれを読んだのだろう。

しかし、この逸話を自信満々に引いていた時点で、井深の一種の限界も示されていたのかもしれない。そのことは後述する。ここでは話を井深が距離を置くようになってからのソニーへといったん戻そう。

3　デジタル時代の到来

ディスクメディア

井深が規格統一の失敗を悔やんだ結果はすぐに現れ、ベータマックスは苦戦を強いられる。二時間録画からさらに画質を落とした三倍モードによる六時間録画まで可能としたVHSの有利さはタイマー録画で一段と際立つ。旅行などで何日も家を留守にしていても番組を録り逃がすことがないのだ。

VHSは世界でシェアを伸ばし、ベータマックス陣営は次第に追い詰められていった。救いはU規格制定の際にソニーが松下電器、日本ビクターとの間で結んでいたフリークロスライセンスに関わる特許をVHSが多く使っていたことだった。VHS方式のVTRを生産しようとするメーカーはソニーとも特許の利用契約を結ばなければならなかった。権利関係が複雑に張りめぐらされ、新技術開発の勝者と敗者が明確には見えにくくなっていた。

そしてベータマックスをプラットフォームとして育った技術もあった。ベータマックスのテープを使って音声をデジタル録音する録音機を七七年にソニーは商品化している。大量の情報を記録できるVTR技術が次世代のデジタル技術のインキュベータになったのだ。

デジタル技術開発の研究を担ったのはNHKから移籍してソニーの技術研究所長になった中島平太郎を中心とするメンバーであった。彼らはまずベータマックス用のテープを用いたが、やがてテープメディアよりもディスクメディアの方がデジタル情報の記録にはふさわしいと考えるようになった。そこでLPレコードと同じ直径三〇センチの光ディスクの試作を行う。ソニーの技術を井深が、NHKの技術を島茂雄が統括していた時代から技術的にも人的にも世代交代がなされつつあった。

そうした開発が進んでいるときに、大賀はフィリップス社のオーディオ事業本部長オッテンスの訪問を受けている。オッテンスもディスクメディアの可能性に注目しており、コンパクトカセットテープの長辺と同じ一一・五センチを直径とする円形の光ディスクの試作品を持参していた。

デジタル信号で情報を記録する時代の幕が切って落とされる。そう感じた大賀は七九年からフィリップス社との間で規格の統一化を始める。フィリップス社の試作品は六〇分の録音が可能だったが、声楽家としてのキャリアを持つだけでなく、CBSソニーの設立にも関わってレコード業界事情にも詳しい大賀は、ベートーベンの交響曲第九番の収録がLPレコードでは困難であることを知っていた。名指揮者の「第九」の演奏時間をすべて測り、それ以外の交響曲やオペラの時間も計測して、主要な楽曲をコンパクトなディスクに収める場合、七五分の録音時間の確保が譲れない線だと考えた。そのためにはフィリップス社の試作品のより僅かに大きな直径一二センチが必要だった。こうしてサイズや録音時間の問題、そして誤り訂正の方法などデジタル信号を扱うからこそ必要な技術の仕様を含め、ソニーとフィリップス社の間で話し合いが続けられた。

技術的な調整が進むと、今度は実演家との協議も必要となった。大賀と個人的に親しく、技術にも明るい指揮者カラヤンのお膳立てもあり、新しいディスクであるコンパクトディスクのお披露目は八一年春にザルツブルグで開催されたイースター音楽祭となった。

そこではカラヤン自身が説明役を買って出たという。大賀がそのときの様子を報告している。


発表会にはカラヤン先生と盛田さん、フィリップスの代表のファン・ティルバーグ氏、それに私の四人で臨んだ。

カラヤン先生は銀色に光るコンパクトディスクを聴衆の前にかざすと、「私はデジタルオーディオ機器の将来に大変興味を持ってきたが、ここにコンパクトディスクという新しい光ディスクが開発された。アナログに比べると原音に近い非常にいい音を再現できるのが魅力なのです」とわれわれが開発した新しい録音技術のメリットや将来性をうまく来場者に語って下さった。

私も先生の説明を聞きながら、「これで百年前のエジソンが発明したアナログレコードの時代がどう終わるのか」と感慨にふけったものである。（大賀『SONYの旋律』一〇二頁）

電卓からコンピュータへ

こうしてデジタル時代の幕開けを迎えていたとき、木原には思い当たることがあった。ＳＯＢＡＸの開発メンバーを活用できないかと考えたのだ。ＳＯＢＡＸとは六七年に販売していたソニー製電卓のブランドだ。しかしカシオとシャープが展開する熾烈な電卓の価格競争から脱落したため、七三年には電卓市場から撤退を余儀なくされていた。

撤退には、ただ競争に負けただけでなく井深のコンピュータ嫌いの影が落ちている。

たとえばエサキダイオードを開発した江崎玲於奈がソニーを離れ、ＩＢＭの研究所に移ったときもそうだったが、井深にとってコンピュータといえば業務用というイメージが根強くあり、民生品のメカトロニクスを手がける自分たちの仕事とはかけ離れていると考えていた。

井深の強い実用品志向は江崎の推薦でソニー中央研究所長になった鳩山道夫にも逆風として吹いた。鳩山の在任期間がクロマトロン方式のカラーテレビの開発に失敗し、トリニトロンへの転換をソニーが模索していた時期に当たったことも不幸だった。収益部門である本業が危うい時期に、未来への投資として基礎開発研究に時間をかける研究所への風当たりは強くなる。

結局、鳩山は研究所を離れ、技術全般をみる常務となった。後任の研究所長に迎えられたのが井深の学生時代以来の友人である島茂雄だったが島は半導体の専門家ではなく、これ以後、ソニーの半導体関係の研究開発能力は低迷することになる。

永井研究室の助手時代に井深の知遇を得て、東北大学の助教授を務めてから鉄道研究所を経てソニーに入った植村三良もまた基礎研究に明け暮れるタイプだった。ある日、植村が厚木工場を訪れると膨大な数のトランジスタが不良品として捨てられていた。その中には品質的にラジオやテレビには使えないが、単純なスイッチ回路には使えるものも混じっていた。そこに植村は眼をつけ、不良品として捨てられる運命のトランジスタを活用して計算機用スイッチ回路を作った。アナログの増幅回路の中で使うには適していなくても、オンオフだけできればデジタル回路の中では役に立つのだ。

最初、植村はちょっとした資源再利用のつもりだったが、案外と社内の評判はいい。そこでスイッチ回路を活かした計算機の開発を正式なプロジェクトにしようと井深に相談するが、「そんなものをやっても商売にならんよ」とけんもほろろの対応をされる。しかし植村も頑固な性格で、井深の許可がでないまま独断で開発を進めた。その試作機を見ると井深も心変わりし始め、「ソロバンのかわりになるようなものならやってもいい」と言う。それでも「大型は絶対にダメだ」と釘は刺していた（中川『創造の人生　井深大』二三一頁）。

植村が最初の試作機MD-3を作り上げたのは六二年暮れ。電動タイプライター付きの八桁計算機だったMD-3をたたき台として商品化が目指される。六三年にRCAがデータ公開したMOS（メタル・オキサイド・セミコンダクター）トランジスタに眼をつけた井深は「うちもMOSをやろう」と言い出す。MOSトランジスタは真空管に代わる増幅器として使えるだけでなく、スイッチとしての使用に適しており、論理演算回路の集合体である電卓に向いている。こうして六四年にMOSを使った世界初のオールトランジスタの電子式卓上計算機MD-5が完成した。

しかしその記者発表の直後にかつて神戸工業でトランジスタ開発の先鞭をつけた佐々木正に率いら

れたシャープの半導体部門もオールトランジスタの電卓を発表する。シャープのものは二〇桁まで計算できる高性能モデルだったが、底辺が一メートル四方で高さが五〇センチもある、卓上計算機とはおよそ言いがたい代物だった。ソニー製はより小さかったが八桁までと計算能力を犠牲にしている。どちらも一長一短があった。

先を行ったのはシャープで六五年九月に一四桁の電卓を発売。重量は一六キロまで軽量化されていた。ソニーはＩＣを搭載するなどスペックで理想を追ったために出遅れ、六七年五月の発売となった。半導体（ソリッドステート）ソロバン（アバカス）という意味の英語をもじってＳＯＢＡＸと命名され、複雑な計算もこなせたが二六万円と高価だったため「電子ソロバン」という井深の求めるイメージからはほど遠く、市場を開拓することもできないままソニーはこの分野から撤退している。

ICC-500
電子ソロバン「SOBAX」の愛称をもつICC-500。

ソニーのコンピュータ

プロジェクト中断によって宙に浮いてしまっていたＳＯＢＡＸに関わった技術者たちを集めてデジタル技術開発に勢いをつける。それが木原の考えだった。

量をゼロとイチの符号に変換するデジタル技術は直感的ではないので井深は生理的になじまなかったようだが、木原はデジタルに可能性を見ることができた。

成果はすぐに出て、制御回路のデジタル化が実現。日本初のデジタルコントロールVTRが作られた。この木原の英断がなければソニーはデジタル技術開発で相当の遅れを取っていただろう。

木原はMOS事業が頓挫した後に、それに代わる半導体素子として、新たに中央研究所長となっていた岩間のもとでコツコツと研究が続けられていたCCD（電荷結合素子）をビデオ技術と組み合わせて八五年に八ミリビデオカメラTR55も作っている。このモデルは「パスポートサイズ」のキャッチフレーズが話題を呼んでよく売れた。

CCD-TR55
パスポートサイズといわれた小型ビデオカメラCCD-TR55。海外旅行の必需品とされた。

木原は八二年に開発部門をひとつにまとめて新しい部署とした開発研究所の所長になっていたが、あるとき、大賀から「一人、開発研に移籍させたい人物がいるのだが」と話かけられた。技術研究所長・中島平太郎のスタッフを務めてCD開発に貢献した土井忠利だった。

木原が土井に何をしたいか尋ねると「UNIXのワークステーションを開発したい」と言う。当時、ワークステーションはまだまだ高嶺の華で、エンジニアは数人で一台を共有して使っていた。それを一人一台体制としたいというのが土井の狙いだった。

まさに井深が嫌っていた大型の電子計算機だったが、自分でもSMC-2000というコンピュータを買い込み、独学でC言語のプログラムを書くようになっていた木原はコンピュータの可能性を実感しており、土井の企画にゴーサインを出す。条件は揃っていた。コンピュータはソニーの仕事ではない、そう頑なに考えていた井深はすでに現場を離れていた。木原にとって実質的な上司はずっと井深だけであり、木原は新しいアイディアが湧くと自分で密かに開発を進め、うまくゆきそうだと井深に報告するスタイルで仕事をしてきた。

その井深がいなかったので、UNIXプロジェクトは木原の一存によってソニー社内で誰にも知られないまま進められた。

ただしプロジェクトの進め方は井深・盛田流だった。かつて木原がH型のテープレコーダーを開発したときのように、葉山の寮に缶詰になってアイディアを煮詰めてゆく。そこでCPUを二つ使って分業させることで処理速度を上げる方法が提案された。こうして半年後の八六年一〇月には製品の発表にこぎつけ、翌年一月にNEWSのブランド名で売り出した。現在のパソコン並みの大きさながら従来のワークステーションを上回る性能を達成。それでいて一〇〇〇万円が相場だったワークステーションの世界に価格破壊をもたらす九五〜二七五万円という販売価格でラインナップされた。

こうしてソニーのワークステーションは井深の培った技術風土のなかで、しかし井深自身が関与しないところで開発された。このNEWSが、そして、その後を継いだパーソナルコンピュータVAI

〇が九〇年代から二一世紀初めのソニーの屋台骨を支えることになる。

4 気の世界へ

信じやすい

こうしてソニーのデジタルシフトが進む頃、井深は何をしていたのか。

先に早期教育の必要性を唱える井深がアマラとカマラのオオカミ少女の逸話を引いたことを示した。その逸話は欧米では一九二六年にイギリスの『ウェストミンスター・ガゼット』とアメリカの『ニューヨークタイムズ』に紹介されて広く知られたものだった。特に関心を持ったのが発達心理学者たちだった。二八年にはニューヨーク心理学会がシングの招待講演を企画し、カマラの同伴も要請したが、シングは健康問題を理由に断り、翌年にカマラは死んでしまった。

日本でも翻訳されて話題となるゲゼルの紹介書が出たのは一九四〇年だった。ゲゼルは出版予定になっていたシングの日記の草稿を読んで感動し、日記の出版よりも先に紹介書を出してしまう。そこにはシングの本に掲載予定の写真九枚も使われていた。皿に口をつけて食事をしたり、木に登る「動物のような」カマラの姿が写っていた。ゲゼルという発達心理学者の紹介だったことが多くの人にアマラとカマラの話を疑わずに受け入れさせた。

しかしなかには意地悪く疑う学者もいた。社会学者のウィリアム・オグバーンは、文化人類学者のニルマール・ボースとともに一九五一年から翌年にかけて現地調査を行い、五九年に論文を発表している。それによるとシングの親族（息子、娘）を除くと、カマラを実際に見たことがあると証言する人のうち、四つんばいで移動したり生肉を食べたところを目撃した人は一人も確認されなかった。なお、シング夫妻は調査を行った時点ですでに死亡しており、アマラとカマラを保護した際に牧師と同行していたとされる人物たちについても死亡または行方不明となっていた。アマラの性格については信頼性のある証言はまったく得られなかった。

シングの日記では、「自身がシロアリ塚から二人を救出した」と記されているが、救出したとされる日から約一年後の地方紙には、「サンタル族によって救出され、のちにシングに引き渡された」と記述されており矛盾がある。シングのもとにアマラとカマラが連れてこられたのを目撃したとの陳述もあった（鈴木『オオカミ少女はいなかった』）。

生命科学者の梁井貴史は以下のような疑問点から二人がオオカミによって育てられたとする説に否定的な見解を示している。オオカミのメスは積極的に乳を与えず、ヒトの乳児は乳首を口元に持って行かないと乳を吸わないため、オオカミの親とヒトの乳児の組み合わせでは授乳が成立しない。また、ヒトとオオカミでは母乳の成分が違うためヒトには消化できない。そしてオオカミの群れは餌を求めて広範囲を移動するが、その速度は時速五〇キロに達し、人間の短距離走者でさえ時速三六キロほどしか出せないことを考慮すると、幼児がオオカミの群れと一緒の移動に耐えられるとは考えにくい。暗闇で目が光る、犬歯が異常に発達しているなどの、生物学的にあり得ない記述が多々あるのも問題だ。こうした疑問を踏まえてフランスの外科医セルジュ・アロールは「アマラとカマラ」が野性児の考察においての最もスキャンダラスな詐欺事件であるとまでいう。

　井深が最初にアマラとカマラのエピソードを聞いた時点では情報がまだ限定されていたが、それを引いて早期教育の必要性を語るにあたっては、エピソードに疑いを示す議論に触れることもできた。しかしそうした懐疑や検証を井深は省いてしまう。井深はある意味で「騙されやすい」。子どものように純粋で、好奇心を持って何でも知ろうとするし、面白いと思うことを聞きつけるとそのまま信じてしまう。

　盛田は自分の仕事を「善人の井深さんに悪い虫がつかないように追い払う役割」としばしば冗談めかして語っていたが、それは案外と正鵠を射ていたのかもしれない。盛田とタッグを組んで仕事を進めるわけではなかった幼児教育関係やその延長上で井深が関わることになる仕事に関しては、盛田がガードしないまま井深のナイーブさがそのまま出現する。盛田と井深のチームワークのよさは有名だが、ソニーと盛田から距離を取るということは井深のナマの個性が表出することでもあった。

利根川進との対談

　幼児開発協会では機関誌『幼児開発』を発行しており、そこでは井深自らがホストを務める連続対談が掲載されていた。九一年一月号からは三回にわたって分子生物学者であり、ノーベル医学生理学賞を受賞していたＭＩＴ教授の利根川進が登場している。二歳児から三歳児に向けたトレーニングプログラムを導入しようとしていた井深は親と子が集まったときに行った実験について利根川に話す。

目隠しをして、親探しゲームをやった。お母さんが部屋のずっと向こうにいて、こっち側に子供たちが並ぶ。それで、お母さんが自分の子供に目隠しする。（中略）ヨーイドンで子供たちが目隠しされたまま、お母さんをつかまえにゆく。後で〝マミーキャッチ〟ってそのゲームに名前をつけたんですが——。

部屋の中にカメラマンや先生や、結構人がいっぱいいた、その中をパーッと走って行って、お母さんのところへ真っすぐ行くのもいるし、直角に曲がって行ったのもいる……。

とにかく二秒か三秒ぐらいですよ、お母さんのところまで。それで、十四人が全部、一人だけ直前へ行って目隠しをとったのがいるけど、とにかく全部〔の子供が自分の母親を〕つかまえた。

井深の関心は幼児教育に向かう

こうした結果が出たことが、幼児が特殊な能力（「超能力的な、ESPという言葉はあんまり使いたくないんだけど、そういうある特別な能力」と井深は述べている）を持っている証拠だと井深は言いたいのだ。そして、この能力は大人になると消えてしまう。「〔同じことをやっても〕お母さんは十分かかっても子供のところへ行きつかない」のだ、と。

実は母と子の絆の重要性こそ井深が幼児開発協会を設立したときに強調していたことだった。『創造への旅』で井深はこう語っている。

私は視点を変え、母親の存在を軽視しすぎていることが、ゼロ歳児の研究が遅れている原因ではないかという考えを持ち始めた。母親と子供、これは育児上のひとつの単位である。子供の心や精神は胎内で受精した時からお母さんとコミュニケートしているわけでその分野の研究や実験があまりにも遅れているのではないかと痛感するようになった。（井深『創造への旅』一八二頁）

知的障害者であった多恵子の生育環境を思ってのことか、あるいは母に抱かれて育った自分自身の幼少期を思い出して書かれていたのか。いずれにせよ、マミーキャッチの実験結果は母と子の絆の強さを証し立て、かねてよりの自説を補強するものだと井深は考えた。

しかし、そんな井深に対して利根川は「何回でもできるはずなんだ、もし何らかのメカニズムがあるんだったら」と反論する。井深がその実験が再現できていないことを述べると利根川は「そんなこと言ったら、宝くじだって、百万人に一人でも、当たることは当たりますからね。（中略）たまたまという言い方をしなきゃしょうがないけど、その時、非常にまれな現象が起きたというだけのことで」と冷静に突き放す。

この対談は井深が後に進む方向性を示していた点でも興味深い。やがて井深は生まれてからの早期教育でも遅すぎると考えるようになる。

ゼロ歳児では遅すぎる

胎児がお腹の外からの情報を、大人が理解するようにすべて理解しているとまではいいませんが、しかし聞き耳を立てて感じ取っている、楽しいこと、悲しいこと、怖いこと、さまざまなことをそれなりに受けとめているのは間違いありません。つまり赤ちゃんは、従来考えられていたような無力、無意識、無知覚な存在では決してないのです。

胎児や新生児についての新しい事実が次々とわかってくるにつれて、当然、私たちの赤ちゃんに対する考え方も大きく変わってしかるべきです。だが、現実には、従来からの近代西洋医学に基づく「科学的常識」が、依然として支配的で、たとえば古代中国から伝わる「胎教」なども迷信の一言で片付けられてしまいます。母親と胎児は神経的につながっていないのだから、母親が何を考えようと赤ちゃんに伝わるはずもない。まして胎児の脳は未熟で未完成だから、何かを記憶したり、考えたりすることなど到底できるはずがない。そうした考え方が「常識」（私にいわせればそれこそが「偏見」です）だとされています。（井深『胎児から』一七頁）

そこで井深なりに科学の言葉を使おうとしている。たとえば教育問題を説くときに井深がしばしば引いたのが、いわゆる「左脳右脳理論」であった。これはカリフォルニア大学のロジャー・スペリーが説いた学説で、脳が右左で機能分化していると考える。井深はそれを踏まえて左脳を「言葉の脳」、右脳を「音楽の脳」と表現する。左脳は言葉を用いた論理的思考をつかさどり、右脳は音楽などの芸術活動を担当し、直感的な把握を行う。左脳で知り、右脳で感じるということだ。

そのうえで井深が重要性を強調するのは右脳だった。ヨーロッパ近代文明は左脳に偏った文明だったが早期教育で右脳を鍛えれば五感も心も発達するというのが彼の主張だった。「胎児や新生児は私たちの想像を超えた能力を持っている。しかもそれらの能力のほとんどは、いってみれば右脳的なものです。つまり赤ちゃんは最初に右脳的な能力（それは脳だけの働きによるものとは思いませんが）をみずから育んでいる。ところが私たち大人が身につけている常識なるものは、概ね左脳がつかさどっています。そこに重大な誤解や偏見の生じる原因があると、私には思えます」（同前、一四七頁）。

第八章　発明家の夢、再び

1　脈ですべてがわかる

東洋医学への没頭

井深の右脳重視は、かねてよりヨーロッパ近代西洋科学、特に西洋医学の限界を強く意識していたことと無関係ではない。この時期の井深は新聞で訃報をみると「また西洋医学に殺された」と漏らすのが習慣となっていたという。

井深は若い頃から胃腸が弱かったので漢方薬を好んで服用していた。四〇歳代からは鍼灸や指圧治療をうけるようになっていた。それは精銅工場の劣悪な労働環境の中で働いて亡くなった父の記憶とどこか関係があったのかもしれない。自然と戦って勝利を目指す近代西洋科学の強引なやり方には無理がある。それは自らの身体を害することすらある。そんな思いを井深はかねてより温めており、老境にいたってそれが極端な形で表面化したのではないか。

そんな東洋医学好きの延長上に脈診研究所が設置される。

八六年秋、耳が遠くなってきたと感じた七八歳の井深は補聴器を作っている子会社のソニーサウンドテックを訪ねた。そこで技術者の高島充に出会い、難聴対策以外の相談も持ちかける。

「僕は、時たま不整脈かな、と思うことがあるんだ。ところが医者に行く時に限って正常なんだ。なんとか自分の不整脈を記録して医者に見せたいんだ。不整脈をデータに出来るような一日の脈をモニターできる装置は作れないものかね」(佐古『井深大が見た夢』一〇四頁)。

手先が器用だった高島は二、三日で井深のリクエストに応えた。そして井深に届けた機器のセンサー部分をさらに改良し、指先で脈をピックアップする「加速度脈波計」を作る。それが気に入った井深はサウンドテックから高島を本社に引き抜き、脈波計を商品化する準備に当たらせる。

その脈波計のことを倫理研究所理事長の丸山敏秋に話すと「井深さん、脈ならもっとすごい装置が韓国にありますよ」と言われた。四〇年にわたり電子脈診法を研究して測定器を作った、白熙洙《ペクキシュ》という漢方医がソウルにいるというのだ。そこで井深は高島をソウルに派遣する。白の診療所は小さなものであったが、名医の評判が高く、大いに繁盛していた。初めはどこか胡散臭そうだと思っていた高島も、腰の持病に始まり、プライベートな問題にいたるまで白に次々と言い当てられて、すっかり感心したという(同前、一〇六頁)。

高島から報告を聞いた井深は白を日本に招聘し、一九八九年に脈診研究所をスタートさせる。『文藝春秋』平成二年八月号に掲載された語りおろしの記事で、脈診について井深はこう語っている。

これからは私にしかできないことをやりたい。そのひとつに、脈診というものの研究があります。人間には3つの脈があり、それぞれギュッと押した時の沈んだ脈、軽く押した時の浮いた脈の二通り、計6つの脈があるんです。この6つの脈をみることによって、身体の五臓六腑を中心とした状態が的確にわかる。東洋医学と西洋医学では、病気というもののカテゴリーがまったく違う。たとえばちょっと具合が悪いとか、なんとなく気持ちが悪いといった状態は、西洋医学では対応できない。これは身体のバランスが崩れているんですが、脈診を使えば、どうバランスが崩れ、それで身体のどこに問題があるかということがわかるんです。

これはすでに二千年前の中国で東洋医学として確立している。ただ、これまではハードウェアの不備ということがあって、あまり広がっていなかった。しかし将来、研究が進めば、いまの体温計や血圧計と同じように、どこの家にも脈を記録する装置が一台ずつ置かれるといった時代になるかもしれません。将来、ソニーが画期的な成果をあげることもできるんではないか。私は最終的にはそれを目標にしているんです。

他ができないことをする。人の役に立つ民生品を作る。脈診装置はまさに井深が追い求めてきた生活に革命をもたらすものづくり路線の延長上に位置づけられている。しかし、そのことがわかりにくい。西洋文明こそが科学の源泉だという常識と抵触するからだろう。

この脈診装置にはひとつエピソードがある。井深がまずその開発を頼んだのは、東通工からソニーにいたる歴史の中で、いつも井深の夢を魔法のように形にしてくれた技術者・木原だったという。

ある時二人で歩いでいると、井深さんが唐突に私の手を取られておっしゃった。

「脈診器を頼むよ。研究所の若い技術屋を指導してメカを完成させてくれ」

私が「努力してみます」と答えると、井深さんは目にうっすらと涙を浮かべた。私がメカに携われば完璧なものが出来上がると思われたのだろう。

しかし、私は内心、乗り気ではなかった。脈診については半信半疑だったし、東洋医学に関して、興味も知識もない。昔、井深さんからさまざまなものを作ってくれと頼まれたが、それは私の能力の範囲内にあったので、さして苦労なくできた。だが脈診となると、まったく未知の世界である。懇切丁寧に研究所の若手にアドバイスはしたものの、ついに最後まで、自分の手で積極的に開発しようという気にはなれなかった。(木原『井深さんの夢を叶えてあげた』二一八–二一九頁)

木原が乗り気でなかった理由は察するに余りある。井深にとって「脈」とはただ心臓の拍動ではなかったのだ。物理現象を超える含意がそこにはあった。

「気」へのアプローチ

八四年に筑波大学で開催された日仏協力国際シンポジウム「科学・技術と精神世界」に参加した井深は、経絡という目にみえない「管」の中を「気」というエネルギーが流れているとする東洋医学の考え方を聞き、また「気」の力で相手に触れずに投げ飛ばす「遠当」という秘技の実演をみて、大いに衝撃を受けている。
実はこのときの驚きは先に引いた利根川との対談でも語られていた。

井深　道場で、向こうにお弟子さんがいて、先生がこっち側にいて、先生がエーイと気合をかけると、そのお弟子さんはえらい勢いで飛ばされて、後ずさりしていってね、それで向こうの壁へぶつかって、また先生のところへはね返ってくる。

利根川はここでも冷静だ。「例えば私のような素人がその先生の前に立ち、先生が気合を入れると、私は倒れるんですか」。そう問うと井深は、倒れる側にも〝気〟が出ていないとダメでトレーニングが必要だと答えた。すると利根川がさらに聞き返す。「実験をやって僕が反応しないとするでしょう。その時に、いやこれはトレーニングが足りないからもっとトレーニングしなきゃと言われても、そういつまでもトレーニングしているわけにはゆかないからね」。以後のやりとりは笑いを含んだ和気あいあいとしたものだが、実は二人の間の溝の深さを示している。

井深　気功というのだけは本物らしいんですけどね、まあ、まずは信用することですね（笑い）
利根川　でも、トレーニングするにしても、それは信用しなくてもいいんでしょう、信用しなくても〝気〟は起こるね？（笑い）最初から信用しなきゃだめと言われたら、僕は何もできないから。

井深　信用させられちゃうんですよ。

井深は「気」を信用していた。だからこそ「気」の体内循環とみなされる「脈」を対象とすれば、西洋医学のように断片的な検査、診断ではなく、人体という生命体全体を相手取る診断が出来るのではないかと考えた。

それは白の考え方でもあった。白の著した『脈診の要訣』によれば「古典の中に明示されている、脈変を起こす、根本は人間の生体を構成している陰陽五行に、大自然の循環に従って後退する三陰、三陽の気と交互する所に起きるのが大気の変化であり、又人間生体の血流にも、変化を起こすようになるので、脈変も此れに相応して、変化を起こすのであると、明解に、内経の気交論に明示されています。此れが脈診の基本法則になっていますので、先ず、脈診の要を理解する為には、運気の交替する法則を理解して、此の法則に従って何の気に犯された時に、どのような、病が発展して止むようになるかを理解する所であります」（斎藤貴男『カルト資本主義』八四‐八五頁より再引用）。

この脈診への強い思い入れこそ「井深がボケた」の評判を決定づけたものだ。なにしろキツネ憑きの迷信を退治した当人が今度は脈診である。だが、井深は彼なりに真剣だった。脈には西洋医学が気づいていない「気」という生命の情報が含まれているかもしれない。かつて銚子の電波局が発信した時報が見えない電波に乗って伝わることに興奮したのと同じく、そんな可能性が井深を夢中にさせた。「気」の謎の追求、そしてそれを人間のために使う技術の開発こそ、それまでの人生の総仕上げにふさわしいテーマだと考えていた。

『胎児から』には科学的常識に対する激しい批判が繰り返される。

コペルニクスの「地動説」やダーウィンの「進化論」を持ち出すまでもなく、いつの時代にも、時代を揺るがす真実を真実と認めようとしない風潮はあります。もっとも「地動説」や「進化論」が直面した批判や非難は、当時の西欧社会を支配していた神学の側から投げつけられたものでした。いってみれば「科学」と「非科学」の闘争です。

周知のようにこの闘争は、その後、圧倒的な科学の勝利に終わり、西欧社会は神学の時代から科学万能の時代へと変貌してゆきました。「科学」という新しい宗教が、西欧社会を支配するようになったのです。

近代西欧の科学至上主義を根底で支えてきたのは、デカルトの哲学とニュートンの理論です。彼らはともに、世界は「機械仕掛け」で動いているということを立証した。デカルトは人間の心と肉体を分離すること（二元論）によって、人間は完全な機械であると唱え、ニュートンは運動の法則によって宇宙全体が大掛かりな機械であることを示しました。

確かに近代の発展の相当大きな部分は、彼らの「科学」に負っています。それは確かにそうなのだけれど、一方において世界は、過去も現在も、従来の科学では処理できない問題を山ほど抱えています。にもかかわらず、ここ一世紀ばかりの科学の勢いに目を奪われて、あたかも科学が万能であるかのような錯覚に陥っている。科学にあらざれば学問にあらずといった風潮が欧米のみならずわが国にも及んでいる。

かつて「地動説」を糾弾してやまなかった神学と同じ愚を、現在の科学は繰り返しているのです。

（井深『胎児から』二二七頁）

過去に「非科学」と「科学」の戦いがあったのと同じように、今や既存の「科学」とそれを超える「超科学」との戦いがあると井深は考えている。今や科学は硬直化しており、「科学」の名の下で常識に縛られる保守性と戦う必要があると主張する。

Oリングテスト

「気」に夢中になっていた井深の心を捉えたものがひとつあった。それはOリングテストだ。

Oリングテストとは、人間の身体をセンサーとして利用し、生体内の情報を指の筋力変化として検出する方法だ。基本的なやり方としては、患者が片手の親指と中指でO字型のリング＝輪を作る。検査をする側は患者のOリングに左右の親指を差し入れ、自分の中指でやはりOリングを二つ作る。つまり患者のOリングに検査者のOリングが二つ連なって三つの輪がつながっている知恵の輪のような状態となる。

検査者は患者のOリングを開こうと手に力を込める。そこで患者がどの程度抵抗力を発揮できるかで生体の力を計る。たとえば胃の状態を検査したければ、漢方でいう胃のツボに金属棒などで刺激を与えながらOリングを開こうとする。簡単に開いてしまうようなら胃に異常があり、開かなければ健康だとされる。

この検査法を考案したのは鍼灸師の大村恵昭だといわれている。小林『ソニーを創った男　井深大』によれば大村は日本大学工学部の電気工学科を卒業後に早稲田大学理工学部の応用物理学科と横浜市立大学医学部を卒業したという経歴の持ち主で、その後、渡米して医学博士号を取得、欧米で鍼のデモンストレーションをして注目を集めた。そんな大村がOリングテストを編み出すのは脳の血液循環と握力の相関関係を研究していた時期だとされ、一九八〇年に成果を公表するにいたっている。

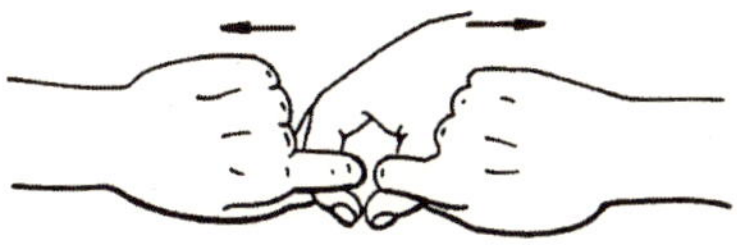

体内にみなぎる“エネルギー”を計るOリングテスト

日本には漢方の雑誌などを通じて紹介されていたが、一九八五年に最初の講演会が国内で実施され、四〇〇名の聴衆の前でOリングテストの実演をしている。

九〇年に盛田がユーゴスラヴィアのベオグラードで講演をしたとき、大村が盛田に接触を試み、そのことを盛田が井深に伝えた。翌年夏に大村が医師の下津浦康博をともなってソニー本社を訪ね、井深と面会している。

井深は当時、後縦靭帯骨化症という病に罹り、足が不自由となって手が麻痺していた。そんな井深の上半身を裸にして大村はペンで印をつけながらOリングテストを実施してゆく。

大村の診断ではウィルス感染や循環器障害などが指摘され、薬の指示があったという。

大村たちが帰ると、井深が佐古に尋ねた。

「どうだった？」

「五〇パーセントですかね」

「僕は七五パーセントだ」

井深はOリングテストを七五パーセント信ずるというのだ。（小林『ソニーを創った男　井深大』三六〇頁）

以後、井深は気を計る方法としてOリングテストに期待するようになる。秘書を動員し、砂糖やたばこを持たせてOリングテストをうけさせる実験もした。その普及を促すプロデューサーになろうとして、説得攻勢をかけるべき官庁や学界、医師会のリストも作っていた。

こうして東洋医学に関心を移してゆく井深は、過去に電磁気学が一度たどろうとした道をあらためて進むかのようだ。

医師メスマー

電磁気学がその発展の過程においてエーテルを必要としてきたことはすでに書いた。しかし後世から見て「非科学」に分類されるものはエーテルだけではない。近代磁気学を拓いたのはイギリスの医師ウィリアム・ギルバートだ。女王エリザベス一世の侍医としても活躍したギルバートは医療のかたわらで磁石の研究を続けており、地球それ自体がひとつの磁石であることを発見する。彼が一六〇〇年に刊行した『磁石論』の第一四章には「磁石のほかの諸力」、第一五章には「鉄の医療力」とあり、磁力の医療効果が論じられている。

こうした磁力の医療効果についての議論を前進させたのは、一七七八年にウィーンからパリにやってきた医師フランツ・アントン・メスマーだった。メスマーはウィーン大学で医学を学び、論文「人体疾患に及ぼす惑星の影響について」で医学博士号を取得。ウィーンで内科系医師として開業した。彼の治療法の特徴は磁石の使用にあった。メスマーによれば、誰の身体にもその内部を貫通し、まわりを取り囲んでいる超微細な「流体」が存在している。この「流体」こそ熱や光、電気や磁気といった現象の元になるもの。病気はこの「流体」の流れが阻害されることによって生じる。そこで身体の磁極を摩擦し、流体の活動を「活発」にすること（＝メスマー化）で病気を治すことができる。そんな説に基づき、メスマーは患者に催眠術をかけて昏睡状態にしたうえで治療を行った。

メスマーとその弟子たちは完璧な演出をやってのけた。彼らは患者を坐らせ、患者の閉じた膝を自分の膝の間に入れて固定し、小さな磁石の磁極を探すのだと言って、患者の全身に指を走らせる。これらの小さな磁石群が集まって、体全体でひとつの大きな磁石を形成しているというのである。メスマー化という作業には、小磁石が場所を移動することがあるために、熟練を要する。患者との間に「つながり」をもつための最良の方策は、まず指の磁石とか鼻の磁石のような安定した磁石に頼ること、さらに、頭のてっぺんにある北極とか、足先の南極とかいった場所を避けることである。頭のてっぺんの北極は、通常、星辰からくる磁力線を受けとる場所であり、足先の南極というのは地磁気を受けとる生来の器官であるとされていたからである。(ダーントン『パリのメスマー』一六頁)

治療の鍵となったのは処置室の中央に置かれた巨大な「桶」だ。そこには鉄の鑢《ろ》屑とメスマーいうところの「磁化された水」が入れられていた。この桶が不可視の流体を蓄えて、可動式の鉄の棒を介して人体に流体を伝えると説明されていた。

こうした風変わりな方法で主に貴族の治療に当たってきたメスマーは一七七五年に盲目の天才音楽家マリーア＝テレージア・パラディース嬢を治療する。一度は視力を回復させたという説もあるが結局、視力を取り戻すにはいたらなかったため評判を失墜させ、メスマーはウィーンを離れる。

メスメリスム

パリに現れたメスマーはさっそく桶をおいての治療を開始した。ダーントンによればメスマーの医療術＝メスメリスムは「まるで疫病のように」フランス全土に急速に広がり、「男女を問わず、子ども含め、皆が巻き込まれ、皆が動物磁気化してしまった」という。桶の周囲に車座になった患者たちは、ロープを摑んだり、親指と人差指で輪を作ったりして(Oリング!)、電気回路を思わせる「回路」を構成して、相互に流体を伝達しあった。

しかし科学界、医学界がメスメリスムを認めたわけではなかった。ウィーンの医学界がメスマーを排斥したように、パリの科学アカデミーや王立医学協会、パリ大学医学部はメスマーに批判的であった。批判する側は患者が磁化されていると信じなければ治癒効果が出ないことに注目し、患者自身の想像や信心によって症状が軽癒しているだけだと結論した。

しかし批判勢力がメスメリスムを「非科学的」と指弾しても、支持者は宗旨替えをしない。メスメリスムの側にも科学的な論拠があった。それは電気に関する新しい知見を踏まえたものだった。たとえばベンジャミン・フランクリンは一七五二年に雷雲に向かって凧をあげ、凧糸の端に結びつけた絹のリボンにぶらさげた鉄製の鍵に指を近づけて指と鍵の間に電気の火花が飛ぶのを確認した。この実験が、雷の正体が琥珀が帯びるのと同じ電気であることを証明した。そしてフランクリンは物体の帯電を電気流体の存在によって説明しようとする。フランクリンによれば電気流体は重さがなく、物体中に適性以上含まれるとその物体はプラスに帯電し、不足するとマイナスに帯電するとした。後にフランクリンは避雷針実験の英雄談を土産に初代のアメリカ合衆国大使としてフランスを訪問している。フランクリンは神々の火を人間にもたらしたプロメテウスの再来として持て囃され、電気流体説も広く人口に膾炙していた。

しかし、そのときのフランスにはもうひとつ「流体」説が蔓延していた。フランクリンの雷実験の後、電気の研究が急激に進み、イタリアではボローニャ大学の生理学者ルイジ・ガルヴァーニが亜鉛や銅版を接触させるとカエルの筋肉が痙攣することを実証していた。これは動物が神経や筋肉の中に電気を走らせているからだと考えられた。こうした動物電気説はメスマーの動物磁気説を援護する考え方となった。

電気と生理現象を結びつける発想は一九世紀にも生き続けている。キャロリン・マーヴィンは『古いメディアが新しかった時』の中で電気がさまざまなかたちで治療効果や健康の概念と結びついていたことを指摘している。一八八九年にロンドンのある内科医は、身体に電気を通して数ヶ月処置することで癌性腫瘍の成長が抑えられたと報告している。フランスの科学アカデミーでも一八九八年に高周波電流が糖尿病や痛風、リウマチ、肥満症の治療に効果をもたらしたと紹介されている。専門家ですらこの体たらくなのだから、大衆社会は言うまでもない。マーヴィンによれば一九世紀末の社会は「治療作用があると考えて、丸薬や石鹸、紅茶、飲み薬、衣服、宝石などあらゆる種類のものに電気を埋め込んでいった」。たとえばロンドンのかつら業者は、シルクハットの内側に電極を装着することで頭痛や神経痛を和らげ、発毛をも促進させると謳う電気装置を販売していた。「男らしさ」の観念は長らく「力」「エネルギー」「強さ」などといった言葉と結びつけられてきたが、電気もまたそこに接続される。シアーズ・ローバック社が売りだした「ハイデルベルグの電子ベルト」なる商品はそれを装着すれば誰でも一ヶ月のうちに「男らしさ」を作り上げられるという効果を約束していた。明らかにメスメリスムの末裔と思われる発想も見られ、ミズーリ州のウェルトマー教授は「薬も手術のメスも用いずに」磁気療法で患者を治す方法を謳った。電気科学の初期において電気は、磁気とともに身体により近い場所で語られていた。

2　パラダイムシフト

デカルト、ニュートンを超えたい

もちろん井深は歴史家ではないので、こうした過去を参照することはない。彼の歴史観はデカルトやニュートンが近代社会を導き、その最終局面に自分たちがいるという大雑把なものだった。

あくまでも「新しい」医学を開拓しようとしていた井深が、この時期にしばしば口にしていたのがパラダイムシフトという言葉だった。

パラダイムという言葉は科学史家トマス・クーンのものだ。クーンは歴史的に一貫した科学があり、それが時代を経て進化してゆくという見方を批判した。クーンによれば科学史は不連続的だ。それぞれの科学は、科学者に問い方と答え方のモデルを示す枠組み（パラダイム）によって成立しており、科学史とはパラダイムの交代によって成り立っているとクーンは考えた。

こうした考え方を「都合よく」利用したのがニューエイジ・サイエンティストたちであった。代表的な論客に散逸構造を提起したイリヤ・プリゴジン、トランスパーソナル心理学のスタニスラフ・グロフ、タオ自然学を提唱したフリッチョフ・カプラ、ガイア仮説のジェームズ・ラブロックなどがいる。ニューエイジ・サイエンティストたちはデカルト、ニュートンが築いた近代科学というパラダイムはもはや行き詰まり、間違いやそれでは解明不能な事象が続出していると考える。これを打破して、新しいパラダイム（ニューパラダイム）への移行＝パラダイムシフトをしなければならないと主張した。彼らがしばしば用いた概念が「全体性」だった。フリッチョフ・カプラは現代科学は「ホリスティック」で「エコロジカル」な方向へと変化しつつあり、還元主義的なデカルト・ニュートン流の科学を超克する必要があると訴えた。

しかし実際にはデカルトが、機械論を唱える一方でその拡充を目指す過程で宇宙空間にはエーテルが満ちているという渦動仮説を採っていたことはすでに触れたし、ニュートンも遠隔的に作用する引力を数学的法則に沿って説明する一方で、経済学者のケインズが「最後の魔術師」と呼んだように、錬金術に耽る側面を持っていた。

その意味ではニューエイジ・サイエンスはデカルトやニュートンをかいかぶっている。デカルトとニュートンを近代的科学の創始者であるとみなすパラダイムのなかで二人を評価し、その枠組みを超えてゆくパラダイムシフトの必要性を主張している。

非科学か超科学か

井深の考え方もそうしたニューエイジ・サイエンスと響きあうものがある。彼もまさにパラダイムシフトを重要なキーワードとして採用していた。ニューエイジ・サイエンスの危うさはそれがあくまでも科学の側から語られるということだ。非科学的なオカルトであれば無視することもできる。しかしニューエイジ・サイエンティストのなかにはプリゴジンのようなノーベル賞受賞者も含まれている。科学の最先端に立って近代科学の限界を批判し、その突破を試みるというのがニューエイジ・サイエンティストたちの立ち位置だ。

井深もそれに倣おうとする。「非科学」との戦いに勝った「科学」だったが、今やそれ自体が権威となって新しいものの見方を抑圧している。そんな「科学」の常識的なものの見方（パラダイム）を乗り越えてゆく必要がある。そう考えた井深は「科学」の常識で説明ができないものと出会うと、そこに科学を超える新しい可能性があるかもしれないと考えて夢中になる。Oリングテストはまさにその典型だった。

九二年一月に開催されたソニー幹部の集いである「新年期恒例マネージメント会合」は井深の肝いりで「ニューパラダイムに向けて」がテーマに据えられていた。しかし会終了後の井深は不機嫌だった。井深にしてみればソニーの幹部たちには西洋近代科学一辺倒だった過去への反省や、東洋思想への取り組みを示して欲しかった。だが、出きてきたのは超小型化への挑戦や、デジタル化への取り組みの方向だった。「楽しみにしていたのに、みんな何もわかっとらん！」と井深は怒りを言葉にしたのだという（小林『ソニーを創った男　井深大』三六九頁）。

ニューエイジ・サイエンス

ちなみに東洋思想への期待もニューエイジ・サイエンスの特徴のひとつだった。ただし、その途中にひとつステップが踏まれる。デカルト、ニュートンのパラダイムからの脱皮を求めるカプラがまず依拠しようとしたのは量子力学だった。量子力学では古典物理学では説明のつかなかった事象を説明しようとする。

たとえば量子力学では原子よりも小さい粒子について、その位置と運動量が計測できないと考える。そうした粒子は孤立した状態では存在せず、観測者との関係によってその性質が決まるとされる。これを定式化したのがハイゼンベルクの不確定性原理だが、カプラはそれを踏まえて東洋思想に接近する。東洋思想の全体論的な説明のパラダイムこそ量子力学的な観察者と観察対象を入れ子構造で考える枠組みに通じるというのだ。

これはあまりにも唐突だ。量子力学を一気に人間や社会の問題に拡大して適用したり、異なる歴史の上に発展してきた東洋と西洋の思想を突如融合させてしまうのはあまりにも乱暴だ。にもかかわらずカプラは量子力学を用いれば近代科学を超えて東洋との融合が果たせるかのように語る。ニューエイジ・サイエンスにはこの種の自説に都合のよい論理の飛躍が多く見られる。それが論理性を重んじる「常識的な」科学界で支持を得られない理由だ。

パラダイム論の嚆矢となったクーンによれば、ある分野が「科学」と呼べるようになるのはパラダイムを持つからであり、通常の科学では、そのパラダイムの観点からみて重要な事実を確定し、事実と理論を突き合わせる作業がなされる。しかしパラダイムの観点から見てうまく説明がつかない現象が時々起きる。クーンはそれを「アノマリ」と呼んだ。パラダイムが提示されてすぐの時期には多くのアノマリが存在する。よいパラダイムは、そうしたアノマリの変則性を法則的にうまく説明する方法を編み出し、解決してゆく。しかしうまく説明ができないアノマリが増えて蓄積してゆくと科学者はそうしたアノマリを説明できる新しいパラダイムを提案する。こうしたプロセスで科学革命が進んでゆくと考えるのがクーンのパラダイム論だった。

ニューエイジ・サイエンスは、デカルト、ニュートンのパラダイムではうまく説明できない、つまりアノマリな現象があることを指摘し、新しいパラダイムの提案を要請する。井深が「気」を含めて説明可能な新しいパラダイムを求めるのも同じロジックだ。こうしてクーンのパラダイム論はニューエイジ・サイエンスの試みを肯定する考え方としてしばしば引かれる。

しかし当のクーンは都合よくパラダイムの更新を求める姿勢に対して実は批判的だった。クーンは科学とはその時代に説明できていないことを説明しようとするパズル解決の営みだと考え、そうした挑戦をしない試みは、そもそも科学の名前に値しないとみなした。

クーンが例に挙げたのは占星術で、占星術の予言はしばしば外れるが、それを情報の不正確さや他の要因の干渉のせいにするだけで、失敗した予測を使って占星術の理論を改善する努力をしていない。それは占星術がそもそも科学としてのパラダイムを持っていないからだとクーンは考える。こうしたクーンの批判はニューエイジ・サイエンスにも該当する。ニューエイジ・サイエンスはデカルト、ニュートン以来の近代科学のあら捜しはするが、自説を強固にする実証の努力をしない。

水瓶座の時代

もっともニューエイジ・サイエンスへ傾倒したのは当時の経済界で井深だけではなかった。経済界の理論的支柱だった堺屋太一がマリリン・ファーガソン『アクエリアン革命』の監訳をしている事実は象徴的だろう。

堺屋は序文を寄せてこう解説している。

マリリン・ファーガソンの予見する変革は、公害防止運動や対米自動車輸出のような「小さな問題」ではない。それは、おそらくは何世紀かに一度しか起こらないような「人間の思考と社会の仕組の根底を変える巨大な変革」である。彼女は、そうした大変革が起こる兆しが、ごく最近、とくに一九八〇年代に入るころからアメリカにおいてきわめて顕著に見られる、と指摘する。(中略)
ファーガソンは、この偉大な変革を生み出すのは、革命的な政党や暴力的なラディカル運動でもなく、著名な宗教家や大企業のトップでもない、現代の矛盾に目覚めた多数の人々、つまり「透明な知性」をもった人たちの協議なき「たくらみ」だ、という。(中略)
もちろん、多くの人々を目覚めさせるためには、数々の先駆者が必要である。ファーガソンはそれを二十世紀のはじめ、またはそれ以前にまでさかのぼって語っている。たとえば、アインシュタインの相対性原理やプランクの量子力学の理論はニュートン以来信じられてきた「この世の不変」——質量エネルギー不変の公理——を破壊したこと。インド独立の父マハトマ・ガンジーの政治運動サティアグラハも、巨大な組織力によらねば政治改革はできないという神話を打ち砕くことによって、「透明な知性」を勇気づけたこと。さらに、最近の心理学や医学の進歩も、人々の思考を古い考え方から解き放つ効果があること等々である。(六-七頁)

アクエリアス=水瓶座はニューエイジ・サイエンスを象徴する言葉で、まさにクーンが嫌った占星術の援用である。占星術の区分では一九六〇年代にうお座の時代が終わって水瓶座の時代に入るのだそうだが、それによって六〇年代に根源的な意識革命が起きると説明される。その文脈で「アクエリアス（水瓶座の時代）の」革命としてアクエリアン革命の語を用いたのはニューエイジ・サイエンスを代表する論客の一人であるセオドア・ロゼークだった。ロゼークによればうお座の時代にはうお座的なものが、水瓶座の時代には水瓶座的なものが現れる。うお座が表すのは対立や抗争であり、水瓶座が表すのは和解や融合で、精神性や霊性の向上により、真の人間性が開花するのだそうだ。

フィフス・ディメンションという黒人コーラスグループが一九六九年に歌ってヒットした『アクエリアス』はこの水瓶座革命の訪れをテーマにしていたし、ファーガソンの著作もそうだ。その書を監訳したうえ解説を寄せた堺屋もまたパラダイムシフト論に傾倒し、アクエリアス＝水瓶座を革命の名に掲げるニューエイジ・サイエンスに惹かれている。斎藤貴男『カルト資本主義』は、こうして新しさに陶酔し、新しさを理由づけてくれるような理論に飛びついてしまう経済界トップの能天気なニューエイジ・サイエンスの流行状況を批判的にルポしている。

しかし、トップたちは浮かれていられるが社員のすみずみまでそれが及ぶわけではもちろんない。生活に追われる一般社員がニューエイジ・サイエンスにうつつを抜かす余裕はない。トップは周囲が必ずしも自分に理解を示していないと感じるからこそ、理解や共感を示すスタッフを贔屓にすることにもなる。井深は彼の考えるパラダイムシフトに協力するスタッフに存分に活躍できる場を与えることも厭わなかった。たとえば脈診研究所を設立する上で大きく貢献した高島充は、同研究所が生命情報研究所と名称変更したときにも担当を続け、生命情報研究所がＭＩ（Medical Information の略。期せずしてか、Masaru Ibuka のイニシャルでもある）総合研究所として九七年に独立した後に社長となった。

新会社の資本金は四〇〇〇万円、井深も出資者に名を連ねている。

3　未来が見えていたのか

井深の超自然的領域に対する思い入れは晩年にいたって深まる一方となる。この時期の井深に対する毀誉褒貶についてはすでに指摘してきた。

日本企業の限界

だが、「ボケた」という懸念は井深だけでなく、別の文脈でソニーにも向けられるべきではないか。二一世紀に入ってからソニーの失速。それはソニーが歩んできた歴史の延長上に必然的に用意された試練だったのではないか。戦後日本の高度経済成長は増え続ける人口によって支えられてきた。コンシューマー向け製品を作るメーカーは国内に有望な市場があるのでそこに向けて商品を提供していればまず企業としては安泰だ。そして国内市場の売上を確保したうえで新規技術開発に投資し、世界をリードするところまで技術革新を進められたのがソニーを筆頭とする日本の電機メーカーだった。

だが国内人口の増加は減速し、市場も飽和する。豊かになった国民を雇用しようにも人件費がかさみ、国内工場で作れるものは高付加価値商品に偏る。それは新興国市場で相手にされず、結果的に国内外で売れ行きが細り、新規技術を開発したくてもその原資が得られず、そのため魅力的な新商品が作れないのでさらに売上が減少する悪循環に陥る。

代わって国内市場向け商品開発で稼いで新規開発に資本投下できる中国が電機市場をリードするよ

うになる。中国の場合も成功の図式は同じだ。国内市場が急成長中であり、そこを相手取れば安定的な売上が確保され、それを原資に研究開発投資を行い、新製品がまた売れてゆくという好循環にいたる。中国は戦後日本がたどってきた道を遅れて歩んでいるが、人口スケールが桁違いだ。結果的に日本のメーカーに勝機はなく、戦後経済成長を達成させた構図の中から脱し、新たな道を探るしか日本のメーカーに活路は開けないのだ。

それを思うと井深がパラダイムシフトを強調していたことには一抹の合理性があったといえるのではないか。凋落したソニーに対して井深、盛田の時代を懐かしむような記事や書籍が多く書かれるが、それはノスタルジーでしかない。井深は生活に革命をもたらす製品づくりを求めてきたが、いまさらかつてと同じやり方を繰り返しても活路は開けない。今までの革命すら革命してゆくようなドラスティックな変化を企業自体が実践しなければ日本のメーカーには未来はないのだろう。

井深、盛田の後を継いだ大賀の時代にはハードだけでなくソフトを重視し、出井はデジタルシフトを謳ったが、それはもの作り企業の角度を若干変える程度の変革だったのであり、歴史の荒波は大きな振幅をともない、化粧直ししただけのソニーをすっかり飲み込んでしまった。その程度の対応で何とかなると考えた井深、盛田以降の経営者たちも、厳しい言い方になるが、後世からボケていたと評価されても仕方がないのではないか。

それに対して井深は、天性の勘のよさで日本のコンシューマー向け電機製造業の限界を予感し、今までとまったく違う業態を夢見ていたのかもしれない。今まで電機メーカーを支えてきた発明やアイディアとはまったく次元の異なる革命的な発想、そこで求められているのも、まさにパラダイムシフトだ。先に脈診装置をソニーの次世代の商品にするとの井深の発言を紹介したが、そうしたまったく独創的な技術に入れ込むことは、成果はともかく、愛するソニーを蘇らせる（か、第二のソニーを生み出すかの）一種の先行投資としても意識されていたのではなかったか。もしも脈診器の開発に成功すれば、人口減少する日本市場を超えて、広く「東洋」に軸足を置いて世界市場が狙えるかもしれないのだ。

人間を研究する

晩年の井深と誰よりも関係が深いのは巻頭で登場した佐古曜一郎だろう。八〇年代も終わりに近づいていた頃、技術研究所でデジタルオーディオの開発に従事していた佐古は、若手技術者が井深を囲んでアイディアを話す会に参加するようになり、かねてより持論の精神世界研究の必要性を語った。そこで気に入られた佐古は名誉会長室への出入りを許されるようになったという。

Oリングテスト開発者の大村が井深を訪ねて来社したときに同席したのもこの時期だった。井深にとって佐古は自分の考えが通じる貴重な若手技術者だった。

こうして信頼関係を築いた佐古は思い切って自分の夢を井深にプレゼンしてみる。「これからのソニーは、ヒューマン・サイエンスに取り組む必要があると思います。デジタル技術では確かに他社をリードしている。でも、ハードもソフトも、とどのつまり接点は人間なんです。人間の研究なくして、何がナンバーワン企業でしょうか、ソニーは二一世紀も指導者たらねばならないのです。ですから私は、人間を徹底的に研究してみたい。人間とはなにか。感動するとはどういうことか。その時の脳はどんな状態か。数理学的、社会学的、哲学的、心理学的に、私はアプローチしてみたいのです」（斎藤『カルト資本主義』一八－一九頁）。

佐古がアピールしたのは「祭」研究所の設立だった。古来より人と神の接点だった「祭」に、佐古はPsychology（心理学）、Psychic（超能力）、Science（科学）といった言葉を重ねて示そうとしていた。井深の反応は典型的だ。佐古の発想にはまだ西洋近代科学のパラダイムが残っている。そこは気に入らない。「そんなことをいくらやっても何もわからんよ。心が手つかずだ。脳から心は生まれてこない」（佐古『井深大が見た夢』五七頁）。しかし佐古が人間を総体として扱う東洋的アプローチに興味を持っていることを重ねて伝えると「この部分はよろしい、他のことがやりたいのであれば勝手になさりなさい」と述べた。

こうして井深の黙認を得て「祭」研究所の前段階としてソニー社内にＨＳＲＩ（Human Science Research Institute）準備室が九〇年四月に設置された。大いに意気込んだ佐古は趣旨に賛同して集まった六人のメンバーと手分けして国内外の大学や研究所をヒアリングに回っている。ニューエイジ・サイエンス関係の研究者とも面会の機会を持ち、電気通信大学で「気」の研究をしていた佐々木茂美教授との面識を得ている。

佐古によれば「もちろん、この分野の総指揮者は、井深大その人しか考えていませんでした。そして彼のもとに社会科学系分野も統合すれば、これは面白い研究所になるぞと考えていたのです。ＨＳ

RIのメンバーの中で、井深が考える東洋的領域が大きくクローズアップされる事件もありました。HSRIのメンバーが中国に行き、そこである超能力者に会い、自分たちが持っていたビデオカメラがこげてしまったというびっくりするような現象を体験して帰国したあたりから、『気』に対する関心が強くオーバーラップしてくるようになります」(佐古『ソニー「未知情報」への挑戦』六四頁)。

しかしこの準備室は半年後には閉鎖された。「時期尚早」との理由が示されたと佐古は書いているが(同前、六五頁)、社内に吹く逆風は相当に強かったのだろう。メンバーのうち二人は会社を辞め、他のメンバーは別の部署に移ったという。佐古も情報通信研究所へ異動になったが、佐々木教授との意見交換をしたりしながら、勤務時間以外に細々と「気」の研究を続けている。

4 超自然現象へ

科学と心霊現象

先に紹介した動物磁気説は、夢遊病や催眠現象が発見されてゆくなかで、透視やテレパシーといった心霊現象の原因として動物磁気の関与を指摘する立場を用意してゆく。

メスマーの弟子ピュイセギュールは、磁気治療の最中に磁気睡眠と名づけた現象が起きることを見出す。今でいうトランス状態である。その後、メスメリスムはドーバー海峡を渡ってイギリスで流行し始めるが、一八四三年には医者エリオットスンが、一八四七年には外科医エズデイルが催眠効果を用いて麻酔なしの外科手術を行った。同時期にイギリス人医師ブレイドはメスメリスム治療にともなう催眠効果を催眠術（hypnotism）と命名した。

この催眠術も広く実施されるようになり、遠く極東の日本にまで流れ着いている。日本初の英字新聞『週刊ジャパン・ヘラルド』の記者として日本に滞在していたJ・R・ブラックの後を追い、母とともに来日した長男の二代目ブラックは、両親の帰国後も単身日本に残り、一八七六年、奇術師三代目柳川一蝶斎の一座に雇われて西洋奇術を披露し始める。一八九一年（明治二四）三月より快楽亭ブラックを名乗り、九六年には日本初とされる催眠術の実演を行った。ブラックの催眠術はイギリスで出版されていた催眠術の原書から学ばれたものでメスメリスムをルーツとしていた。この実演が大いに評判となり、一九〇〇年には小野福平が大日本催眠術奨励会を開催、関係書籍も多く刊行され、催眠術ブームとでも呼ぶような状況が用意される。

こうした流行の中で本書冒頭に紹介した「千里眼事件」が起きている。X線の研究に携わっていた山川健次郎は透視実験に臨んで明らかにX線を意識している。

X線の発見は隠されたものを透視する力の存在を示した。そうした力を持つのはX線だけなのか。実際、X線に続いてN線と呼ばれる新しい放射線の存在が予想されたこともあったという。山川が立ち会った実験で採用された鉛管の中に被験体を入れる方法はX線で透視できない状態をつくりだしているのであり、それでも透視できればX線ではない別の力を用いたことになる。山川は科学者として新しい発見に出会う可能性に期待して、繰り返し実験に携わった。山川と福来友吉は科学と非科学の戦いよりも科学者同士の先陣争いをしていたのだ。

しかし、福来や自らの実験で決まって不可解な事故が起きる経験を経て、山川は千里眼の存在に対して懐疑的になってゆく（渡辺『日本人と近代科学』二五頁）が、それは透視力が科学的に否定されたわけではない。山川は科学者の立場で「非科学」的な透視力を排除したわけではなく、実験に仕込みや仕掛けがあるのではないかという疑いの気持ちを抱き、科学者として研究不正が疑わしい領域を遠ざけたのだ。逆に言えばそこでは科学的に何も決着がついていない。その意味で「N線」は依然として探し求められている。

井深は未決着の領域に自ら挑戦しようとした。「N線」の言葉はもちろん使わないが、新しい力を探そうとする姿勢には山川とも共通性がある。

祭研究所から
ESPER研究室へ

九一年一一月、雌伏していた佐古がソニー社内にESPER研究室を設置する。ESPERとはExtra Sensory Perception & Excitation Research（超感覚的知覚とその発揚の研究）であり、研究室の設置趣意書には「生命現象、精神現象、そして超自然的な現象の解明」とあった。HSRI閉鎖の経緯を考えれば、そこに社内の逆風を反転させるツルのひと声、つまり井深の関与がなかったとは考えにくい。とはいえ名目上の室員として研究開発担当専務がついているだけで室員は佐古ひとりだった。佐古自身が斎藤の取材に答えて語っている。

早くから東洋医学に目覚めていた井深にとってみれば、僕は飛んで火にいる夏の虫だったというか、諮られたというか（笑）。井深に進言した時に強調した数理学的、社会学的、哲学的、心理学的という四つの立場には、今でも個人的なこだわりがありますが、〝気〟の問題が重要であることは十分に承知しているので、そこにスポットを当てることにはまったく異存がありません。〝気〟の分野でうまくブレークスルーできれば、（超能力の研究は）みんな可能になるのも確かですし。（斎藤『カルト資本主義』二二三頁）

やがて佐古が社内の同志を募って研究室は四人体制になり、佐古は九六年に同研究室の室長になっている。ＥＳＰＥＲ研ではどのような研究がなされていたのか。佐古の著書によれば、目を使わずに物を見たり色を識別する「透視実験」や「色彩感知実験」、水に「気」を入れる「気功水実験」、超能力を発揮するときに生体に現れる変化の計測などが挙げられている。

桜美林大学教授の湯浅康雄が会長を務めていた人体科学会での研究報告もある。佐古を含めたＥＳＰＥＲ研四人の連名で九五年五月に発表された「生体特異感知の可能性について」ではＥＳＰ（超能力）を持つと思われるＴ・Ｉ（男性）とＥＳＰを持たない一〇人を実験に起用し、白金と水を入れた三五ミリフィルムケースの中身をケースに手に触れず識別をさせた。六日間に及ぶ一〇〇〇回の実験の結果、Ｔ・Ｉは七一・二％の正答率だったのに対して協力者一〇人の平均正答率は五〇・四％だったと報告されている。

脳科学を否定しない佐古らしく実験中の脳波測定もなされており、「Ｔ・Ｉの脳の状態は変性意識状態にあるにもかかわらず、意識集中によると思われる生理的な緊張状態になっている、言い換えれば意識はボーッとした状態で、身体は緊張しているというアンバランスな状態であり、こうした特殊な状態になることにより通常使われていない知覚能力が発現している可能性がある」と説明されていた。

可能性は指摘されている。しかし、可能性しか指摘されていないとも言える。そして可能性を示すエビデンスは示されていない。『カルト資本主義』の中に興味深いやりとりが記載されている。斎藤は「実験を公開し、論より証拠、超能力の存在を納得させれば良い」と考え、佐古に問いかける。それに対する佐古の返答は否定的だったという。「場の雰囲気が実験の結果を大きく左右してしまうためです。超能力の否定論者が多いと、超能力は発揮しにくくなるという事実があるんです」。この記述のとおりのやりとりがあったとすれば、科学の常識的な価値観をひっくり返しかねない実験は、その正しさを信じる人々の集まりの中でしか実施できないことになる。これは御船千鶴子の透視術実験が失敗したときにも使われたロジックだ。それが何度も繰り返されるのは軌道修正する必要が無いほど正しいからなのか、そうではないのか。

クーンの占星術批判を受け継いで発展させたのが、ハンガリー出身の科学哲学者イムレ・ラカトシュだ。ラカトシュはクーンのパラダイムの考えをリサーチプログラムと言い換え、それぞれのリサーチプログラムには「堅い核」の部分と「防御帯」があると考えた。堅い核とはリサーチプログラムの中心となる主張だ。地動説では地球が太陽の周囲を回っているという主張がそれに当たる。防御帯は堅い核を支持する説明の体系だ。両者がセットになっているのがリサーチプログラムで、クーンのいうアノマリは防御帯を修正することでプログラムの中に収められる。

ラカトシュは防御帯の修正が新しい知見を導いてゆくリサーチプログラムを「前進的」、そうではなく新しい知見を導かない場合を「後退的」と呼んだ（伊勢田『疑似科学と科学の哲学』）。

ＥＳＰＥＲ研の実験を含め、超心理学の実験は伝えられている限りにおいてほとんどが後退的だ。超能力に不信感を持つ観察者の影響が実験結果に及ぶので公開実験はできないという説明は一見筋が通っているように感じられるが、そう主張することで知見が増えることはない。よい結果が出ないのであればその理由を分析し、仮説を立て、実験で仮説を確かめればよい。知見をひとつひとつ確かめ、必要があれば修正しつつ漸進してゆくのが科学というパラダイムの中での原則だろう。それに対して、よい結果が出ないことを恐れて実験自体を放棄してしまうことは科学的パラダイム自体の放棄だ。パラダイムシフトを謳えばいいわけではなく、古いパラダイムの中で前進できるところまでゆこうとする努力があって初めてその先のパラダイムが科学的一貫性の上に開かれる。

気の力と重力波の違い

たとえばエーテルの存在を信じていた時代の物理学者たちもアノマリに直面している。マイケルソンとモーリーが意気揚々と臨んだエーテルの存在を確かめる実験では否定的な結果がでた。それに対してアイルランドのジョージ・フィッツジェラルドとオランダのヘンドリック・ローレンツはエーテルの向かい風の中を進む物体は縮むという仮説を立てた。距離が縮んでしまうので光速も遅くなっているのだが、往復にかかる時間が同じなのでマイケルソンの観察方法では干渉縞が生じなかったと説明したのだ。その仮説の下では「長さ÷時間」で測られる光速度は常に一定になる。

しかしこの仮説には相当無理がある。その無理を解決したのがアインシュタインだった。ニュートンが考えたように時間と空間が一定であることを前提とし、エーテルの硬さを時間と空間を縮ませる特殊な要素とみなすのでフィッツジェラルドとローレンツの仮説は無理筋のように感じられる。アインシュタインはマイケルソンとモーリーの実験結果はエーテルの存在を証明することには失敗したが、光速度が不変であることを示していると考え、光速度不変の原理を踏まえて、むしろ時間と空間が自在に伸び縮みすると考える理論体系を作り出した。アインシュタインの説明によれば、質量が時空間を歪ませることによって重力が生じ、真空であっても空間には重力場や電磁場が存在すると考えることでエーテルに頼ることなしに遠隔作用を説明した。

かつてニュートンの万有引力説がさまざまな天体の運動を合理的に説明できたがゆえにその神秘主義的な出自から切り離されて近代科学の中に定着していったように、アインシュタインの理論はエーテルがぶつかるから時間と空間が縮むと考える必要なしに世界を合理的に説明できるものだった。

こうしてアインシュタインはニュートン力学とは別のパラダイムを用意したが、できればアノマリを合理的に説明する理論の説得力だけでなく、正しさの証拠が欲しいと望むのも科学者の性である。

そこで物理学者は相対性理論で存在が予見されていた重力波の測定を試みた。重力波は「波動現象」だが、人類が今まで発見し道具としてきた「電磁波」の仲間とは大きく異なり、「重力」を発生する起源である「質量」が運動することで発生するとされる。その重力波を計測する装置が、かつてエーテルの風を感知しようとしたモーリーの実験装置を巨大にしたものであったことは、どこか微笑ましく感じられる。それぞれ数キロに及ぶ長いアームを直交させてその端に鏡を置き、アームの上をレーザー光線が何往復もするという構造になっており、重力波の影響を受けると、一本のアームはほんの少し伸び、一本のアームはほんの少し縮むと予想されるので、それによって、各アームの上を伝わる光が鏡に反射して戻ってくるタイミングがずれるはず。その微小なずれを検出しようとしているのだ。アリストテレスの考えに反してアトムのない真空の空間は存在した。そこにはエーテルを含めて何もないが、質量のある物質が発する重力が満ちている「場」であり、質量ある物質が動くと「場」の重力は波立つ。その波に向かうか、波の後ろから追われるかによって生じる空間の歪みを計る。この計測の試みは国際的な競争となっており、二〇一五年のノーベル物理学賞に輝いた梶田隆章博士の率いる日本のプロジェクトも挑戦したが、アメリカのＬＩＧＯ（Laser Interferometer Gravitational-Wave Observatory レーザー干渉計重力波観測所）が二〇一六年二月一二日に世界で初めて重力波を検知したと発表している。ＮＳＦ（全米科学財団）の提供する巨額の研究費に支えられ、アメリカの北西部と南部に巨大な観測施設を建設したＬＩＧＯプロジェクトが観測した重力波は、地球から一三億光年離れた二個のブラックホール（それぞれ太陽質量の三六倍、二九倍）同士の衝突合体により生じたものと考えられ、発表の半年前の一五年九月一四日に検出されていたという（高橋『重力波発見！』）。

こうして見えない力を見ようとして梶田ら物理学者が努力した方向は、井深が努力しようとした方向と本質的には異なっていない。その意味で井深は科学の正統に位置する。しかし井深には国家プロジェクトとして推進された重力波検証のような実証実験は無理だった。東洋医学の中に光る可能性の原石があると感じて、自分の手には余る機器の制作を高島らに期待し、自らの思いつきを裏付ける実験の成功をESPER研に期待する。しかし、それらは追試の手続きを踏んで確からしさを増してゆくことがなかったように感じられる。井深は脈診器や気を利用する製品であれば新時代の生活革命を導けると期待したのだろう。しかしその検証実験に着手する遙か手前で足踏みを余儀なくされている。

5 夢は半ばにして実らず

文化勲章をもうひとつ欲しい

井深本人にしてみれば隔靴掻痒の思いがあったのではないか。というのも彼自身が実験や検証を通じて「後退的」ではないアプローチをすることはもはや困難だったからだ。井深は九二年春に不整脈が原因で自宅で転倒し、ペースメーカーを入れている。すると今度は脳梗塞の発作を起こして、身体に不自由をきたすようになっていたからだ。

皮肉なことに井深が文化勲章を受賞したのは彼が身体の自由を失ったタイミングだった。受賞が決定し、共同記者会見が持たれた九二年一〇月二〇日、井深は「次回は、違った分野でもう一つか二つ、文化勲章をもらいたい」と述べたという。このときは脳梗塞の後遺症がひどく、言葉がはっきり話せていない。会見の様子を伝える小林の評伝でも「新しい分野で」と言おうとしていたのかもしれないと留保を付けている。いずれにせよ、井深は八四歳になってなお挑戦を忘れておらず、その成果を二度目の文化勲章に値するほど大きく育てたいと考えていたことは確かだった。

ちなにみ井深は文化勲章を受賞した記念に五ヶ所への寄付を申し出た。ひとつは神山復生病院。この時期にはすでにハンセン病療養所としての使命を終えてリハビリテーション病院に変わっていたが、かつて井深八重が働いた場所だ。そして身体障害者の治療、社会復帰に努め、ソニーとも長く関わりのある社会福祉法人「太陽の家」と「希望の家」。四つめが盲導犬の育成をはじめ、視覚障害者支援に尽力しているアイメイト協会。こうした障害者福祉関係施設への寄付は、自らも障害者の父として思うところがあったのだろう。そして五つめが鍼灸医療を中心に東洋医学の研究普及に努めている信愛ホームだった（島谷『人間　井深大』）。東洋医学へ傾倒していた井深は「もうひとつの文化勲章」を東洋医学に関わる分野で取りたいと考えていたのかもしれない。

だが、それはかなわない話だった。

佐古と井深が会ったのは九七年九月三〇日が最後になったという。佐古の筆致を引用する。

　僕は井深を三田の自宅に訪ねた。ニューパラダイムに関わる最新の話題を伝えるためだ。休み休みであるが一時間ほど話をした。興味が湧く話題になると、眼がキラっと光った。「変わらないな」と思った。しかし、井深の眼からは、自らアクティブに指示を出す意志は消えていた。

「まかせたよ」

そんな眼だった。井深との会談を終えた僕は、居間で井深亮夫人の絲子さんと談笑した。

「心はどこにあるのでしょうか？」

と問われた時に、僕は冗談まじりに
「怒ると頭の方にきます。『頭にくる』というくらいですから」

と答えた。

この答えに妙に受けた絲子さんは、井深にも話しにゆく。そして僕も呼ばれた。

井深は大否定した。腹の底から大きな声を出した。

「頭じゃない」

あまりの怒りに僕はたじろいだ。

「頭には心は絶対にない、いついかなる時も。頭じゃわからないんだ」

不自由な言葉を一所懸命発声しながら、

「心は、心は…」

後は言葉にならなかった。井深の眼は遙かを見つめた。僕は「遺言になるかもしれない」と感じた。（佐古『井深大が見た夢』二四八－二四九頁）

死去　九七年一二月一九日、井深は長男夫婦に見守られてこの世を去った。享年八九歳。三日後、御殿山のキリスト品川教会で密葬が執り行われ、棺はソニー本社前を通り過ぎて火葬場に向かった。年が明けて一月二一日にソニーグループ葬が新高輪プリンスホテルで行われている。病に倒れハワイで長期リハビリ中の盛田はグループ葬に出席できなかった。話もできず、字も書けない状態だった盛田に代わって良子夫人が出席して弔辞を述べた。以下、小林の『ソニーを創った男井深大』からその内容を引く。

井深さん、あなたはとうとうひとりで新しい世界に旅立ってしまわれました。戦争中、あなたにははじめてお会いして五十余年、二人で会社をつくって五十一年、苦しいときも、楽しいときも、いつも二人一緒でした。いま、二人は別れ別れになってしまいましたが、これからは、井深さんは新しい世界から、私はこの世の中にいましばらく留まって、次の世代の若者がどのように、この難しい世の中を乗り切ってゆくかを、じっと見つめて参りましょう、さようならとは申しません。また、いつの日かお会いできる日が来るでしょう。それまで、しばらくのお別れです。そして、私はいま、改めて、私にもこんな素晴らしい人生を与えてくださった井深さんに、心から御礼を申し上げます。井深さん、本当にありがとうございました。

この弔辞は先に執り行われた密葬に出席したときに良子夫人が自分で作ったという。ハワイでリハビリ中の盛田に井深が死んだことを伝えることはできなかった。密葬を終えて一度ハワイに戻ったときに、盛田に文面を示し「これでよかったでしょうか。よかったら手をぎゅっと握ってください」と言うと盛田は手を強く握ったと伝えられている。そのメッセージをもう一度グループ葬で読み上げた。盛田もまた回復することなく、ほぼ二年後に亡くなった。朝日新聞の報道によればESPER研究室は井深の死後、年度を越すことなく九八年三月末をもって閉鎖されたという。

発明家的科学者の一生

井深の場合、発明家気質が強かった。発明は理論的な解明を必ずしも必要としない。閃きと試行錯誤によって新しい効果に行き着ければ発明はできる。エジソンは独学で電気を学んでおり、電気学の理論に通じていたわけではなかったが、多くの発明を残した。井深も同じだ。中学生時代から井深は発明家として周囲に知られるようになるが、もちろん電気学を修める前である。雑誌等で独学していたとはいえ、高度の理論を理解していたわけではないだろう。

それでも独創的な発明は出来たのだ。むしろ必要なのは閃きであり、井深の好きな言葉を使えば右脳の働きだった。電波の潜在的な力を感じてそれを実用化することに創意工夫をした。そうした井深の天性の勘のよさはソニーが成長する過程で何度となく技術開発の役に立っている。

しかし電気技術がデジタル化の時代を迎えると、たとえばトンネル効果のような量子力学的な振る舞いを相手にせざるをえないようになり、原因と結果の繋がりは直感的ではなくなって、旧態依然とした発明家的スタイルは許容されなくなる。トランジスタの開発で井深は技術者たちを熱烈に支えたが自分で技術的な関与は出来ていない。

そのとき井深は遠くに行ってしまった電気技術を追うのではない、別の道を歩もうとしたのではないか。電気以外に遠隔作用の力はないか。井深には「気」にその候補となる資質が感じられた。「気」を使って新しい、もうひとつ別のソニーの歴史を作ること。井深はそんなことを考えていたようにも思える。

木原は井深に言われた言葉を記憶している。

「人が考えられないことを考えつくには、人が感じなかったところまで感じなければいけないよ」。井深さんと付き合っていると、急に思いついたように、そんなアドバイスを時々いただいた。アメリカの美術館だったか、博物館だったか。井深さんと一緒に訪れた時、突然、一枚の説明画のような絵を指して、井深さんが言った。

「あの絵をみてみろよ。隠し絵になっている。ほら、よく見ると、ほかの人が隠れているじゃないか」

言われてみると、たしかに別人の顔が見える。しかし、パッと見ただけでは気付かない。井深さんの鋭い感性には、私も負けたのかなと思った。（木原『井深さんの夢を叶えてあげた』一九三頁）

木原が八八年に退職して「ソニー木原研究所」を作ったとき、その設立趣意には井深がかつて東通工の設立に当たって使った言葉を引いて「自由闊達なる環境の下で独創的かつ創造的商品の研究開発を行い、もってソニーそして社会に貢献する」とした。井深への敬意を木原は生涯手放していない。

そんな木原にとって、脈診器の開発を頼まれても乗り気がせず、そのままにしてしまったことが苦い記憶として残っていることは先に触れた。それは、ただ井深への不義理の感覚だけではなく、もしかしたらその先に広がっていたかもしれない技術の可能性を取り逃がした後悔の感触でもあったのではないか。井深の天才を最もよく知る木原だからこそ、もしかしたらの感覚が払拭できないのだろう。

井深が木原に示した騙し絵には、たとえば真ん中にテーブルのような形が白く描かれているが、周辺の黒い部分に眼を転じると二人の人間が向き合っているように見えるものがある。こうした騙し絵は、心理学や認識論の世界でもしばしば引かれる。グレゴリー・ベイトソンは「図」と「地」の問題としてこれを議論した（「遊びと空想の理論」『精神の生態学』所収）。黒を「地」として見るとテーブルが「図」として浮かび上がって見える。これが私たちの認識だ。黒字のフレームを設定して「図」として何かを見ているのだ。

『デカルトからベイトソンへ』の著者モリス・バーマンはデジタル情報とアナログ情報の関係もこの「図＝コンテクスト」と「地＝フレーム」の関係だと考え、デジタル的知はアナログ的知に「句読点をつける」ことによって成立すると表現した。句読点をつけるとはフレームを決めて区切りをつけることだ。たしかにデジタル情報は自然をそのままなぞるアナログの連続的な変化を、ある単位ごとに微分した量として表現する。

アナログ的知は、自らが存在するために、デジタル的知にほとんど依存していない。アナログ的知は、いたるところに浸透した膨大な知である。アナログ的知こそが、知覚と認知の土台（「地」）なのだ。近代以前の文化においても、デジタル的な知は存在したが、それはアナログ的知のための道具にすぎなかった。科学革命以降、逆にアナログがデジタルの道具となり、デジタルによって全面的に抑圧された。（中略）ベイトソンから見れば、それこそが現代社会が抱えているさまざまな病弊の根源なのである。（バーマン『デカルトからベイトソンへ』二九四頁）

しかし、「地」であると思った黒い部分が実は人間の顔という「図」になっていることを発見して喜んでいるだけでは実は半端なのだ。それは黒の描写のさらに外側に白地の地＝フレームを設定して見ている。それは、いたるところに浸透した膨大なアナログ的な「地」にやはりひとつの句読点をつけることにすぎない。

終わらない探求

近代科学とは異なるものの見方があることを（再）発見しようとする。それは重要な試みだが、「もうひとつの学」として東洋医学や占星術に注目するだけでは、句読点のつけ方が変わっただけで、本当の意識革命にはならない。句読点をつける前の知の広がりの中に「図」と「地」の問題を位置づけ続けようとすること。領域横断を恐れることなくそれに挑戦した点において、ベイトソンは多くのニューエイジ・サイエンスの論客と区別されるのだと思う。バーマンはベイトソンの仕事に世界の再魔術化 Wiederzauberung der Welt の形容を与えているが、それでは他のニューエイジ・サイエンスと一緒に中世に戻る印象をもたらしかねない。ベイトソンは実験科学者ではないが、姿勢としてラカトシュのいう「前進的」な印象だ。

井深も「気」や「脈」に夢中になったが、ベイトソンのようにそれすらも相対化し、飽くなき仮説検証を続けるところまでは達せなかった。それは端的にいって井深の知力、体力、寿命がその前に尽きたせいだが、もしもより多くの時間が与えられていたらどうなっていたか。

もちろん可能性のすべてを否定してかかることはできない。少なくとも言えることは、晩年の井深をボケたと評したがる常識的科学観が、科学的であろうとして逆に科学の何たるかを見失っている危うさを宿しているということだろう。科学的思考は常にその時点の科学によって埋められていない余白を埋めようと目指す。それは古今東西の科学者に共通する志向だ。誤解を恐れずに言えば、科学者とは一般人には奇異と思われる仮説を持ち出しては不可思議な現象の説明をしようとするという意味で誰もが電波系なのだ。

電波に始まり、「それ以外」も含めてコミュニケーションの可能性を追い求め、自分の力で実用化したいと望む。そうした井深の思考のパターンが、まだまだ自分の頭と手によって新しい分野が開拓可能だった発明家肌の強かった過去の科学者だけでなく、最先端の科学者たちにも共通するものであることは否定できない。

しかし、科学者たちの仮説は、説明できる範囲を広げ、実証実験が重ねられることで科学としてオーソライズされてゆく。それに対して晩年の井深が開拓を目指した未開の地平は、彼自身が新しい「科学」としての最先端の物理学や生理学の趨勢をフォローできていなかったという限界もあって、むしろ過去に「科学」の大勢が「非科学」と認定してきた民間医療や神秘主義に近い印象を与え、凡百の「後退的」ニューエイジ・サイエンスと同じ轍を踏んでしまった。そんな井深の限界はきちんと見極めておくべきだろう。

ただそうした限界こそあったが、井深が晩年にいたって急にボケたり、突然、予期せぬ変節を遂げたわけではないことは少なくとも確かだ。発明少年からソニーの経営者となって高度経済成長期を牽引していた頃の井深を（日本社会からキツネ憑きの迷信を消失させるなどに貢献した）合理的科学的な脱魔術化のひと、晩年の井深を再魔術化のひとと二分するのはおかしい。発明家が個人で生き生きしていられた科学技術の牧歌的な時代に培った感性のままに好奇心を絶やさずに井深は生きた。その人生は徹底的に一貫していた。井深を慕い敬う人は、「ボケ」云々がささやかれる前と後で、すっかり顔ぶれが入れ替わってしまったように感じられるが、そのいずれの人々をも魅了したのは生涯を通じて新しい技術を求め続ける発明家的科学者として生き抜いた、無垢にして純粋な井深の魂だったのだろう。

参考文献

相田洋『電子立国日本の自叙伝』（上・中・下）日本放送協会出版、一九九一・一九九二年。

青地正史『もはや戦後ではない』日本経済評論社、二〇一五年。

石川幹人『超心理学』紀伊國屋書店、二〇一二年。

石原純『エーテルと相対性原理の話』岩波書店、一九二一年。

伊勢田哲治『疑似科学と科学哲学』名古屋大学出版会、二〇〇三年。

伊藤清次郎『電狸翁夜話――仙台昔話』小西利兵衛、一九二五年。

井深大『創造への旅　わが青春譜』公正出版社、一九八五年。

井深大『幼稚園では遅すぎる』ごま書房、一九九一年。

井深大『胎児から』徳間文庫、［一九九二年］一九九八年。

井深大『ソニー魂』ソニー・マガジンズ新書、二〇〇八年。

井深大『自由闊達にして愉快なる――私の履歴書』日経ビジネス文庫、二〇一二年。

井深大（インタビュー：小島徹）『井深大の世界――エレクトロニクスに挑戦して』毎日新聞社、一九九三年。

井深亮『父　井深大』ごま書房、一九九八年。

内山節『日本人はなぜキツネにだまされなくなったのか』講談社現代新書、二〇〇七年。

江波戸哲夫『小説盛田学校』（上・下）プレジデント社、二〇〇五年。

大賀典雄『SONYの旋律――私の履歴書』日本経済新聞社、二〇〇三年。

カーオ、ヘンガ『20世紀物理学史』(上・下) 岡本拓司監訳、名古屋大学出版局、二〇一五年。

ガードナー、ジョン『世界の技術を支配するベル研究所の興亡』土方奈美訳、成毛眞解説、文藝春秋、二〇一三年。

菊地誠『科学と神秘のあいだ』筑摩書房、二〇一〇年。

木原信敏『井深さんの夢を叶えてあげた』経済界、二〇〇一年。

清武英利『切り捨てSONY』講談社、二〇一五年。

黒木靖夫『大事なことはみな盛田昭夫がおしえてくれた』ワニ文庫、二〇〇三年。

小林峻一『ソニーを創った男　井深大』ワック、二〇〇二年。

斎藤貴男『カルト資本主義』文藝春秋、二〇〇〇年。

佐古曜一郎『ソニー「未知情報」への挑戦』徳間書店、一九九六年。

佐古曜一郎『井深大が見た夢』風雲舎、一九九八年。

佐々木茂美『見えないものを科学する』サンマーク出版、一九九八年。

重光司『電気と磁気の歴史』東京電機大学出版局、二〇一三年。

島谷康彦『人間　井深大』講談社、二〇一〇年。

新戸雅章『逆立ちしたフランケンシュタイン――科学仕掛けの神秘主義』筑摩書房、二〇〇〇年。

新戸雅章『知られざる天才ニコラ・テスラ』平凡社新書、二〇一五年。

鈴木光太郎『オオカミ少女はいなかった――心理学の神話をめぐる冒険』新曜社、二〇〇八年。

ソニー広報センター『ソニー自叙伝』ワック、一九九八年。

ソニー中央研究所編『ソニー中央研究所』三田出版会、一九九一年。

ダーントン、ロバート『パリのメスマー』稲生永訳、平凡社、一九八七年。

高橋雄造『ラジオの歴史』法政大学出版局、二〇一一年。

高橋雄造『電気の歴史』東京電機大学出版局、二〇一一年。

高橋真理子『重力波発見！』新潮社、二〇一七年。

田口憲一『S社の秘密』新潮社、一九六二年。

竹山昭子『ラジオの時代』世界思想社、二〇〇二年。

竹内正実『テルミン——エーテル音楽と20世紀ロシアに生きた男』岳陽社、二〇〇〇年。

立石泰則『井深大とソニースピリッツ』日本経済新聞社、一九九八年。

田中聡『電気は誰のものか』晶文社、二〇一五年。

ドッブズ、ベティ『錬金術師ニュートン』大谷隆永訳、二〇〇〇年。

中野明『サムライ、ITに遭う』NTT出版、二〇〇四年。

中川靖造『創造の人生　井深大』講談社文庫、一九九三年（ダイヤモンド社、一九八八年）。

中川靖造『ドキュメント日本の磁気記録開発』ダイヤモンド社、一九八四年。

中川靖造『ドキュメント日本の半導体開発』講談社文庫、一九八五年。

中川靖造『次世代ビデオ戦争』ダイヤモンド社、一九八七年。

中川靖造『ドキュメント海軍技術研究所』日本経済新聞社、一九八七年。

根本敬・村崎百郎『電波系』太田出版、一九九六年。

バーマン、モリス『デカルトからベイトソンへ』柴田元幸訳、国文社、一九八九年。

ファーガソン、マリリン『アクエリアン革命』松尾弌之訳・堺屋太一監訳、実業之日本社、一九八一年。

福島雄一『にっぽん無線通信史』星雲社、二〇〇二年。

ベイトソン、グレゴリー『精神の生態学』佐藤良明訳、新思索社、二〇〇〇年。

星倭文子『井深八重』歴史春秋社、二〇一三年。

マーヴィン、キャロリン『古いメディアが新しかった時――電気社会の誕生』吉見俊哉・水越伸・伊藤昌亮訳、新曜社、二〇〇三年。

水越伸『メディアの生成』同文社、一九九四年。

村上陽一郎『科学史からキリスト教をみる』創文社、二〇〇三年。

盛田昭夫『学歴無用論』文藝春秋、一九九六年。

盛田昭夫・石原慎太郎『「NO」と言える日本』光文社、一九八九年。

山崎武敏『井深大』時事通信社、一九六二年。

山本忠興博士傳記刊行会『山本忠興傳』山本忠興傳記刊行会、一九五三年。

山本義隆『磁力と重力の発見』(1・2・3) みすず書房、二〇〇三年。

吉見俊哉『「声」の資本主義――電話・ラジオ・蓄音機の社会史』河出文庫、二〇一二年。

米本昌平他『優生学と人間社会』講談社現代新書、二〇〇〇年。

ラカトシュ、イムレ他編『批判と知識の成長』森博監訳、木鐸社、一九八五年。

ロッシ、パオロ『魔術から科学へ』岡田達郎訳、サイマル出版会、一九七〇年。

若井登・高橋雄造『てれこむの夜明け』電気通信振興会、一九九四年。

渡辺正雄『日本人と近代科学』岩波新書、一九七六年。

あとがき

東通工がソニーに変わった年に生まれた筆者は、生前の井深に会ったことがない。取材と執筆の仕事をするようになって、もしも電機関係なり、経済系なりの専門記者であれば、ぎりぎりのタイミングで取材なり、会見なりで話を聴く経験をしていたかもしれない世代だが、その機会には恵まれなかった。今回、井深について書くことになって、井深との繋がりが何かなかったかと考え、思いつくのは少年時代から愛用してきたソニー製品だった。

たとえば中学生の頃、ラジオを買った。月々の小遣いやお年玉を使わずに貯金し、足りない分は祖父母が住んでいる母屋の廊下をせっせと雑巾がけしたりしてお駄賃を貰って補い、なんとか貯まった資金をもって秋葉原の電気店に買いに行った。今回、あらためて調べてみてそれがソニーのICF-1100というモデルであったことを確かめた。確か「イレブン」とかいう愛称で宣伝されていたはずだ。発売は一九七一年なので、筆者は中学二年生だったことになる。深夜放送を聞いたりフォークやロックが好きになったりしたのがちょうどその頃のことだったので、まさにイレブンが当時流行の文化に触れさせてくれたのだ。ロックンロールを愛したアメリカの青年に遅れて、日本の青年も深夜のラジオを聴くことを通じて自分だけの世界を持っていた。

やがて聴くだけでは飽き足りず、エアチェックもしたくなる。そこで買ったのはCF-2700。またもやソニー製のラジカセだった。ステレオ録音可能で乾電池でも駆動したので野外でも使えた。宣伝コピーでは、放送局が街頭録音に持ち出した伝説的なゼンマイ駆動テープレコーダー「デンスケ」の愛称を引き継いで名乗っていたシリーズのなかの一台だったように記憶する。外でも録音したかったのは高校時代には友人とバンドを組んで活動していたからだ。

それらを買うに当たって一番気に入っていたのはデザインだった。だが、本書執筆中に調べてわかったことだが、それは銀と黒でまとめられた外観を商品のアイデンティティとする広報宣伝を統括していた大賀のコンセプトに従うものだったようだ。

社会人になってからも想い出深いソニー製品がある。マグネシウム製の薄いボディで驚かせたVAIOノート505には発売直後から強く心躍らせられた。ちょうどホームページを初めて作った頃で、インターネットの記憶とも重なる。次いでより小型のVAIO-C1も愛用した。当時のPCは今より遙かに壊れやすかったし、保証期間が終わる頃に故障することを皮肉る「ソニータイマー」という不名誉な言葉が使われ始めた頃で、要するにVAIOは弱いとの評判があり、実際、よくこわれた。ただこれは仕事が忙しかった時期で出張も多く、移動中によく使っていたので落としたり、踏みつけたりしていた自分の責任かもしれない。特定の単語の変換をさせるとフリーズしてそのまま成仏したりしていたが、それも落下のショックでハードディスクに傷がついていたせいかもしれない。仕事で使っているので、PCなしでは話にならず、修理に出す一方で新品を買い、修理から戻ってきた機体はバックアップ用として残した結果、並行して何台も所有していた時期がある。同じVAIOの機種を繰り返し買い続けていたのは、バッテリーなど周辺機器が使い回せたこともあったが、ノマドワーカーの言葉がない頃から本格的に街に持ち出せるノートPCを作る、ウォークマンから一貫したソニーの姿勢に惹かれていたのだと思う。

とはいえ、大賀色の強いラジオにつづいて、こうしたVAIOの一連のモデルは出井がソニーの舵を取っていた時代の製品だったわけで、筆者が愛用してきた世代の製品は、もはや井深の作品とは言い難い。ただ今のソニー製品に比べれば、何台も使い続けたVAIO-Cの頃ぐらいまでのモデルには他のメーカーの製品には感じられない存在感があり、デンスケやウォークマンを引いたが、井深(と盛田)という伝説的創設者が率いたソニーという会社の製品だからこそ担えるオーラのようなものをまとっていたことも事実だろう。それらの芯にある求心力は、なるほどソニーを語る時にしばしば安易に使われがちな「ソニースピリッツ」というものの現実的な現れだったといえるのかもしれない。

しかし、そうした存在感は名残り陽のように次第に消えていった、そう言えないか。いよいよ本書の筆を擱こうとしている二〇一八年三月期の営業利益でソニーは二〇年ぶりに過去最高益を更新した。リストラに明け暮れた平井体制は長いトンネルを抜け出したようだ。

しかし、かつてのように心踊る商品をソニーは出しているか。たしかにAIBO復活は古きよきソニーを彷彿させて話題になった。しかし、AIBO開発を中断させずに細々とでも続けていたら開かれていただろう新しい人工知能とコンパニオン・ロボットの地平は、すでにGoogleやAmazonによって開かれ、ソニーは後塵を拝することになってしまった。経営好調は金融業の健闘や、アベノミクスによって誘導された円安のおかげという面があり、あくまでも個人的な感覚ではあるが、具体的商品で印象的なものは残念ながら多くはない。

井深はＶＴＲのＣＶ-２０００を発表したときに「生活に革命をもたらす製品だ」と紹介したという。今のソニーの製品で生活に革命をもたらすと感じられるものがあるだろうか。井深が生きていたら収益回復を喜びつつも、そのことを不満に感じたのではないか。とするとソニースピリッツとは生活革命を求めてゆく精神のことであり、それが井深スピリッツでもあったということだろう。

最高益に喜ぶソニーだが、創業以来の本業である電機部門では新しい局面を開けずに苦しんでいるのだとも思う。それはソニーだけでなく、今の日本のモノ作りの現場のどこにでも共有される苦しさだろう。それは理解できるのだが、一方で往年のソニー製品を知るものとしては、もう一度ワクワクするソニー製品とぜひ出会いたい。こうした、通常の文脈での電気製品では実現できない望みを叶えてくれる、よい意味で逸脱を恐れない「電波系」的経営者の再臨をつい期待してしまうのだ。

本書ではソニースピリッツのそもその源泉となっているはずの井深の「魂」を筆者なりに追ってみた。それも、高度経済成長期を牽引した戦後日本企業経営者のサクセスストーリーという、まさに「歴史の中にひとつ句読点をつけたフレーム」の中で論じるのではなく、井深の人生において晩年まで一貫した形で、さらに近代科学というものを視野に入れたより広い文脈の中でその全体像を浮かび上がらせることができないかと考えた。革命的なソニーのものづくりを通じて筆者を育ててくれた井深と、ものを書く仕事について以来、筆者がずっと考えてきた「科学的」であるということの意味あいを同時に追う――。それぞれを別々に深める方法もあったとは思うが、両方を一緒に扱わなければ書けないこともあったはずだ。電波技術や磁気記録技術が最先端だったときにはそれを利用する商品作りでいちばん先をゆこうとし、電機産業が飽和したときには電波や磁気ではない力を求めてやはりいちばん先にゆこうとした井深。その姿を描いて力及ばぬところも多々あろうが、少しでも新しい井深像を作り出す可能性の扉を開くことができていれば幸いだ。読者諸兄のご高評を賜りたい。

最後に。本書は完全な書き下ろしゆえに、編集を担当してくださったミネルヴァ書房の涌井格氏には格別のご苦労をおかけした。荒削りの原稿にせっかくコメントをつけて氏が戻してくれても、こちらは大学の授業がない夏や年末年始、春の休暇期間にしかまとまった仕事ができない。投げられたボールを投げかえすまでのインターバルが毎回長くなり、ようやくこのあとがきにたどり着いた。遅筆のお詫びとともに、丁寧で的確な指示を数多くいただいたことに感謝したい。

二〇一八年六月

武田　徹

井深大略年譜

和暦	西暦	齢	関係事項	一般事項
天保　八	一八三七			モールスが電信機を研究発明。
嘉永　六	一八五三			ペリーが浦賀に来航。ノルトン社製モールス電信機を献上。
明治一〇	一八七七			エジソンが蓄音機を発明。
二八	一八九五			マルコーニが無線通信実験に成功。
三三	一九〇〇			12月フェッセンデンが音声放送実験に成功。
三七	一九〇四			2・10日露戦争勃発。
四〇	一九〇七			10・17英米間で新聞社向け無線サービス開始。
四一	一九〇八	0	4・11栃木県日光町（現・日光市）字清滝に父・甫、母・さわの長男として生まれる。	
四三	一九一〇	2	6・1父・甫死去。	5・25大逆事件検挙始まる。

				8・22日韓併合条約調印。9・14福来友吉、透視術公開実験。
	一九一一	3		2・21日米通商条約改正調印。
四五	一九一二	4		
大正 三	一九一四	6	1月母・さわ、日本女子大付属豊明幼稚園で働き始める。	3・20東京大正博覧会開催（～7・31）。7・28第一次世界大戦勃発。
四	一九一五	7	3月豊明幼稚園を卒園し、4月日本女子大付属豊明小学校に進学。12月愛知県の安城尋常小学校に転校。	1・1長崎－上海間に海底ケーブル開通。
五	一九一六	8		3・1電話郵便開始。
八	一九一九	11	2月安城尋常小学校から神戸市の諏訪山尋常小学校に転校。	1・18パリ講和会議開催。6・28ベルサイユ講和会議。2・9東京で普通選挙期成大会開催。
一〇	一九二一	13	1月盛田昭夫生まれる。3月神戸市の諏訪山尋常小学校卒業。4月神戸第一中学校に入学。	
一二	一九二三	15		9・1関東大震災。
一三	一九二四	16		1・25大阪朝日新聞が公開実験放送を実施（～26日）。5・3大阪毎日新聞が公開実験放送実施（～15日）。

一四	一九二五	17		1・1AT&Tがベル研究所を正式に発足。3・22東京放送局（JOAK）が芝浦の東京高等工芸学校の仮施設より「試験送信」の名義で中波による放送を開始。受信者数九二〇人。7・12芝の愛宕山より中波放送の本放送を開始。
一五 昭和元	一九二六	18		12・25浜松高等工業学校助教授の高柳健次郎がブラウン管式テレビジョン実験に成功。
二	一九二七	19	3月兵庫県立神戸第一中学校卒業、4月早稲田高等学院理科に進学。	1・7英米間で無線電話開通。9・26アメリカでCBS設立。
三	一九二八	20		2・20第一六回総選挙（初の男子普通選挙）。6・4張作霖爆殺事件。8・1大阪中央放送局でラジオ体操放送開始。11・1東京放送局も開始。11・18ウォルト・ディズニーがトーキーのアニメーション「蒸気船ウィリ

				ー」公開。
四	一九二九	21	5月早稲田奉仕園友愛学舎に入舎。	5・16アメリカで第一回アカデミー賞授賞式。
五	一九三〇	22	3月早稲田高等学院理科卒業、4月早稲田大学理工学部電気工学科第二分科に入学。	1・21ロンドン海軍軍縮会議（〜4・22）。3月山本忠興、東京朝日新聞社の講堂でテレビジョン公開実験に成功。
六	一九三一	23		6月山本、早大戸塚球場からの屋外実況テレビ中継に成功。
七	一九三二	24		2・16ラジオ聴取者一〇〇万人突破。3・1満州国建国宣言。11・22日本放送協会が国際連盟会議での佐藤尚武全権の講演を録音放送。12・1関東軍が新京で満州国通信社を設立。
八	一九三三	25	3月早稲田大学理工学部電気工学科第二分科卒業。4月PCL（写真化学研究所）入所。	2・21国際連盟全権松岡洋右の講演「我が決意」をジュネーブの国際連盟ラジオ局が中継放送。3・27日本が国際連盟脱退。
一〇	一九三五	27		2・18天皇機関説事件勃発。

一一	一九三六	28	12月PCLを退社、日本光音工業株式会社入社、無線部長に就任。前田勢喜子と結婚。	3・22ドイツで世界初のテレビ定期放送開始。2・26二・二六事件。8月ベルリン・オリンピック。
一二	一九三七	29	長女・志津子生まれる。5月母・さわ死去	7・7盧溝橋事件。8月写真化学研究所ほか四社で東宝映画株式会社を設立。12・26「愛国行進曲」演奏発表会。レコード一〇〇万枚売れる。
一三	一九三八	30		4・1国家総動員法公布。10・30アメリカCBSがラジオ放送した「火星人襲来す」が全米をパニックに。
一四	一九三九	31		9・1ドイツ、ポーランドへ進撃（第二次世界大戦勃発）。
一五	一九四〇	32	5月二女・多恵子生まれる。11月日本測定器株式会社を設立、常務取締役に就任。	1月電力使用制限によりネオンサインや広告塔などが禁止となる。9・27日独伊三国同盟条約調印。
一六	一九四一	33		10・18東条英機内閣成立。

一七	一九四二	34		6・5ミッドウェイ海戦（〜7日）。
一八	一九四三	35		2・1ガダルカナル島撤退開始。ラジオニュースでは「転進」と表現。3・31ラジオ受信件数が七〇〇万を突破。
二〇	一九四五	37	3月ごろ戦時研究会で海軍技術中尉・盛田昭夫と出会う。5月長男・亮生まれる。10月東京通信研究所設立。10・6朝日新聞「青鉛筆」で東通研が紹介される。	3・9東京大空襲（〜10日）。4・1米軍、沖縄本島に上陸。5・25空襲で東京都内の大半が焼失（〜26日）。8・6広島に原爆投下。8・15終戦。8・22ラジオ天気予報復活。8・31ＧＨＱが米本国および進駐軍向け放送設備の提供を日本放送協会に命令。9・13ＧＨＱが放送措置に関する覚書を発令。9・22放送遵則（ラジオコード）を発令。
二一	一九四六	38	4月盛田が東工大を辞め、東通研に加わる。5月東京通信研究所を改組し、東京通信工業を設立。代表	1・4ＧＨＱが公職追放を指令。2・1平川唯一英語会話放送開

			取締役専務に就任。	始。2・13GHQが憲法改正草案を日本政府に渡す。2・15米のエッカートらが世界最初の汎用コンピュータENIACの実用化に成功。2・17新円発行、旧円封鎖。5・22第一次吉田内閣成立。11・3日本国憲法公布。12・3ラジオ「話の泉」（初のクイズ番組）放送開始。
二二	一九四七	39	1月本社および工場を東京都品川区に移転。4月木原信敏、東通工に入社。	1・4公職追放拡大。5・3日本国憲法施行。
二三	一九四八	40		6月ベル研究所でトランジスタ開発成功の記者会見。
二四	一九四九	41		3・7ドッジプラン実行の声明。
二五	一九五〇	42	8月テープレコーダー「G型」発売。11月代表取締役社長に就任。	6・25朝鮮戦争勃発。7・7アメリカで初のカラーテレビ放送。7・8マッカーサー、警察予備隊創設を指令。
二六	一九五一	43	3月テープレコーダー「H型」発売。4・21山本忠興死去。4・24富士見教会で葬儀。	

二七	一九五二	44	3月井深渡米。	4・28サンフランシスコ講和条約発効。12・22初のステレオ放送（NHK第一、第二放送）。
二八	一九五三	45	3月アーマーリサーチとの永井特許を巡る訴訟で和解。永井特許の合法性が認められる。	2・1NHKテレビ放送開始。8・28日本テレビ放送網も放送開始。12・15水俣病患者第一号発病。
二九	一九五四	46	5月東通工仙台工場操業開始。	3・1ビキニ水爆実験で第五福竜丸被爆。3・8日米相互防衛援助（MSA）協定調印。
三〇	一九五五	47	1月トランジスタラジオ一号機「TR-52」試作。2月米国出張に盛田が持参。ソニーブランドがつけられた。8月東京店頭市場に株式公開。8・7日本初のトランジスタラジオ「TR-55」発売。	8・24森永ヒ素ミルク中毒事件表面化。
三二	一九五七	49	3月「世界で一番小さいラジオ」として「TR-63」発売。トランジスタラジオの本格的輸出第一号にもなる。	5月科学技術庁設立。5・4原子力三法公布。7月経済白書に「もはや戦後ではない」。9・30大西洋横断海底電話ケーブル完成。
三三	一九五八	50	1月社名をソニー株式会社に変更。8月評論家・大	5・16NHKテレビ受信契約数

			宅壮一が『週刊朝日』にソニー＝モルモット説を書く。	一〇〇万突破。11・27皇太子婚約決定発表。11・30国産初のビデオテープレコーダーの試作機をＮＨＫが製作。12月東京証券取引所上場。12・23東京タワー完工。
三四	一九五九	51	1月ソニー小学校理科教育振興資金制度発足。3月小学校に入学する従業員家族にランドセルの贈呈を開始。9月大賀典雄ソニー正式入社。10月科学技術庁長官賞受賞。	4・10皇太子結婚パレード。一五〇〇万人がテレビで視聴したと推定される。
三五	一九六〇	52	2月ソニー・コーポレーション・オブ・アメリカ設立。5月シリコントランジスタを使った小型テレビ「ＴＶ８-３０１」発売。11月厚木工場設立。藍綬褒章受賞。	5・19新安保条約強行採決（〜20日）。6・10ハガチー事件。6・15全学連主流派国会突入、樺美智子死亡。9・10日本でもカラーテレビ放送開始。10・12浅沼稲次郎社会党委員長刺殺される。12・27政府が所得倍増計画を決定。
三六	一九六一	53	6月日本企業として初めてソニーがＡＤＲ（米国預託証券）を発行。6月ソニー中央研究所設立。	

三七	一九六二	54	5月輸出振興の功績により総理大臣賞受賞。6月財団法人「すぎな会」設立。9月VTR「PV-100」発表（発売は63年7月）。	3・1テレビ受信契約者一〇〇〇万人突破（普及率四八・五%）。10月キューバ危機。
三八	一九六三	55		1・1アニメ『鉄腕アトム』をフジテレビが放送開始。5・31全国の加入電話登録数が五〇〇万を突破。
三九	一九六四	56		3・25対米テレビ宇宙中継実験に成功。6・19太平洋横断電話用海底ケーブルが開通。9・5名神高速道路開通。10・1東海道新幹線開業。10・10東京オリンピック開催（〜24日）。
四〇	一九六五	57	4月VTR「CV-2000」発売。9月勢喜子と離婚し、黒沢淑子と再婚。10月社会福祉法人「太陽の家」設立。	
四一	一九六六	58	4月数寄屋橋ソニービル完成。	12・31NHKのテレビ受信契約が一九〇〇万台を突破。
四二	一九六七	59	4月経済同友会幹事就任。	7・28ラジオ受信料廃止決定。
四三	一九六八	60	3月CBSソニーレコード株式会社設立。10月トリ	4・25東名高速道路開業（東京

四四	一九六九	61	ニトロンカラーテレビ「KV-1310」発売。11月ころより3C（カー、クーラー、カラーテレビ）時代始まる。10月財団法人幼児開発協会創設、理事長就任。10・29ベータ規格のソニーとVHS規格の松下が家庭用VTRを同時発表。	-厚木間など）。11月いざなぎ景気（70年7月まで）。6月日本ビクターがカートリッジ式VTRを開発。7月アポロ11号月面着陸。
四五	一九七〇	62	9月ニューヨーク証券取引所上場。	2・12シャープが液晶とLSIを使用した電卓マイクロコンペットを発売。3・14日本万国博覧会開催（～9・13）。11・25三島由紀夫自決。
四六	一九七一	63	6月ソニー代表取締役会長に就任。10月UマチックVTR「VP-1100」発売。	
四七	一九七二	64		2・19あさま山荘事件（～28日）。5・15沖縄返還。9・1日中国交回復。
四八	一九七三	65	5月トリニトロンがエミー賞受賞。	10・23江崎玲於奈ノーベル物理学賞受賞。
五〇	一九七五	67	5月ベータ方式VTR「SL-6300」発売。	4・30ベトナム戦争終結。
五一	一九七六	68		2・4ロッキード事件表面化。

五三	一九七八	70		5・20成田空港開港。
五四	一九七九	71	7月ヘッドフォンステレオ〝ウォークマン〟「TPS-L2」発売。10月早稲田大学より名誉理学博士号を贈られる。	12・3電電公社が自動車電話サービスを開始。
五七	一九八二	74	8・31国内家電九社がCDプレイヤーを一斉に発表。10・1販売開始。	4・2フォークランド紛争勃発。10・13NECがPC9801を発表。
五八	一九八三	75		4月東京ディズニーランド開園。6・13戸塚ヨットスクール校長逮捕。7・15ファミリーコンピュータ発売。
五九	一九八四	76	8月日仏協力国際シンポジウム「科学・技術と精神世界」が筑波大学で開催。井深も登壇し、講演。11・10携帯CDプレイヤーD50を発売。	10月電話回線を用いたコンピュータ接続実験JUNETが始まる。インターネットの先駆とされる。
六〇	一九八五	77	2・16科学万博ジャンボトロンを展示。	3・16筑波科学万博開催。8・12日航機、御巣鷹山で墜落。
六一	一九八六	78		4月チェルノブイリ原発事故。
六二	一九八七	79	1月ワークステーション「NEWS」発売。4月財団法人鉄道総合技術研究所会長に就任。	4・1NTTの携帯電話サービスが認可される。4・10携帯電

六三	一九八八	80		話を発売開始。7・5リクルート事件表面化。9・17ソウル・オリンピック開催。11・1東京地検特捜部がリクルートコスモス社長室長を隠し撮りしたビデオテープをＮＴＶから押収。
六四 平成　元	一九八九	81	6月パスポートサイズの8ミリビデオカメラ「ＣＣＤ-ＴＲ55」発売。9月脈診研究所設立。11月文化功労者に選ばれる。コロンビア・ピクチャーズエンタテインメントを買収。	1・7昭和天皇崩御。4・1消費税開始。4・21任天堂、ゲームボーイを発売。8・10宮崎勤連続幼女殺害を自白。
二	一九九〇	82	6月ファウンダー名誉会長に就任。12月36型ワイド画面のハイビジョン映像対応カラーテレビＫＷ-３６００ＨＤ発売。	10・3東西ドイツ統一。
三	一九九一	83		1・17湾岸戦争勃発。5・19雲仙普賢岳噴火。11・25ハイビジョン試験放送開始。
四	一九九二	84	11月ミニディスク（ＭＤ）システム発売。文化勲章受章。	
五	一九九三	85	11月ソニー・コンピュータエンタテインメント設立。	5・15Ｊリーグ公式戦開幕。

六	一九九四	86	11月ファウンダー最高相談役に就任。	8・9細川護熙内閣発足。11・1インターネットイニシアティブ（IIJ）が国内初のインターネット接続サービスを開始。6・30村山富市内閣発足。12月Netscape Navigator公開。翌年公開のInternet Explorerとのシェア争いを展開する。
七	一九九五	87		1・17阪神・淡路大震災。3・20地下鉄サリン事件。5・31青島幸男都知事、世界都市博を中止。
八	一九九六	88	9月米国でVAIOシリーズ発売。翌年、日本でも発売。	1月ソフトバンクの出資により、ヤフー株式会社が設立される。
九	一九九七	89	12・19死去。	7・1英国、香港を中国に返還。12・11温室ガス削減などを定めた京都議定書採択。

*廣池千九郎　橋本富太郎
岩村 透　今橋映子
*西田幾多郎　大橋良介
*金沢庄三郎　石川遼子
柳田国男　鶴見太郎
厨川白村　張 競
*村岡典嗣　水野雄司
大川周明　山内昌之
西田直二郎　林 淳
折口信夫　斎藤英喜
シュタイン　瀧井一博
*西 周　清水多吉
*福澤諭吉　平山 洋
成島柳北　山田俊治
福地桜痴　山田俊治
*村山龍平　早房長治
島田三郎　武藤秀太郎
田口卯吉　鈴木栄樹
*陸 羯南　松田宏一郎
黒岩涙香　奥 武則
長谷川如是閑　織田健志
*吉野作造　田澤晴子
山川 均　米原 謙
*岩波茂雄　十重田裕一
*北 一輝　岡本幸治
*穂積重遠　大村敦志
*中野正剛　吉田則昭
*満川亀太郎　福家崇洋
*エドモンド・モレル　林田治男
*北里柴三郎　福田眞人

高峰譲吉　木村昌人
田辺朔郎　秋元せき
*南方熊楠　飯倉照平
石原 純　金子 務
*辰野金吾　河上眞理・清水重敦
*七代目小川治兵衛　尼崎博正
本多静六　岡本貴久子
ブルーノ・タウト　北村昌史

現代

昭和天皇　御厨 貴
高松宮宣仁親王　後藤致人
*李方子　小田部雄次
吉田 茂　中西 寛
マッカーサー　柴山 太
鳩山一郎　楠 綾子
*石橋湛山　増田 弘
重光 葵　武田知己
市川房枝　村井良太
*池田勇人　藤井信幸
高野 実　篠田 徹
和田博雄　庄司俊作
朴正熙　木村 幹
*田中角栄　新川敏光
宮沢喜一　村上友章
竹下 登　真渕 勝
*松永安左ェ門　橘川武郎

鮎川義介　井口治夫
*出光佐三　橘川武郎
*松下幸之助　米倉誠一郎
渋沢敬三　井上 潤
*本田宗一郎　伊丹敬之
*井深 大　武田 徹
*佐治敬三　小玉 武
幸田家の人々　金井景子
*正宗白鳥　大嶋 仁
*大佛次郎　福島行一
*川端康成　大久保喬樹
*薩摩治郎八　小林 茂
坂口安吾　千葉一幹
太宰 治　安藤 宏
松本清張　杉原志啓
安部公房　鳥羽耕史
*三島由紀夫　島内景二
井上ひさし　成田龍一
R・H・ブライス　菅原克也
柳 宗悦　熊倉功夫
バーナード・リーチ　鈴木禎宏
イサム・ノグチ　酒井忠康
熊谷守一　古川秀昭
川端龍子　岡部昌幸
藤田嗣治　林 洋子
*井上有一　海上雅臣
*手塚治虫　竹内オサム
古賀政男　藍川由美

*吉田 正　金子 勇
武満 徹　船山 隆
*八代目坂東三津五郎　田口章子
*力道山　岡村正史
*西田天香　宮田昌明
安倍能成　中根隆行
サンソム夫妻　平川祐弘・牧野陽子
*天野貞祐　貝塚茂樹
和辻哲郎　小坂国継
矢代幸雄　稲賀繁美
石田幹之助　岡本さえ
*平泉 澄　若井敏明
*早川孝太郎　須藤 功
安岡正篤　片山杜秀
青山二郎　田野 勲
島田謹二　小林信行
田中美知太郎　川久保剛
前嶋信次　杉田英明
*唐木順三　澤村修治
亀井勝一郎　山本直人
知里真志保　北原治郎太
*保田與重郎　谷崎昭男
石母田正　磯前順一
*福田恆存　川久保剛
井筒俊彦　安藤礼二
佐々木惣一　伊藤孝夫
小泉信三　都倉武之
*瀧川幸辰　伊藤孝夫
式場隆三郎　服部 正

大宅壮一　有馬 学
清水幾太郎　庄司武史
*フランク・ロイド・ライト　大久保美春
*中谷宇吉郎　杉山滋郎
今西錦司　山極寿一

*は既刊
二〇一八年十一月現在

*岩瀬忠震　小野寺龍太
*栗本鋤雲　小野寺龍太
大村益次郎　竹本知行
河井継之助　小川和也
*西郷隆盛　家近良樹
*由利公正　角鹿尚計
*塚本明毅　塚本学
*月性　海原徹
*吉田松陰　海原徹
*高杉晋作　海原徹
久坂玄瑞　一坂太郎
ペリー　遠藤泰生
ハリス　福岡万里子
オールコック　佐野真由子
アーネスト・サトウ　奈良岡聰智
緒方洪庵　米田該典

近代

*明治天皇　伊藤之雄
*大正天皇　F・R・ディキンソン
*昭憲皇太后・貞明皇后　小田部雄次
大久保利通　三谷太一郎
山県有朋　鳥海靖
木戸孝允　落合弘樹
井上馨　伊藤之雄
*松方正義　室山義正
北垣国道　小林丈広
板垣退助　小川原正道

長与専斎　笠原英彦
大隈重信　五百旗頭薫
伊藤博文　坂本一登
井上毅　大石眞
*井上勝　老川慶喜
*桂太郎　小林道彦
*渡邉洪基　瀧井一博
*乃木希典　佐々木英昭
星亨　小林道彦
林董　奈良岡聰智
*児玉源太郎　小林道彦
*高宗・閔妃　木村幹
山本権兵衛　室山義正
*金子堅太郎　松村正義
高橋是清　鈴木俊夫
小村寿太郎　簑原俊洋
*犬養毅　小林惟司
原敬　季武嘉也
*加藤高明　櫻井良樹
牧野伸顕　小宮一夫
田中義一　黒沢文貴
内田康哉　高橋勝浩
石井菊次郎　廣部泉
平沼騏一郎　堀田愼一郎
*鈴木貫太郎　小堀桂一郎
宇垣一成　北岡伸一
*宮崎滔天　榎本泰子
*浜口雄幸　川田稔
幣原喜重郎　西田敏宏
関一　玉井金五
水野広徳　片山慶隆

広田弘毅　井上寿一
安重根　上垣外憲一
*グルー　廣部泉
*永田鉄山　森靖夫
東條英機　牛村圭
今村均　前田雅之
蔣介石　劉岸偉
石原莞爾　山室信一
近衛文麿　庄司潤一郎
*岩崎弥太郎　武田晴人
伊藤忠兵衛　末永國紀
五代友厚　田付茉莉子
大倉喜八郎　村上勝彦
*安田善次郎　由井常彦
渋沢栄一　武田晴人
中野武営　佐賀香織
益田孝　鈴木邦夫
山辺丈夫　宮本又郎
武藤山治　阿部武司・桑原哲也
池田成彬　松浦正孝
西原亀三　森川正則
小林一三　橋爪紳也
大倉恒吉　石川健次郎
大原孫三郎　猪木武徳
*河竹黙阿弥　今尾哲也
イザベラ・バード　加納孝代
*林忠正　木々康子
*森鷗外　小堀桂一郎
*二葉亭四迷　ヨコタ村上孝之
*夏目漱石　佐々木英昭

徳冨蘆花　半藤英明
巌谷小波　千葉信胤
樋口一葉　佐伯順子
*島崎藤村　十川信介
泉鏡花　東郷克美
上田敏　小林茂
*有島武郎　亀井俊介
永井荷風　川本三郎
北原白秋　平石典子
菊池寛　山本芳明
芥川龍之介　高橋龍夫
*宮沢賢治　千葉一幹
高浜虚子　坪内稔典
与謝野晶子　佐伯順子
*種田山頭火　村上護
*斎藤茂吉　品田悦一
*高村光太郎　湯原かの子
石川啄木　先崎彰容
萩原朔太郎　エリス俊子
*原阿佐緒　秋山佐和子
*狩野芳崖・高橋由一　古田亮
川村清雄　落合則子
*小堀鞆音　小堀桂一郎
竹内栖鳳　北澤憲昭
黒田清輝　高階秀爾
中村不折　石川九楊
横山大観　高階秀爾
*橋本関雪　西原大輔
小出楢重　芳賀徹
土田麦僊　天野一夫

岸田劉生　北澤憲昭
濱田庄司　濱田琢司
*山田耕筰　後藤暢子
松旭斎天勝　川添裕
中山みき　鎌田東二
佐田介石　谷川穣
*ニコライ　中村健之介
*出口なお・王仁三郎　川村邦光
島地黙雷　阪本是丸
*新島襄　太田雄三
新島八重　佐伯順子
木下広次　冨岡勝
海老名弾正　西田毅
嘉納治五郎　クリストファー・スピルマン
柏木義円　片野真佐子
津田梅子　田中智子
*澤柳政太郎　新田義之
河口慧海　高山龍三
山室軍平　室田保夫
大谷光瑞　白須淨眞
*久米邦武　高田誠二
フェノロサ　伊藤豊
井上哲次郎　井ノ口哲也
三宅雪嶺　長妻三佐雄
*岡倉天心　木下長宏
志賀重昂　中野目徹
徳富蘇峰　杉原志啓
*竹越与三郎　西田毅
内藤湖南・桑原隲蔵　礪波護

南北朝・室町

後醍醐天皇　上横手雅敬
*護良親王　新井孝重
懐良親王　森　茂暁
*赤松氏五代　渡邊大門
*北畠親房　岡野友彦
楠正成　兵藤裕己
楠木正行・正儀　生駒孝臣
*新田義貞　山本隆志
*光厳天皇　深津睦夫
足利尊氏　市沢　哲
*足利直義　亀田俊和
佐々木道誉　下坂　守
細川頼之　亀田俊和
円観・文観　田中貴子
足利義詮　早島大祐
足利義満　川嶋將生
*足利義持　吉田賢司
足利義教　横井　清
足利義政　木下昌規
*大内義弘　平瀬直樹
伏見宮貞成親王　松薗　斉
*山名宗全　山本隆志
細川勝元・政元　古野　貢
畠山義就　呉座勇一
足利成氏　阿部能久
世阿弥　西野春雄
雪舟等楊　河合正朝
宗祇　鶴崎裕雄
*満済　森　茂暁
一休宗純　原田正俊
蓮如　岡村喜史

戦国・織豊

北条早雲　家永遵嗣
*北条氏政　黒田基樹
大内義隆　藤井　崇
斎藤氏三代　木下　聡
*毛利元就　岸田裕之
*毛利輝元　光成準治
小早川隆景・秀秋　光成準治
六角定頼　村井祐樹
*今川義元　小和田哲男
*武田信玄　笹本正治
*武田勝頼　笹本正治
*真田氏三代　笹本正治
*三好長慶　天野忠幸
松永久秀　天野忠幸
*宇喜多直家・秀家　渡邊大門
*上杉謙信　矢田俊文
大友宗麟　鹿毛敏夫
島津義久・義弘　福島金治
*長宗我部元親・盛親　平井上総
浅井長政　長谷川裕子
吉田兼倶　西山　克
山科言継　松薗　斉
*雪村周継　赤澤英二
正親町天皇・後陽成天皇　神田裕理
足利義輝・義昭　山田康弘
織田信長　三鬼清一郎
織田長益　八尾嘉男
豊臣秀吉　藤井譲治
豊臣秀次　矢部健太郎
*北政所おね　田端泰子
*淀殿　福田千鶴
蜂須賀正勝・家政　三宅正浩
前田利家　東四柳史明
山内一豊・忠義　長屋隆幸
*黒田如水　小和田哲男
*蒲生氏郷　藤田達生
石田三成　堀越祐一
*細川ガラシャ　田端泰子
伊達政宗　伊藤喜良
*支倉常長　田中英道
千利休　熊倉功夫
*長谷川等伯　宮島新一
顕如　神田千里
教如　安藤　弥

江戸

*徳川家康　笠谷和比古
本多忠勝　柴　裕之
*徳川家光　野村　玄
徳川吉宗　横田冬彦
*後水尾天皇　久保貴子
後桜町天皇　所　京子
*光格天皇　藤田　覚
崇伝　杣田善雄
*春日局　福田千鶴
宮本武蔵　渡邊大門
*池田光政　倉地克直
保科正之　八木清治
シャクシャイン　岩崎奈緒子
*田沼意次　藤田　覚
細川重賢　安高啓明
*二宮尊徳　小林惟司
末次平蔵　岡美穂子
*高田屋嘉兵衛　生田美智子
*林羅山　鈴木健一
吉野太夫　渡辺憲司
中江藤樹　辻本雅史
熊沢蕃山　川口　浩
*山崎闇斎　澤井　啓一
山鹿素行　前田　勉
*北村季吟　島内景二
伊藤仁斎　澤井啓一
貝原益軒　辻本雅史
*ケンペル　B・M・ボダルト＝ベイリー
新井白石　大川　真
荻生徂徠　柴田　純
*雨森芳洲　上田正昭
石田梅岩　高野秀晴
白隠慧鶴　芳澤勝弘
前野良沢　松田　清
平賀源内　石上　敏
本居宣長　田尻祐一郎
杉田玄白　吉田　忠
木村蒹葭堂　有坂道子
*大田南畝　沓掛良彦
菅江真澄　赤坂憲雄
*鶴屋南北　諏訪春雄
良寛　阿部龍一
*山東京伝　佐藤至子
*滝沢馬琴　高田　衛
平田篤胤　山下久夫
国友一貫斎　太田浩司
シーボルト　宮坂正英
本阿弥光悦　岡　佳子
小堀遠州　中村利則
狩野探幽・山雪　山下善也
尾形光琳・乾山　河野元昭
*二代目市川團十郎　田口章子
伊藤若冲　狩野博幸
浦上玉堂　高橋博巳
*佐竹曙山　成瀬不二雄
葛飾北斎　岸　文和
酒井抱一　玉蟲敏子
孝明天皇　青山忠正
*和宮　辻ミチ子
徳川慶喜　大庭邦彦
島津斉彬　原口　泉
横井小楠　沖田行司
*古賀謹一郎　小野寺龍太
*永井尚志　高村直助

ミネルヴァ日本評伝選

企画推薦
梅原　猛
ドナルド・キーン
佐伯彰一
角田文衞

監修委員
上横手雅敬
芳賀　徹

編集委員
石川九楊
伊藤之雄
猪木武徳
今谷　明
今橋映子
熊倉功夫
佐伯順子
坂本多加雄
武田佐知子
竹西寛子
西口順子
兵藤裕己
御厨　貴

上代

*俾弥呼　古田武彦
*日本武尊　西宮秀紀
*仁徳天皇　若井敏明
雄略天皇　吉村武彦
継体天皇　若井敏明
*蘇我氏四代　遠山美都男
推古天皇　義江明子
聖徳太子　仁藤敦史
斉明天皇　武田佐知子
*小野妹子・毛人・毛野　大橋信弥
*額田王　梶川信行
弘文天皇　遠山美都男
天武天皇　新川登亀男
持統天皇　丸山裕美子
阿倍比羅夫　熊田亮介
*藤原四子　木本好信
*柿本人麿　古橋信孝
*元明天皇・元正天皇　渡部育子
聖武天皇　本郷真紹
光明皇后　寺崎保広
*孝謙・称徳天皇　勝浦令子
藤原不比等　荒木敏夫
橘諸兄・奈良麻呂　遠山美都男
吉備真備　今津勝紀
*藤原仲麻呂　木本好信
道鏡　吉川真司
*藤原種継　木本好信
*行基　吉田靖雄

平安

*桓武天皇　井上満郎
嵯峨天皇　西別府元日
宇多天皇　古藤真平
醍醐天皇　石上英一
村上天皇　京樂真帆子
花山天皇　上島　享
*三条天皇　倉本一宏
藤原薬子　中野渡俊治
藤原良房・基経　瀧浪貞子
*紀貫之　神田龍身
源高明　所　功
*安倍晴明　斎藤英喜
藤原実資　橋本義則
*藤原道長　朧谷　寿
*藤原伊周・隆家　倉本一宏
藤原定子　山本淳子
*藤原彰子　朧谷　寿
清少納言　三田村雅子
紫式部　竹西寛子
和泉式部　ツベタナ・クリステワ
大江匡房　小峯和明
*阿弖流為　樋口知志
坂上田村麻呂　熊谷公男
*源満仲・頼光　元木泰雄
平将門　西山良平
藤原純友　寺内　浩
最澄　吉田一彦
円珍　岡野浩二
*空也　石井義長
奝然　上川通夫
*源信　小原　仁
慶滋保胤　吉原浩人
*後白河天皇　美川　圭
*式子内親王　奥野陽子
建礼門院　生形貴重
*藤原秀衡　入間田宣夫
平時子・時忠　元木泰雄
平維盛　根井　浄
守覚法親王　阿部泰郎
藤原隆信・信実　山本陽子

鎌倉

源頼朝　川合　康
*源義経　近藤好和
源実朝　神田龍身
*九条兼実　加納重文
九条道家　上横手雅敬
北条時政　野口　実
熊谷直実　佐伯真一
*北条政子　関　幸彦
北条義時　岡田清一
曾我十郎・五郎　杉橋隆夫
北条時頼　山本隆志
北条時宗　近藤成一
安達泰盛　山陰加春夫
平頼綱　細川重男
竹崎季長　堀本一繁
西行　光田和伸
鴨長明　浅見和彦
藤原定家　赤瀬信吾
*京極為兼　今谷　明
*兼好　島内裕子
重源　横内裕人
*運慶　根立研介
快慶　井上一稔
法然　今堀太逸
栄西　中尾良信
明恵　西山　厚
*親鸞　末木文美士
恵信尼・覚信尼　西口順子
覚如　今井雅晴
*道元　船岡　誠
叡尊　細川涼一
*忍性　松尾剛次
*日蓮　佐藤弘夫
一遍　蒲池勢至
夢窓疎石　原田正俊
*宗峰妙超　竹貫元勝

刊行のことば

歴史を動かすものは人間であり、興趣に富んだ人間の動きを通じて、世の移り変わりを考えるのは、歴史に接する醍醐味である。

しかし過去の歴史学を顧みるとき、人間不在という批判さえ見られたように、歴史における人間のすがたが、必ずしも十分に描かれてきたとはいえない。二十一世紀を迎えた今、歴史の中の人物像を蘇生させようとの要請はいよいよ強く、またそのための条件もしだいに熟してきている。

この「ミネルヴァ日本評伝選」は、正確な史実に基づいて書かれるのはいうまでもないが、単に経歴の羅列にとどまらず、歴史を動かしてきたすぐれた個性をいきいきとよみがえらせたいと考える。そのためには、対象とした人物とじっくりと対話し、ときにはきびしく対決していくことも必要になるだろう。

今日の歴史学が直面している困難の一つに、研究の過度の細分化、瑣末化が挙げられる。それは緻密さを求めるが故に陥った弊害といえるが、その結果として、歴史の大きな見通しが失われ、歴史学を通しての社会への働きかけの途が閉ざされ、人々の歴史への関心を弱める危険性がある。今こそ歴史が何のためにあるのかという、基本的な課題に応える必要があろう。評伝という興味ある方法を通じて、解決の手がかりを見出せないだろうかというのも、この企画の一つのねらいである。

狭義の歴史学の研究者だけでなく、多くの分野ですぐれた業績をあげている著者たちを迎えて、従来見られなかった規模の大きな人物史の叢書として、「ミネルヴァ日本評伝選」の刊行を開始したい。

平成十五年（二〇〇三）九月

ミネルヴァ書房

《著者紹介》

武田　徹（たけだ・とおる）

1958年　東京都生まれ。

1989年　国際基督教大学大学院比較文化研究科博士後期課程博士候補資格取得退学。ジャーナリストとして活動し，東京大学先端科学技術研究センター特任教授，恵泉女学園大学人文学部教授を経て，

現　在　専修大学文学部人文ジャーナリズム学科教授。

著　書　『流行人類学クロニクル』日経 BP 社，1999年（サントリー学芸賞受賞）。

『戦争報道』ちくま新書，2003年。

『NHK 問題』ちくま新書，2006年。

『殺して忘れる社会――ゼロ年代「高度情報化」のジレンマ』河出書房新社，2010年。

『暴力的風景論』新潮社，2014年。

『日本語とジャーナリズム』晶文社，2016年。

『なぜアマゾンは１円で本が売れるのか――ネット時代のメディア戦争』新潮新書，2017年。

『日本ノンフィクション史――ルポルタージュからアカデミック・ジャーナリズムまで』中公新書，2017年。

ほか多数。

ミネルヴァ日本評伝選

井《い》深《ぶか》　大《まさる》

――生活に革命を――

2018年11月10日　初版第１刷発行　〈検印省略〉

定価はカバーに
表示しています

著　者　武　田　　徹

発行者　杉　田　啓　三

印刷者　江　戸　孝　典

発行所　株式会社　ミネルヴァ書房

607-8494　京都市山科区日ノ岡堤谷町１
電話代表（075）581-5191
振替口座　01020-0-8076

© 武田徹，2018〔188〕

共同印刷工業・新生製本

ISBN978-4-623-08462-3

Printed in Japan

人名索引

あ　行

か　行

さ　行

た　行

な 行

は 行

ま 行

や　行

ら・わ行

事項索引

あ 行

か 行

さ　行

た 行

な　行

は　行

わ　行

A-Z